기독교 세계관과 교육이론

Christian Worldview & Theory of Education

초판 1쇄 인쇄 2021년 8월 18일
초판 1쇄 발행 2021년 8월 25일

지은이   조성국 이현민
펴낸이   이기룡
펴낸곳   도서출판 생명의 양식
등록번호   서울 제 22-1443호(1998년 11월 3일)
주소   06593 서울시 서초구 고무래로 10-5(반포동)
전화   02-533-2182
팩스   02-533-2185
홈페이지   www.edpck.org
디자인   박다영

ISBN   979-11-6166-131-5
값은 뒤표지에 있습니다.
이 책은 저작권법에 의해 보호를 받는 출판물입니다.
기록된 형태의 출판사의 허락이 없이는 무단 전재와 복제를 금합니다.

머리말

Christian Worldview
& Theory of Education

　기독교세계관에서 교육 현상을 연구하는 현대 기독교교육철학은 두 가지 과제를 가지고 있다. 첫 번째는 기독교세계관으로부터 교육이론을 독자적으로 구성하는 적극적인 과제이다. 두 번째는 기독교교육이론에 비추어 비기독교 교육이론들을 비평적으로 검토하여, 왜곡, 환원, 과장된 부분을 개혁함으로써 교육 실제에 적용 가능한 이론이 되게 하는 소극적인 과제이다. 본 저서는 위의 두 가지 과제 중, 두 번째의 과제에 맞추어 집필되었다.

네덜란드계 개혁교회 공동체는 19세기 유럽사회와 근대교육 전반을 장악해 가던 모더니즘을, 칼빈의 신학적 통찰에서 발전된 기독교세계관으로부터 비평하였고, 기독교학교 설립과 기독교학교 교육운동, 기독교학문운동을 적극적으로 시도하면서 기독교교육철학을 발전시켰다. 그 운동은 네덜란드, 남아프리카공화국, 미국과 캐나다에서 기독교학교운동으로 확산되었다.

특히 20세기 초반, 네덜란드 암스테르담 자유대학교(Vrije Universiteit Amsterdam)의 바빙크(H. Bavinck)와 바터링크(J. Waterink)는 첫 번째 과제를 적극적으로 수행하였다. 20세기 후반 남아프리카공화국 네덜란드계 포첼스트룸대학교(Potchefstroomse Universiteit vir Christelike Hoër Onderwys)[1]의 기독교교육철학자들은 위의 두 가지 과제를 모두 수행하였으며, 두 번째의 과제에서도 좋은 성과를 이루어 내었다.

---

1) 포첼스트룸대학교의 정식 명칭은 "기독교고등교육을 위한 포첼스트룸대학교(Potchefstroom University for Christian Higher Education)"였다. 그러나 남아프리카공화국의 흑백정권교체 10년 후인 2004년, 이 기독교대학교는 NorthWest State(주)에 소재한 두 개의 대학과 병합되어, 대학본부를 포첼스트룸에 둔, NorthWest University Potchefstroom Campus 이름을 가진 주립대학교로 대학교 이름과 정체성이 바뀌었다. 이 책에서는 이전의 기독교대학교 교육 및 연구 특성과 관련된 경우, 옛 이름인 포첼스트룸대학교를 그대로 사용한다.

포쳅스트룸대학교 기독교교육철학의 선구적 학자인 꾸찌어 (J. Chr. Coetzee)는 네덜란드의 바빙크와 바터링크처럼, 첫 번째 과제와 두 번째 과제를 모두 수행하였다. 그 후 판베이크 (J. H. van Wyk), 스쿠터(B. C. Schutte), 판델발트(J. L. van der Walt), 포스트마(W. Postma)는 두 번째 과제와 씨름하였다. 판델발트는 판베이크 사후, 그의 여러 글들과 노트를 모아 체계적으로 편집하고 논평을 붙인 후, 판베이크를 저자로 한 『교육이론의 흐름(Strominge in die Opvoedingsteorie)』을 출간하였다(Van Wyk, 1979). 이어서 그는 포스트마와 공동 작업으로, 첫 번째 책에서 다루지 않았던, 비기독교 교육이론들을 비평적으로 검토하는, 『교육이론의 흐름Ⅱ』(Strominge in die Opvoedingsteorie 2)를 출간하였다(Van der Walt & Postma, 1987).

판델발트는 20세기 현대교육이론들을 비평적으로 검토하는 연구를 지속하여, 위의 책에 포함된 내용들을 보완하였고, 또 위의 책에 포함되지 않은 새로운 교육이론들을 분석한 많은 논문들을 발표하였다. 그리고 그의 격려와 지도로, 후속 학자들은 박사학위 논문을 통하여, 현대의 비기독교 교육이론에 대한 비판연구를 진행하였다. 그의 제자였던 스테인(J. Steyn,

비합리주의와 뉴에이지운동교육이론), 필윤(C. Viljoen, 남아 프리카공화국의 정치이념과 교육), 김성수(현대학교비판이 론), 조성국(인간주의교육이론), 이현민(포스트모더니즘교육 이론) 등이 후속적인 연구에 참여하였다.

판델발트는 퇴직이후에도 오스트레일리아의 파울러(S. Fowler), 네덜란드의 마잉크(B. Muynck)를 비롯한 기독교교 육학자들과, 포스트모더니즘교육이론, 구성주의교육이론, 영 성교육이론을 심층적으로 분석하여 비판하는 국제학술대회를 주도하였고, 그 결과를 책으로 출간하였다.

기독교교육철학자들이 기독교세계관에서 비기독교 교육이론 을 검토한다고 할 때, 그 기독교세계관이란, 종교개혁자 칼빈 과 개혁교회 신앙고백문서들, 그리고 19세기에 모더니즘에 맞 서면서 칼빈을 재발견했던 네덜란드의 판프린스터러(G. van Prinsterer), 카이퍼(A. Kuyper), 바빙크(H. Bavinck)의 통찰 에 뿌리를 내리고 있는, 개혁주의 기독교의 관점을 뜻한다. 물 론 학문철학으로 체계화된 토대는 1920년대 이후 네덜란드 자 유대학교의 도예베르트(H. Dooyeweerd)와 폴런호펀(D. H. Th. Vollenhoven), 그리고 남아프리카공화국 네덜란드계 포쳅 스트롬대학교의 스투어커르(H. G. Stoker) 등 기독교철학자들에 의해 확립되었다. 그들의 학문적 자극으로 20세기에는 네덜란드, 남아프리카공화국, 미국, 캐나다에서 네덜란드계 기독교철학자들과 신학자들이, 기독교세계관의 학문철학인 기독교철학의 연구와 적용에 의미 있는 기여를 해왔다.

앞서 언급된 바터링크, 꾸찌어, 판베이크, 판델발트 등 기독교교육철학자들은, '주체적으로' 기독교신학 및 기독교철학의 통찰들을 공유하면서, 자신들의 주된 관심사인 교육현상을 분석하고, 교육의 구조를 설명하고, 교육이론을 체계화하였다. 더 나아가 그것을 비기독교 교육이론들과 비교하여 차별화하는 비판적 작업을 시도해왔다.[2] 이 기독교교육철학자들이 비기독교 교육이론을 분석하기 위해 사용하는 방법론은, 문제-역사적 연구방법, 선험적 비평의 연구방법, 구조-경험적 연구방법 등으로 칭해졌다.

기독교교육철학자들이 비기독교 교육이론을 기독교세계관에서 비평하면서 일차적으로 제기한 주장은, 모더니즘 영향 하에서 인간이 학문적으로 탐구하고 체계화해온 근대와 현대의

---

2) 포쳅스트룸대학교의 기독교교육철학자들은 도예베르트(H. Dooyeweerd)의 법이념철학과, 스투어커르(H. G. Stoker)의 창조이념철학이 말하는, '종교', '마음' 등의 통찰을 공유하면서 교육문제와 이론들을 논의하였다(Van Wyk, 1979: 서문).

학문이론과 지식은, 일반적으로 주장하고 있는 것처럼 중립적이거나 객관적인 것이 결코 아니라는 데 있다. 교육이론은, 거의 무의식적으로 가정된 인생관 혹은 세계관의 토대 위에 체계적으로 형성된 것이며, 그 인생관 혹은 세계관은 인간의 중심인 마음이 종교적인 방식으로 절대화하고 있는 신념이다.

인간의 마음이 종교적으로 매여 있는 절대적 토대는 초월적인 하나님이지만, 초월적인 하나님의 인식이 불명확한 경우, 고대사회에서는 우상이 대체하기도 했고, 사상사에서는 세계 내 근본 물질과 이념이 그 자리를 차지했다. 절대적 토대는 세계와 인생과 사회의 모든 것을 그것의 관점으로부터 해석하게 만드는 기원(基源, Origin)이다. 특히 자연주의 세계관에 따라 초월적인 존재와 완전히 거리를 두기 시작한 모더니즘 이후, 그 기원은 세계 내 원리(이념)와 근본 물질로 간주되었다. 구체적으로는 이념, 물질, 자연, 개인, 사회, 민족, 실천, 인간, 실존, 현상, 다원성 등이 인생관과 세계관, 그리고 그로부터 형성된 교육이론 구성의 중심점이 되었다.

이념과 원리는 세계 내적인 것이므로 절대화될 수 없는 것들이다. 인간과 세계를 위한 해석에서 절대화된 기원으로 간주되면, 그에 따른 인생관과 세계관, 그리고 그것으로부터 형성된 학문이론은 세계 내의 한정적이고 부분적인 것을 절대화하여 과장한다. 결과적으로 실재의 양상들 간의 환원이 불가피해지게 되어, 실재의 전체 구조에 대한 설명은 왜곡되고, 그에 따른 처방은 오류를 피할 수 없게 되었다.[3] 교육에 있어서는 세계관에 따라 교육목적과 방향이 종종 정반대의 입장을 주창함으로써, 교육이론들 상호간에 양립할 수 없는 충돌이 발생하고, 다른 이론을 부정하며, 그 전체를 대체하려는 경향성을 보인다.

 기독교교육철학자들은 기원(基源)과 관련된 인간 마음의 종교적 방향을, 하나님과의 관계에서 오직 두 가지 선택 가능성에 한정한다. 하나님 중심적인 것이 되든지, 아니면 세상(세계) 중심적인 것이 된다. 판델발트는 비기독교 교육이론들을 총괄하여 "세상(세계) 중심적 교육(학)관들(kosmosentriese opvoedings-/opvoedkundebekouings)"이라고 표현했고, 그것을 자신이 편집한 책의 부제목으로 삼았다(Van Wyk, 1979: 서문). 그에 반하여 기독교교육철학은 하나님 중심적 교육(학)관(teosentriese opvoedings-/opvoedkundebekouing)이다.

---

3) 실재 혹은 세상의 특정 부분이나 측면을 절대화할 때 그것은 "-주의(主義, -ism)"가 된다. 예컨대, 합리주의는 인간의 합리성과 합리적 능력을 과장하여 절대화한 이념이다.

그 이유는 기독교교육철학이 로마서 11:36("이는 만물이 주(主)에게서 나오고, 주로 말미암고, 주에게로 돌아감이라. 그에게 영광이 세세에 있을지어다. 아멘.")의 말씀처럼, 오직 절대자이신 하나님만을 참 기원으로 간주하는 교육관이라고 보기 때문이다.

기독교교육철학자들이 기독교교육철학을 체계화하는 첫 번째 과제만으로 스스로를 제한하는 것이 아니라, 비기독교 교육이론들을 비평적으로 검토하는 두 번째 과제를 수행하는 이유는 대략 두 가지로 설명될 수 있다.

첫 번째는 학문적 작업과 관련되어 있다. 비록 언제나 왜곡되기는 하지만, 일반은총의 결과, 비그리스도인 교사나 교육학자들도 교육현상을 규명하는 치밀한 지적 작업을 통해, 교육구조에 대한 유익하고 발전적인 통찰을 보여주고 있다. 동시에 단지 그리스도인이라는 이유만으로 교육현상에 대한 모든, 그리고 정확한 통찰을 자동적으로 갖게 되는 것은 아니다. 그리고 현대의 세속화된 사회 안에서는, 비기독교 교육이론들이 공교육의 일반적 경향을 주도하고 있다. 따라서 비기독교 교육이론을 배제하기보다, 기독교세계관에서, 비기독교 교육이론들에 대한 비평적이고 수정적인 대안을 보여주는 연구 활동은, 학교교육을 개혁하는 일에 적극적으로 기여하는 활동이 될 수 있다. 뿐만 아니라 이러한 연구 활동은, 공교육(학)에 참여하여 연구하고, 교육하고, 교육행정에 참여하는 그리스도인들에게, 기독교세계관의 통찰을 적극적으로 활용하도록 자극하는 역할을 할 수 있다.

두 번째는 교사교육과 관련되어 있다. 그리스도인들도 근대와 현대, 후기현대의 세속적 시대정신의 영향을 받고 있다. 종종 거의 무의식적으로 세상(세계) 중심적 교육관에 따라 교육을 이해한다. 그래서 기독교교육을 교회에 제한하거나, 기독교교육활동을 통해 세상(세계) 중심의 인생관과 세계관 이상을 실현하려 한다. 따라서 이처럼 반성되지 않은 채 교사와 교육학자의 정신을 주도하는 비기독교적 교육관과, 그 교육관의 토대가 되고 있는 세속적 세계관을, 기독교세계관에서 비평적으로 재검토하는 반성적 교사교육이 필요하다. 기독교교육의 차별성과 대안가능성과 과제를 확인하고, 비기독교 교육관의 왜곡 부분을 개혁함으로써, 정당하고 발전적인 방향으로 교육활동에 참여할 수 있도록 돕는 교사교육이 절실하다.

필자는 일찍이 포쳅스트룸대학교에서 박사학위를 취득한 직후부터 기독교교육철학의 두 번째 과제와 관련된 본 저서 작업을 시도하였다. 처음에는 번역하여 출간하기 위해 판델발트가 아프리칸스어(남아공화국 네덜란드어)로 출간했던 『교육이론의 흐름』 일부를 번역했다. 연구년 동안에는 포쳅스트룸에 체류하면서 『교육이론의 흐름』 1-2권 중, 남아프리카공화국에 한정된 부분과 세계종교의 교육이론부분을 제외하고, 번역을 완성했다.

필자가 번역한 후 느낀 것은, 위의 두 권의 책이 기독교세계관에서 비기독교 교육이론의 흐름을 검토한 좋은 교과서임에도 불구하고, 상당부분은 남아프리카공화국 사회 및 교육상황에 한정되어 적용되었고, 시간적으로 오래된 글들로서 후속적인 연구결과들을 포함하고 있지 못하였으며, 유럽의 교육이론이 많아 한국 교육상황에서의 활용 가능성에 한계가 있었다. 따라서 필자는 자료 전체를 기초자료로 사용하되, 필자의 관점에서 재구성하여 집필하기로 결정했다.

연구년 동안 네덜란드 암스테르담 자유대학교에서 네덜란드 학계의 자료들을 더 읽고, 자유대학교의 기독교종교교육철학 교수 미드마(S. Miedema)와 대화하면서 새로 확인한 것은, 네덜란드 연구흐름의 급격한 변화였다. 20세기 중반 바터링크가 퇴임한 후, 자유대학교는 유럽 사회와 대학의 급격한 변화에 맞물려, 20세기 전반부의 규범적 기독교교육철학을 계승하지 못하였고, 기독교교육철학 탐구열도 급속하게 식어버렸다. 20세기 후반에는 네덜란드 기독교교육의 역사 연구만 지속되었고, 교육철학 탐구에서는 현상학, 도덕교육, 종교성 교육으로 관심이 바뀌었다.

비록 드물게 기독교철학을 현대교육이론과 비교하는 논문이 철학과에서 나오기 했으나, 개별 교육이론에 대한 심도 있는 분석은 아니었다(Jochemsen, 2005). 많은 경우 기독교세계관에서 현대 교육이론을 규범적인 방법으로 비판하기보다, 비기독교 교육이론을 객관적으로 논의하려는 방식으로 바뀌거나, 정반대로 비기독교 교육이론의 틀로 기독교교육을 더 풍요하게(?) 해보려는 신학적 자유주의 시도들이 지속적으로 이루어졌다.

네덜란드에서는, 남아공화국 포첸스트륨대학교 판베이크와 판델발트의 『교육이론의 흐름』과 같은, 기독교세계관에서 비기독교 교육이론들의 총체적인 흐름을 비평적으로 검토하는 책의 집필이 시도되지 않았다. 물론 현대 교육이론의 흐름을 개관하는 책은 있다. 예컨대, 메이어르(Meijer, 2000)는 기독교세계관에 따른 기독교교육이론을 여러 가지 교육이론 중 하나인 규범적 교육학으로 간주하였다. 그는 자신의 책에서 규범적 교육학, 정신과학적 교육학, 비판교육학, 경험적-분석적 교육학, 문화교육학, 환경교육학으로 20세기 후반 교육이론들을 정리하였다.

따라서 필자는 기독교세계관에 따라 비기독교 교육이론들의 흐름을 비평적으로 검토하는 책의 출간을 위해, 판베이크와 판델발트의 『교육이론의 흐름』 1-2권을 토대로 작업하되, 한국교육 상황에 영향을 주지 못했던 유럽의 교육이론들은 제외하였다. 또 기존 내용들을 보완하면서 재구성하였고, 이후의 연구들을 부가하면서 본 저서를 새로 집필하였다. 이 책의 마지막 장(포스트모더니즘 교육이론)은 이현민 박사가 작성하였다. 이현민 박사는 필자의 지도교수였던 요한네스 판델발트(J. L. van der Walt)교수의 지도를 받고, "포스트모더니즘 인식론과 학교교육"를 주제로 박사논문을 완성하여 학위를 취득한, 포췝스트룸대학교 교육철학 박사과정의 10년 후배이다. 그는 공저로 출간되는 이 책의 편집 작업에도 참여하여 수고하였다.

그리고 이 글의 일반적인 체제를 따르지는 않았지만, 현대 한국사회에 큰 영향력을 행사해 온 세계관인 현대민족주의와,

21세기의 제4차 산업사회 세계관에 대응한 기독교교육의 과제를 논의한 필자의 글을 부가하였다.

필자는 고신대학교 기독교교육과 학부와 대학원에서 "기독교교육철학", "세계관과 교육이론" 과목에서 이 내용들을 다루어 왔지만, 출간을 위한 완성도에 욕심을 부리다 책의 출간이 많이 늦어졌다. 이제 더 늦출 수도 없는 시점이라 여겨, 범위에 있어서, 그리고 완성도에 있어서 여전히 부족한 상태이지만, 토론할 수 있는 기초자료는 될 수 있을 것이라 여겨 서둘러 출간을 결심하였다. 필자가 일해 온 고신대학교 학부와 대학원에서 나눈 이 토론 자료가, 그리스도인 교사들과 기독교교육학도들에게 조금이나마 도움이 되었으면 하는 작은 기대를 갖고 있다.

조 성 국

목차

Christian Worldview
& Theory of Education

머리말

I. 실재성의 세계관과 교육

1. 이상주의 교육이론 21

2. 자연주의 교육이론 51

3. 실용주의 교육이론 81

II. 사회성의 세계관과 교육

4. 사회주의 교육이론 117

5. 공산주의 교육이론 137

6. 신마르크스주의 교육이론 179

[보론] 현대 한국민족주의운동과 기독교교육의 과제 211

III. 개인성의 세계관과 교육

7. 실존주의 교육이론 247

8. 인간주의 교육이론 279

9. 포스트모더니즘 교육이론 311

[보론2] 제4차 산업사회 세계관과 기독교교육의 과제 349

참고문헌 367

I
실재성의 세계관과 교육

Christian Worldview
& Theory of Education

01
이상주의(Idealism) 교육이론

{   }

Christian Worldview
& Theory of Education

1.1 서론

이상주의(Idealism)는 우리나라 철학계에서 관념론(觀念論)으로 통칭된다.[4] 이상주의의 언어적 어원인 그리스어 '이데인(idein)'이 '바라보다', '제안하다', '의미하다' 등의 뜻을 가진 것처럼, 고유명사로서의 이데아(Idea)는 제안된 것, 사상, 형식, 이상, 모델, 이해 등의 의미를 갖고 있다. 이 개념을 기초로 만들어진 이상주의(Idealism)는, 물체적인

---

4) Idealism의 번역어인 관념론(觀念論)은 Idealism의 핵심 의미인 이데아, 형식, 로고스, 테오리아의 의미를 반영하지 못한 표현이다. 이데아와 거의 동일한 의미로 일찍부터 우리에게 알려진 동북아시아철학의 '이(理)'가 있지만 그 의미가 포함되지 못했다. 그래서 필자는 한자의 의미에서 '이상(理想)'이 '관념(觀念)'보다 Idealism을 표현하는 더 적절한 번역어라 판단되어, 비록 관념론이 이미 일반화된 표현임에도 불구하고, 여기서 관념론 대신 이상주의라는 표현을 사용하였다.

것과 대립된 정신(이데아)을 우주의 기원으로 간주하여 절대화한 세계관 혹은 철학을 뜻한다.

이상주의는 물체와 대립된, 혹은 초월한, 정신을 중심으로 세계를 해석하는 세계관으로서 정신적인 것(이상, 이데아)이 우주의 기원과 본질이며, 유일하고 영원한 실재이고, 참되고, 선하고, 미(美)적인 것으로 간주된다. 이상(Idea)을 기원(Origin)으로 간주되기 때문에, 궁극적으로 세상의 실체는 물체가 아니고 정신(Idea)이라고 단정한다. 시간과 공간의 현상세계에서 관찰되는 물체들은 이데아가 스스로를 드러낸 계시이므로, 결국 전체로서의 세계와 구체적인 물체는 이데아를 통하여 이해되고 설명되어야 한다고 본다.

이데아와 물체의 관계에 비추어볼 때, 이상주의자들은 주체(이데아)와 대상(물체)도 결국 하나라고 본다. 구체적인 예를 인간에 적용해보면, 인간의 정신과 몸은, 이데아가 기원이고 물체가 이데아의 계시이듯이, 서로 일치한다고 볼 수 있다. 그 일치 안에서 인간의 정신은 인간의 몸보다 훨씬 앞서기 때문에 정신이 우선적이어야 한다. 정신(주체)없이 인간의 몸(대상)은 존재하지 않는다. 그 기초에서 인간형성 활동인 교육은, 인간의 정신을 도야하는 활동으로 간주된다. 이상주의자들은 정신의 도야를 통하여 개인과 사회의 정의가 실현될 수 있다고 본다.

이상주의적 인생관과 세계관의 대표자들은 그리스 고대 철학자인 소크라테스와 플라톤(창설자들), 그리고 근대 철학자 로크, 버클리,

흄(주관적 이상주의자들), 그리고 19세기 독일 근대철학자들인 칸트, 피히테, 헤겔 등을 열거할 수 있다. 서양에서는 오랫동안 이상주의 세계관에 근거한 이상주의교육이 전통적 교육이론을 대표하였다.

판베이크(Van Wyk, 1979: 7)의 분류에 따라 20세기 이상주의 교육이론가들을 열거해본다면, 젠타일(G. Gentile, 『교육의 개혁』, 1923), 프뢰벨(F. W. A. Froebel, 『인간교육』, 1928), 혼(H. H. Horne, 『교육에 있어서 이상주의』, 1923; 『교육철학』, 1927; 『교육의 민주주의 철학』, 1935; 『기독교교육철학』, 1937), 레이톤(J. A. Leighton, 『인간과 세계』, 1929; 『철학의 영역』, 1930; 『개인성과 교육』, 1928), 그린(T. Greene, 『자유기독교적 이상주의 교육철학』, 1955), 호킹(W. E. Hocking, 『인간본성과 개조』, 1923), 메이클존(A. Meiklejohn, 『두 세계 사이의 교육』, 1942) 등을 들 수 있다.

1.2 이상주의 세계관

고전적 이상주의자인 플라톤은 세계를 이원화하여 이데아세계와 물체세계로 나누었다. 이데아세계는 우주정신, 우주영혼, 절대(완전한, 온전한)정신, 절대영혼, 절대이성 등을 뜻하고, 물체세계는 구체적이고, 인식 가능하고, 경험되는 세계를 뜻한다. 이데아세계는 실재의 가장 중요한 부분으로서, 참(眞)되고, 선(善)하고, 미(美)적인, 달리 표현하면, 선험적인 성격을 가지고 있고, 물체세계를 초월해 있는 것으로 간주되었다. 이러한 플라톤의 세계관은 고대 및 초기 중세 기독교사상에 큰 영향을 주었다. 우주정신을 절대자 하나님으로 대체하면 모든 것이 기독교적인 세계관을 설명하는 것으로 간주되었기 때문이다.

아리스토텔레스는 플라톤의 세계구조를 새롭게 해석하여, 이데아세계를 대체한 형식(Form)세계와, 질료(Matter)세계로 이원화하였다. 형식은 진리 혹은 본질적 지식을 의미한다. 그는 질료세계의 해명을 위해, 형식과 질료, 이 양자 사이의 관계문제에 더 관심을 기울였다. 그는 유사하면서도 다양한 개체 사물들이 하나의 보편적인 형식을 담고 있다고 보았으므로, 질료세계를 귀납적 방법으로 탐구하면, 개체들의 형식이 되는 본질적인, 보편적 속성이 발견된다고 보았다.

헤겔은 이러한 구도에서 한걸음 더 나아가, 물체란 의식되지 않은 절대정신이라고 보고, 절대정신(영, 절대자, 절대이성, 이데아)이 물체로 계시 혹은 실현되는 과정에 특별한 관심을 기울였다. 그는 "합리적인 것은 실재하고, 실재하는 것은 합리적이다"라고 말했다(Van Wyk, 1979: 4). 그 이유는, 절대정신이 시간과 공간을 통하여, 곧 실제를 통하여, 세계에 스스로를 드러내기 때문이다. 그는, 절대정신이 외부의 형식으로 스스로를 드러내는 수단이 실제이므로, 세계는 하나의 '거대한 사고 활동'을 보여준다고 간주했다.

그러나 절대정신이 스스로를 드러내는 외부형식인 실제는, 언제나 절대정신을 부분적이고 유한하게, 즉 불완전하게 반영하고 있을 뿐이다. 절대정신의 한 부분인 인간의 정신도 유한하고 불완전하다. 물체는 절대정신의 더 조잡스러운 외부 형식이다. 그래서 헤겔은, 물체란 의식되지 않은 정신이라고 보았다. 절대정신이 스스로를 세계에 드러내지만, 세계는 언제나 절대정신을 부분적이고 유한하게, 즉 불완전하게 반영하고 있으므로, 절대정신은 스스로를 지속적으로 더 많이 드러냄으로써, 세계를 통하여 자신이 완전하게 반영 혹은 실현되도록 한다. 따라서 인간정신은 끊임없이 절대정신을 더 온전히 반영하고 실현되도록 노력한다. 물론 오직 절대자만 완전하기 때문에, 인간정신은 완전한 상태에 결코 도달되지 못한다. 절대자는 무한하므로, 절대이성은 결코 인간정신에 의해 완전히 인식될 수는 없다.

절대정신이 스스로를 더 많이 드러내어 온전하게 실현해가는 이 과정은, 자연히 발전의 특성을 갖는다. 헤겔은, 이 발전이란 절대 정신의 계시가 최상의 형태에 도달하는 것이므로 결국 목적론적이며, 그 진행과정은 **변증법적** 성격의 발전이라고 보았다. 변증법적 과정이란, 한정된 상황에 드러난 하나의 이데아(正)는 불완전한 것이므로, 그것에 반대되는 반(反)이데아를 끌어들인다. 두 이데아 사이의 반박과 투쟁 결과 원래의 이데아는 수정되어 또 하나의 새롭고, 더 고상하고, 더 좋은 이데아(合)로 나아간다. 그와 동시에 이 새롭고 더 고상한 이데아는 다시 새로운 정(正)이 되고, 그러면 또 다시 그에 반대되는 새로운 이데아(反)가 등장하고, 그리고 더 새롭고 더 고상한 이데아(合)로 발전한다. 이러한 변증법적 발전과정을 통하여, 세계는 절대정신의 온전한 실현을 지향하여, 낮은 형식에서 더 높은 형식으로 끊임없이 발전하는 자기계시 혹은 실현의 논리적 사고활동 과정이 된다. 따라서 이상주의자들은 한편으로 볼 때 진화주의자들이라고 말할 수 있다. 물론 그 진화는 앞에서부터 끌어당기고 한정하는, 목표의 끌어당기는 힘으로 위를 향하여 발전하는 과정이라는 점에서, 자연주의 진화론과는 다르다.

판베이크(1979: 5)는 이상주의의 이러한 특성을 다음과 같이 요약하였다: 이상주의자에게 있어서 "세계는 이데아 혹은 그 중심으로서의 이성이 물질에서 작용하여 운동으로 나아가 목표인 이데아로 지향되는 목적론적 체계(목적 지향적 체계)이다."

이러한 세계관에 근거하여 이상주의자들의 인간관을 정리해보자. 플라톤에 의하면 인간은 이데아세계(우주정신, 절대정신)와 물체세계의 이원론적 세계관에 따라, 근본적으로 영혼(정신, 이성)과 육체로 이원화되어 있고, 정신은 육체보다 우위에 있다. 이 세상에서 사는 동안, 인간이성은 육체와 지속적으로 충돌관계에 있고, 그 원인은 육체 때문에 일어나는 것이므로, 육체는 정신(이성, 영혼)을 속박하는 감옥으로 간주된다. 인간정신은 육체의 죽음으로만 그 갈등관계에서 해방될 수 있다. 육체의 죽음 이후 육체는 사라지고, 인간정신은 자신의 기원이 되는 우주정신에게로 돌아간다.

물론 정신과 육체는 모두 절대정신의 표현이므로, 한편으로는 통일성을 갖고 있다. 세계 내의 물체들은 의식되지 않은 이성이다. 따라서 육체가 시간과 공간 안에서 표현된, 절대정신의 낮고 의식되지 않은 표현이라면, 인간의 정신은 절대적이고 비인격적인 절대정신이 가장 잘 반영된, 본질상 높고, 선하고, 합리적인 절대정신의 불꽃이다. 그래서 인간의 정신은 존재의 본질에 있어서, 한편으로는 신(神)과도 같다고 말할 수 있다. 물론 또 다른 한편으로는, 신의 무한함과 비교할 때 단지 하나의 불꽃으로서, 유한하다. 또 육체를 가졌다는 의미에서, 실존에서는 신과 다르다. 그러기는 해도 절대정신의 불꽃인 인간의 정신은 자의식(自意識)적인 이성이어서, 스스로의 사고활동을 통해 물체 세계에 반영된 절대정신의 이데아를 발견하는 합리적 사고 활동하기에는 충분하다. 정신과 육체의 통일성이라는 관점에서 볼 때, 인간은 합리적인 정신과 동물적인 육체가 긴장 가운데 잠정적인 통일성을 이루고 있는 '합리적 동물'이라고 규정된다.

자의식적이고 자유로운 정신이 주도하는 존재로서 인간은, 자기 선언적이고, 스스로 목표지향적인 방향으로 나아간다. 인간정신은 절대정신의 불꽃이므로, 비록 잠정적이기는 하지만 이데아인 진(眞), 선(善), 미(美)의 요구에 부응하고, 그 참되고 선하고 아름다운 이데아(당위적 목표)에 도달할 수 있다. 그러나 인간의 정신을 가두고 있는 인간의 육체는, 악(불완전하고 유한하고 잠정적이라는 의미)의 좌소이며, 인간을 현세의 상태에 묶어둔다. 여기서 인간의 불완전성과 유한성이 드러난다. 인간에게는 당위태와 현상태 사이에 끊임없는 충돌이 일어나고, 이 과정에서 정신은 육체성의 악으로 말미암아 상처를 받는다. 그러나 결국 합리적이며 비물질적인 정신은 그 현상태(악)를 이기고, 당위태를 알고 지향하도록 능력을 발휘하게 한다.

사회 공동체도 절대정신의 자기계시이므로, 이상주의자들에게는 대단히 중요한 의미를 갖는다. 공동체의 정신은 개인의 정신보다 더 높은 계시가 된다고 보고, 결국 가장 큰 공동체인 국가를 절대화하는 경향을 보인다. 플라톤의 『국가』, 아리스토텔레스의 『정치학』에 이어, 근대에는 헤겔에게서 국가의 이데아실현 이상은 일관성 있게 가정되고 있다. 이상주의 세계관에서 개인은, 국가에서 절대정신의 실현을 위해 기여하는 수단이 된다. 문화는 인간정신이 자연적인 자원을 이용하여 재창조해가는 과정적 산물, 곧 정신의 표현으로 간주된다. 인간은 자연인에서 문화인으로 발달한다. 문화의 발전을 통하여 인간은 타인과 교류하고, 더 합리적이고, 도덕적이고, 자율적인 존재로 발달해간다.

이상주의의 지식이론(인식론)은, 위에서 간단하게 정리된 세계관과 인간관의 구도에서 자연스럽게 설명될 수 있다. 이상주의에 있어서 지식은, 정신 안에서 발생하는 것이므로, 외부로부터 오는 것이 아니라 내부에서부터 나온다. 플라톤은, 진리는 물체 세계 안에 있는 것이 아니라, 절대이성의 이데아에 있기 때문에, 참된 지식은 언제나 이성의 산물이라고 보았다. 물체와 상황을 통하여 획득된 지식은, 언제나 불확실한 지식으로 간주된다.

 인간이 지식을 얻을 수 있는 것은, 물체세계가 우주정신(절대정신)의 자기계시일뿐더러, 더욱이 그것을 파악하는 인간의 정신이 우주정신의 불꽃이기 때문이다. 물체세계와 인간정신 모두가 우주정신의 이성적 특성을 공유하고 있으므로, 세계도 합리적이며, 인간정신도 합리적이다. 따라서 지식 추구의 주체인 인간정신은, 지식의 대상이 되는 세계를 파악할 수 있다고 가정한다.

 인간이 세계 안에서 얻게 되는 지식은, 사물의 합리적 구조 혹은 원리이다. 이 지식은 원래 자신의 정신 안에 있는 것이었는데, 합리성을 드러내고 있는 물체 세계가 인간의 정신을 자극하여, 인간정신이 자신 속에 있는 그 동일한 지식을 상기해냄으로써 발견되는 지식이다. 그러나 인간정신은 절대정신의 불꽃에 불과하므로, 절대정신처럼 진리의 지식을 있는 그대로 의식하지 못하고, 단지 그의 정신 안에서 상기해 냄으로써 그 지식을 발견하여 의식하게 된다.

 이상에서 간략하게 정리한 이상주의의 세계관은, 서양역사에서 기독교와 밀접한 연관성 안에서 발전해왔다. 많은 기독교사상가들은, 이상주의 세계관의 인식 틀을 차용하거나, 이상주의 세계관과의 종합을 통하여 기독교를 설명하려 했다. 고대 교회의 교부들과 아우구스티누스, 중세기의 토마스 아퀴나스, 근대의 많은 기독교신학자들과 철학자들도 이처럼 이상주의와 기독교신앙을 종합하여 기독교 세계관을 설명해 왔다. 이러한 종합의 결과, 기독교 세계관은 이상주의 세계관처럼, 세계와 인간이 대한 이원론적 도식에 따라 설명되었다.

 이상주의의 절대정신과 절대자는 그대로 성경의 하나님에 연결되었다. 하나님의 존재와 인간영혼의 본질에 대한 설명이 이상주의자들의 언어로 표현되었다. 중세기에 표현된, 영이신 하나님과의 영적 연합을 지향하는 개인적 내면의 영성, 사회로부터 분리 내지 고립된 공동체 생활로 표현된 수도원생활, 개인적 차원에서는 육체를 향한 금욕과 고행의 요구 등은 이상주의 세계관의 영향에 대한 증거들이다. 구원을 영혼에 한정하거나, 육체를 악의 좌소로 간주하여 적대시하고 멸시하는, 부정적 사고도 마찬가지이다.

 이상주의적 이원론에 따라 설명된 근대 이전의 기독교세계관은, 근대이후 세계중심의 인본주의 세계관이 급진적으로 주도권을 잡고 과거의 이상주의 세계관의 허구성을 비판할 때, 이상주의와 함께 비판받게 되었다. 종교개혁이후 개혁신학자들은, 이상주의의 인식 틀을 차용하지 않고, 오직 하나님의 말씀계시에 기초한 개혁주의 세계관을 신앙고백서와 교리문답서를 통해 표현하려고 노력하였다. 20세기 이후 개혁주의 기독교철학자들은, 지금까지 이상주의 세계관과 결합한 결과로 무의식중에 형성되어 고착화된 이원론을, 비성경적인 것으로 간주하고, 이원론을 근본적으로 비판하면서, 철저하게 성경적인 세계관을 규명하고자 노력하였다.

1.3 이상주의 교육이론

1) 이상주의교육의 본질과 교육적 인간학

이상주의 교육학자들은, 인간이 전체의 대우주를 반영하는 소우주라고 본다. 학생은 인간으로서, 자신 내부에 모든 가능성을 소유하고 있다고 본다. 교육은 외부로부터 학생에게 무엇을 미리 가져다주는 것이 아니라, 학생에게 처음부터 있는 가능성을 발달하게 하는 것이다. 학생의 생래적이고 합리적인 도덕적 가능성이, 내부로부터 교육을 통하여 자극받아, 자기실현으로 나아가도록 해야 한다고 본다. 교사는 학생의 내면적 가능성이 활성화되도록 일깨우는 사람이다.

이상주의가 전제하고 있는 교육의 본질을 고려하면서, 이상주의의 교육적 인간학의 특징을 정리하면 다음과 같다(Van Wyk, 1979: 10-11).

첫째, 학생은 생래적으로, 우주이성(절대정신)의 부분 혹은 불꽃으로 일컬어지는 합리적 정신을 가지고 있다. 합리적 정신은 우주정신의 반영이므로, 학생은 자신의 내면에 이미 진리 혹은 지식의 원천을 가지고 있는 셈이다. 따라서 진리는 학생 밖에서 찾아야 하는 것이 아니라, 학생의 내면에 선재(先在)하는 그 진리지식을 밖으로 유도해야 한다고 본다.

둘째, 학생 내면에 있는 그 정신(이성)은, 자의식(自意識)적 이성이라는 점에서 독특하다. 동물에게 이성은 의식되지 못하므로, 동물은 연상적 기억을 수단으로 반복적인 훈련을 받을 수 있을 뿐이지만, 자의식적 이성을 가진 인간은, 비록 처음에는 그것을 의식하지 못하더라도, 교육의 자극을 통하여 의식함으로써, 정신의 자기실현이 가능한 존재이다. 이러한 특성 때문에 학생은, 처음은 자연인이라고 해도, 교육을 통하여 결국 문화인으로 교화된다고 말한다.

셋째, 학생 내면의 정신의 합리성은, 당위(當爲)의 이데아, 곧 도덕성을 의미한다. 인간정신이 잠재적으로 이러한 당위의 이데아이기 때문에, 학생에 대한 도덕교육은 가능하다. 학생의 정신에 잠재되어 있는 당위의 이데아가 의식으로 떠올려져, 학생이 자신의 감각적인 본성을, 당위의 이데아가 반영하는 선하고 온전한 이성의 열망 아래 통제할 수 있도록 하는 것이 교육활동이다.

넷째, 학생은 절대이성의 이데아를 실현하려는, 생래적인 열망과 능력을 처음부터 가지고 있다. 그래서 학생은, 현재의 유한성에 대한 인식에서, 완전(神, 절대정신)의 이데아를 실현하려고 노력 한다. 이러한 경향성은 거의 결정적이라고 할 수 있다.

다섯째, 죄나 악은, 인간이 유한한 존재라는 데서 기인되는 한계성,

실수, 불완전성, 약점, 그리고 합리적 정신을 속박하고 있는 육체적이고 감각적인 것들을 뜻한다. 이러한 것들은 교육을 통하여 극복될 수 있다. 교육의 결과, 이성이 육체적이고 감각적인 것들을 통제하고, 의식된 정신활동을 통하여 참된 지식과 바른 사고와 덕을 추구함으로써 악은 극복된다.

2) 이상주의 교육목적

이상주의 교육목표는, 학생 개인의 자기실현, 달리 표현하면, 이상적 인간의 실현에 맞추어져 있다. 혼(Horne)은, 교육이란 "신성(神性)의 형상으로 인간성을 형성하는 것"이라고 설명했다(Van Wyk, 1979: 7). 이상적 인간실현을 위해서라면, 이상적인 것, 곧 영원한 것을 교육의 중심에 두어야 한다. 비록 물체세계 생활을 위한 교육도 필요하겠지만, 학생은 무엇보다도 영원한 것, 영원한 완성에 이르도록 하는 데 목표를 두어야 한다.

그 이상적인 인간성은 영원한 완성의 이데아인 절대이성과 조화를 이룬 합리적이고 도덕적인 인간성을 뜻한다. 이성의 인도에 따라 인간의 생래적인 육체적, 미적, 합리적, 도덕적인 가능성이 모두 실현되어 자유롭고, 자율적이고, 합리적이고, 도덕적인 인간이 되는 것이 교육의 이상이다. 학생이 자신의 생활환경에서 직면하는 선택과 행위에서 정신적인 가치를 추구하고, 정신적 가치가 구체화되어 있는 문화를 창조하고 문화적인 삶의 방식을 선택하며, 도덕적인 자기실현을 이루도록 돕는 것이 교육활동이다.

특히 개인의 자기실현은 사회적 관계 안에서 이루어질 수 있다고 본다. 국가는 절대이성이 더 높은 수준으로 계시된 것이고, 국가의 문화는 정신적 가치가 구체화되어 있는 것으로 간주되기 때문에 개인은 국가 안에서, 그리고 국가를 통하여, 달리 표현하면 사회적 과정을 통하여 더욱 합리적이고 도덕적인 존재가 될 수 있다고 본다. 따라서 국가교육, 더 구체적으로 표현하여 시민 됨을 위한 교육은 플라톤과 아리스토텔레스의 이상이었고, 근대의 합리주의 이념을 기초로 확립된 근대국가에서 자연스럽게 제도화되어 발전할 수 있었다.

이상주의 교육이론에서 중요한 관심사 중 하나는 가치교육이다. 이상주의 교육가들은 인생의 가치구현을 삶과 교육의 목표로 간주한다. 그들이 말하는 가치체계는 이상주의 세계관의 구도에 따라 명확한 위계를 이루고 있고, 그 위계에 따라 상위가치는 하위가치를 통제하고 지도하며, 하위가치는 상위가치에 복종하고 섬기는 역할을 해야 한다. 그래서 육체에 속한 가치들은 정신에 속한 가치보다 위계상 하위에 위치해 있어야 하며, 당위적으로 상위에 있는 정신적 가치에 복종해야 한다. 그래서 이성이 마음의 열망, 경향성, 감성을 지도하는 것이 조화로운 상태를 뜻한다.

이러한 전제에서 이상주의 교육가들은 이성의 지도하에 학생의 모든 능력이 조화롭게 발달하도록 교육해야 한다고 주장한다. 예컨대 미국의 이상주의 교육학자인 혼(Horne)은 건강, 성격, 사회정의, 기술, 예술적 감수성, 사랑, 지식, 철학, 종교 등의 가치들을 연속적으로 상승하는 위계순서에 따라 언급하였다. 그리고 교육은 삶의 가치를 실현하는 과정으로 간주하였다(Van Wyk, 1979: 8).

독일의 이상주의 교육학자인 스프랑거(Spranger)는 학생을, 가치를 구현하도록 되어있는 도덕적 존재로 간주하였다. 그리고 교육을 학생의 참되고 확실한 가치를 발달시키는, 삶의 가치체계 형성으로 보았다. 가치체계에서도 인간의 영원한 운명과 관련하여 모든 가치들의 우선순위가 정해져야 하고, 그에 따라 최상위에 있는 종교적 가치가 다른 모든 가치의 중심역할을 해야 한다고 주장했다. 그는 항존적이고 정신적이고 지도적인 가치들이 구체화되어 있는 인류의 객관적인 문화에의 참여를 교육의 과정으로 보았다. 한마디로 교육은 그에게 있어서 가치의 실현과 문화 형성이라는 말로 요약된다(Van Wyk, 1979: 8).

한 가지 예를 더 들어보면, 문화교육가 혹은 가치교육가로 지칭될 수 있는 레이톤(Leighton)은 교육이란, 개인 정신에 인류의 정신적 혹은 문화적 유산을 전달하고, 또 그 문화유산에 동화되고 전유되는 과정이라고 보았다. 그리고 교육은 동물적이고 감각적인 것을 정신적인 것에 복종시키는 자기완성의 과정이라고 보았다. 그는 종교의 본질이 정신(영혼)과 정신적 가치가 최상위에 있는 권위로 믿는 것이라고 간주하였으므로 종교적 가치를 존중하였다(Van Wyk, 1979: 8-9).

3) 이상주의 교육의 교육과정과 교육방법

이상주의 교육가들은 문화를 정신의 산물로 간주하기 때문에 문화 자체 및 문화에의 참여가 곧 교육의 내용이 된다. 서양의 고대 및 중세의 교육전통이 자유교양교육을 강조해온 것과 같은 맥락에서, 그리고 그 전통을 더욱 확대하여, 폭넓고 보편적인 문화를 통한 인간정신의 개발을 위한 교육을 주장한다. 좀 더 구체적인 사례를 위해 이상주의 교육학자인 레이톤의 예를 들어보자(Van Wyk, 1979: 9).

레이톤은 전통적인 자유교양교육을 포함하여, 자기 민족과 타민족들에 의해 축적되어 온 문화유산에서 대표적인 것들을 선별하여 교육함으로써 학생이 잘 교화된 교양을 갖춘 인성을 갖출 수 있게 해야 한다고 보았다. 그는 교육을 위해, 문화유산으로부터 선별되어 체계화된 교육내용은 지식의 전체를 포함해야 하고, 동시에 세계의 실제(實際) 자체를 잘 반영해야 한다는 원칙 위에 그 내용을 세 가지 범주로 구분하였다. 첫째는 학생의 능력과 필요에 관한 것이고, 둘째는 공동체의 요구와 필요이고, 세 번째는 세계의 본질에 관한 것이다. 이 세 가지는 심리학과 사회학과 철학과의 연관성 안에서 통찰을 얻을 수 있는 것들이다. 그래서 이 세 학문은 교육내용의 기초학문으로 간주되었다.

특히 심리학은 인간의 사고와 감정과 행동을 잘 설명해준다고 보았고 그것은 교육내용의 분류에도 직접 적용될 수 있다고 보았다. 그래서 첫째, 인간의 사고(머리)와 관련된 과목들은 자연과학, 화학, 생물학, 천문학, 심리학, 사회학, 수학으로 간주되었다. 둘째, 인간의 정서(마음)와 관련된 과목들은 미술, 조각, 건축, 문학, 음악과 같은 미학적인 과목들로 간주되었다. 그리고 세 번째로 인간의 행동(손)과 관련된 과목들은 농업, 삼림, 산업, 경영, 목공, 배관, 인쇄, 전술, 정치 등이라고 보았다.

균형 잡힌 교육과정이 되도록 하기 위해 모든 분야의 과목들을 다 포함해야 함과 동시에, 그 과목들은 정신 중심의 과목을 중심으로 배열되어야 했다. 그래서 철학, 종교, 역사, 미학 등의 과목 비중이 더 크다. 자연과학도 단순한 사실들에 대한 지식보다 사고의 방법에 더 비중을 둔다. 그 결과 교육의 과정을 통하여, 학생의 신체적, 지적, 합리적, 미적 차원을 모두 포함하는 전인 교육이 됨과 동시에 교화된 정신에 의해 조화를 이룬 인성을 형성하려하였다.

이상주의 교육가들의 교육방법은 이상주의 인간관에서 어렵지 않게 추론될 수 있다. 교육은 학생의 내면에 처음부터 내재하고 있는 가능성을 개발하여 실현하는 것으로 간주된다. 그리고 교육활동을 통하여 개발되어 실현되어야 하는 핵심은 학생의 자기존중, 자기통제력, 성격의 기초형성, 독립적 사고, 자기개발, 자기결정이고, 이 모든 것들은 결국 학생의 자기활동을 통하여 이루어진다고 본다. 따라서 교육활동의 주체는 학생이다.

교사의 역할은 학생을 위한 조력자에 머물며, 교육내용의 요소들인 지식은 그대로 수용되어야 하는 진리 그 자체라기보다는 학생의 정신을 자극하여 발달하게 하는 촉매일 뿐이다. 따라서 사실에 대한 지식보다 그 사실들의 맥락과 의미가 더 강조되고, 지식의 수용과 전달보다 개념과 비판적 사고활동이 더 강조되고, 과목 자체보다도 학생 자체에 더 관심을 둔다.

이러한 맥락에서 많이 제안되어 적용되었던 교육의 방법들을 혼(Horne)은 다음의 세 가지로 정리하였다. 첫째, 학생들의 사고활동을 자극하면서 독립적 판단력을 발달시켜주는 문답법과 토론법, 둘째, 순전히 학생의 자기학습활동이면서 그 과정에서 비판적 사고가 자극되어 발달하는 독서와 발표, 그리고 마지막으로 개인적인 혹은 집단적인 과제를 해결하기 위해 수행되는 연구의 방법 등이다. 그는 학생의 정신적 활동을 증진시켜주는 활동을 강조하면서 방법만능의 방법주의를 경계하였고, 효과적인 교육방법의 적용을 위해서 학생의 연령, 재능, 계획, 관심, 학급인원수, 목표, 교과의 본질을 잘 고려해야 한다고 충고하였다(Van Wyk, 1979: 9-10).

4) 이상주의 교육의 교사와 학교

이상주의 교육가들은 좋은 교육적 환경이 학생의 정신을 잘 자극하고 도덕적 가치의식을 발달시킬 수 있다고 보기 때문에 환경의 중요성을 강조한다. 교사는 교육적 환경의 중심에 서 있는 사람이며, 이미 상당한 수준에서 자기실현한 문화인의 모델로 간주된다. 교사의 정신적 특성, 곧 흠 없는 인성과 도덕성과 지식은 학생의 정신의 생래적 가능성 실현을 위한 직접적인 외적 자극이 된다. 따라서 교사는 스스로 그리고 지속적으로 지식을 탐구하고 덕을 추구하도록 노력해야 한다. 또한 사회를 위한 봉사자가 되어야 하며 최상의 이데아의 실현을 위해 노력해야 한다.

또한 교사는 교육활동에서 학생의 내면으로부터 배움의 열망을 일깨우고, 동정심과 진지함과 인내심을 가지고 그 열망을 심화시키고 훈계하며, 학생이 완전에 이르는 길에서 도움을 제공하고, 학생의 도덕적 성품을 형성해야 한다. 학생에게 교사 자신에 속한 것들을 불어넣고, 자신의 정신적 자산을 통하여 학생의 성품과 정신과 의지의 요소들을 창조하고, 문화를 증진시켜야 한다(Van Wyk, 1979: 10).

학교는 학습 자료와 방법을 매개로 학생이 최상의 인성 발달에 이르도록 인도하고 자극하는 사회기관이다. 동시에 학교는 교육활동을 통하여 사회에 직접 기여하는 기관이기도 하다. 그래서 학교는 그 사회의 세계관에 따라 지도자 됨과 시민 됨을 교육한다. 그 사회의 과거 전통으로부터 가치 있는 문화유산을 가르치고, 선과 악에 대한 평가의 안목을 갖게 하고, 사회가 직면한 문제를 해결할 수 있도록 자극한다. 동시에 이상주의는 성격상 세계적, 혹은 보편적 특성을 가지고 있으므로, 이상주의 교육가들은 학교가 계급 상호간, 인종 상호간, 국가 상호간의 이상을 실현하여 인류의 보편적인 공동의 선(善)을 추구해야 한다고 주장한다.

1.4 이상주의 교육이론의 평가

기독교세계관에서 볼 때 이상주의 교육이론은 비록 부분적이기는 하지만 교육현상의 관찰과 원리의 발견에 있어서 여러 가지 가치 있는 통찰을 드러내었다고 말할 수 있다. 이상주의 교육학자들이 보여주는 유용한 교육적 통찰들은 대략, (1) 학생의 잠재적 가능성 실현으로서의 교육, (2) 학생의 자기탐구활동으로서의 학습, (3) 부분 기능적 숙달의 훈련보다 전인적 인간성 교육을 강조함, (4) 문화의 보고에서 가치 있는 것들을 선별한 교육내용, (5) 교육내용에 고려되어야 할 학생과 사회의 필요와 요구, (6) 문화의 교육적 기능, (7) 단순한 사실 지식보다 이해와 의미를 강조함, (8) 비판적 사고를 통한 통찰 강조, (9) 교사의 모범과 중심적 역할 강조, (5) 사회를 위한 학교의 과제에 대한 인식 등이다.

그러나 좀 더 깊이 들어가면 위의 유익한 교육적 통찰과 원리들은 이상주의 세계관에 따른 전제 위에서 그 의미들이 한정되었기 때문에 왜곡되거나 과장되거나 환원되었다. 이상주의 세계관 때문에 한정되거나 왜곡되거나 과장되거나 환원된 함의들은 기독교세계관과 비교할 때 잘 드러난다. 비록 이상주의 세계관이 기독교역사에서 기독교신앙과 종합되는 경우가 많았지만 성경적세계관에 비추어 볼 때 다음과 같은 오류가 드러난다.

첫째, 이상주의자들은 이성 혹은 정신이 우주의 기원이며 본질이라고 간주한다. 그리고 우주의 본질과 기원인 우주정신, 절대정신, 혹은 절대자는 존재에 있어서 인간정신과 세계와 존재의 연속선상에 있다. 그리고 그 핵심은 합리성이다.

그러나 기독교세계관에서 볼 때, 우주의 기원은 창조주 하나님이다. 인간정신과 세계가 하나님의 창조물이므로 하나님의 어떠하심을 어느 정도 반영하기는 하지만 하나님은 존재상 그것들과 다르며, 그것들을 초월해 계시는 분이시다. 하나님을 합리성의 개념에 가둘 수도 없다. 따라서 인간정신과 세계에 대한 합리적 통찰활동으로 인간정신과 세계의 합리성의 연속선상에서 하나님을 발견할 수는 없다. 하나님은 초월자이시면서 동시에 인격으로서 인간과 교제하시는 분이시며, 인간 정신에 의해 발견되기보다는 인간에게 스스로를 계시하시는 분이시다.

기독교역사에서 기독교사상가들 중에 이상주의의 절대정신, 우주정신을 하나님과 연결하여 설명하거나, 세계를 하나님을 대체하여 내재하는 절대정신의 운동으로 간주하는 범신론에 빠지거나, 절대정신과 인간정신의 연합 사상을 근거로 하나님과 인간 영과의 영적 일치로서의 연합을 추구하거나, 하나님을 가장 높은 이데아(로고스)로 간주하여 최상의 모범으로 간주한 주장들은 이상주의 세계관을 차용한 결과들이다.

이상주의 세계관은 이성과 합리성을 절대정신에 연결하여 신격화함으로써 과장하였고, 인간 정신과 자아와 영혼을 절대정신에 연결하여 신격화함으로써 과장하였으며, 절대정신이라는 말로 신(神)을 가정하는 것 같으면서도 하나님의 인격성과 초월성을 부정하였고, 특별계시인 성경의 권위를 부정하면서 합리적 원리를 계시와 동일시하는 오류를 보였다.

결과적으로 교육에서 참 하나님의 존재를 왜곡하였고, 교육내용에서 하나님의 계시를 배제하는 결과로 발전하였고, 인간의 이성과 합리성의 한계가 드러나면서 정신의 절대성뿐 아니라 하나님의 존재자체가 부정되는 결과를 초래하였다. 참 하나님에 대한 이해와 섬김이 부정되거나 배제되면 참 교육은 없다.

둘째, 이상주의 세계관은 우주의 기원과 본질을 정신으로 간주하고 세계 내의 실체들을 정신의 계시 내지 드러남, 곧 표현으로 간주하였다. 그 결과 이 세계의 물리적 실체들은 과소평가되어 결국 본질인 정신의 허상(虛像)에 불과한 것이 되었다. 물리적 세계에 대한 이러한 주장들은 근대이후 자연과학의 발전과 더불어 오히려 역전되고 만다. 물질중심의 세계관이 이상주의가 주장하는 정신을 오히려 물질의 허상으로 간주해버렸기 때문이다.

　기독교세계관에서 볼 때 물질과 구별된, 정신 중심의 이상주의 우주론은 오류이다. 하나님은 하늘과 땅을 만드셨다. 따라서 물체 세계도 창조의 한 부분이며, 객관적 실제로 인정되어야 한다. 물체 세계는 합리적 이성 활동에 의해 그 존재성 자체가 제한받지 않는다. 인간은 이성을 통해 단지 하나님이 창조하신 세계를 이해하고 문화 활동으로 개발할 뿐이다.

　이상주의 세계관에 근거한 교육은 과도하게 편향된 정신학문(인문학) 중심의 교육과정으로 나아갔고, 그 결과 자연 세계에 대한 지식은 가치 절하되었으므로 그것들에 대한 탐구와 교육이 억제되었다.

　셋째, 이상주의 세계관은 문화를 절대정신의 점진적이고 발전적 표현으로 간주한다. 따라서 문화는 결국 절대정신의 보편적인 이데아를 온전히 반영하는 방향으로 나아갈 것이라는 낙관적 입장을 취한다. 그러나 실상은 문화란 더 나은 도덕성을 향하여 진보하지도 않을 뿐더러, 보편적인 이데아의 실현이기보다는 원래부터 다양성을 가진 것이라는 후기현대사회의 소극적 이해를 참고해야만 한다.

　기독교세계관에서 볼 때, 문화는 인간에게 주어진 하나님의 명령을 출발점으로 한다. 하나님이 창조하신 세계를 하나님의 창조목적에 맞게, 그리고 하나님 나라를 위한 봉사에 이르도록, 달리 표현하면 하나님 보시기에 좋은 방향으로 정복하고 다스리는 활동 결과의 총체인 문화를 형성해가는 일은 인간에게 주어진 하나님의 사명이다(Van Wyk, 1979: 15). 이러한 관점에서 볼 때 문화는 하나님 자신의 표현이 아니라 인간이 자연을 매개로하여 자신과 사회의 비전을 반영하면서 개작해나가는 산물이다. 따라서 문화는 결국 인간과 사회의 세계관을 반영할 뿐이다. 문화는 죄와 악으로부터 결코 자유롭지 못하다.

교육이 문화화의 과정으로 표현되기도 하고, 또 사실상 문화가 교육의 내용이 된다. 문화를 창조해가는 일이 교육의 목표이기도 하다. 그러나 문화교육은 그 문화가 반영하는 세계관의 종교적 성격 때문에 근대국가의 교육에서 종종 잘못된 이데올로기 교육으로 변질되었다. 근대국가가 교육을 통하여 형성한 민족주의, 제국(식민)주의, 인종주의 이데올로기는 정당한 문화교육이라기보다 엄청난 왜곡이었고, 실제로 이웃에게 큰 갈등과 상처를 남겼다.

넷째, 이상주의 세계관에서 인간은 비록 하나님에 비하여 유한하기는 하지만 그것은 실존적인 차원일 뿐 본질적으로는 정신의 차원에서 하나님과 동일한 존재로 간주된다. 그래서 인간의 정신은 영원하고 고상한 신적 속성을 가지고 있다고 본다. 그래서 인간은 합리적이고, 도덕적이고, 스스로 진선미(眞善美)에 도달할 수 있는 잠재적 능력을 가지고 있고, 자유롭고, 자유의지를 가진, 자립적이고 책임을 담당할 수 있는 독립적인 존재라는 낙관적 견해를 가지고 있다. 문제가 있다면 그것은 전적으로 인간정신을 속박하고 아래로 끌어당기는 육체에 있을 뿐이다(Van Wyk, 1979: 13-14).

 이러한 낙관적 인간이해가 인본주의 교육의 다양한 사조에 여전히 상존하기는 하지만, 인간의 육체에 대한 근대이후의 연구결과들을 통해 현대교육은 더 이상 모든 도덕적 책임을 육체에 지울 수 없게 되었다. 또한 심리학, 범죄심리학, 그리고 두뇌의 기능에 대한 다양한 연구들은 결정적인 것은 아니라고 해도 적어도 인간 정신의 낙관적 결정론을 더 이상 신뢰할 수 없게 만들고 있다.

 기독교세계관에서 볼 때, 인간은 하나님의 형상일 뿐, 본질에 있어서 결코 하나님 내지 하나님과 같은 존재의 연속선상에서 논의될 수 있는 존재가 아니다. 하나님과 달리 인간은 육체를 가진 존재이다. 그리고 그 육체가 악의 원천도 아니다. 오히려 정신으로 일컬어질 수 있는 타락한 인간의 중심인 마음이 악의 원천으로 지적되고 있다. 인간의 육체도 선하신 하나님의 창조의 결과이며, 부활을 통하여 영원히 존재하게 될 실체이다. 따라서 일방적으로 정신이 선에 속하고 육체가 악에 속하는 반립이 아니라, 실제로는 죄를 향하여 지향된 전인적 존재 전체가 그리스도의 구속으로 구원을 받는다. 이러한 점에서 이상주의의 인간론은 부당한 이원론적 해석인 셈이다.

 전인으로서의 인간이 결정적으로 죄에 매여 있으므로 인간은 스스로의 노력이 아니라 오직 그리스도의 구속 안에서만 참된 의미의 자유와 개선의 가능성을 갖는다. 따라서 그리스도 밖에 있는 존재로서의 보편적 인간의 의지는 선(善)과 소명을 향하여 자유롭지 못하고, 선한 원리와 계명에 근거한 자율적 존재도 아니며, 따라서 책임성 있는 존재가 될 수 없다.

다섯째, 이상주의 교육가들은 인간의 합리성과 도덕성을 가장 인간다운 특성으로 간주하고 교육도 합리성과 도덕성의 개현에 집중한다. 이처럼 인간의 합리성을 과도하게 강조함으로써 인간의 정서와 육체를 과소평가한 왜곡된 교육적 인간학은 근대이후 그와 정반대의 방향으로 발전해 온 심리학적 관심에 근거한 감성 중심의 교육적 인간학에 의해 그 일방성이 확인되었다. 특히 인간의 신체와 활동을 통한 교육적 효율성이 제대로 인정되지 못한 것은 이상주의 교육이론의 한계이다.

기독교세계관에서 볼 때, 인간은 전인적인 존재이며, 또한 종교적 존재이다. 인간에게 합리성과 도덕성이 중요하지만 더욱 중요한 것은 신앙적 차원이다. 판델발트의 지적처럼 신앙적 차원이 가장 높은 차원이며, 이 차원이 합리적 차원과 도덕적 차원을 비롯한 인간의 모든 다른 차원들에 대하여 지도적인 역할을 하기 때문이다. 그리고 미적 차원, 법적 차원, 생물학적 차원 등도 합리적 차원과 도덕적 차원과 더불어 중요한 기능들이다(Van Wyk, 1979: 8).

따라서 이상주의 교육이론에서는 인간의 합리성과 도덕성이 과대 강조됨으로써 다른 차원들이 그 두 차원에 환원되어 제 기능을 발휘하지 못하거나 가치 절하되는 결과를 초래했다고 볼 수 있다. 건강한 교육적 인간학은 인간의 정신적 차원의 중요성 못지않게 인간의 심리적 차원들과 생물학적 차원들도 중요하게 고려하면서 실제의 삶과 더불어 이루어지는 교육이어야 하기 때문이다. 또 판베이크의 지적처럼 순전히 합리적인 활동이란 일반적으로 교육활동에 있어서 아주 중요한 '사랑'을 잃어버리는 결과가 된다. 사랑 없이 참된 교육이란 이루어지지 않는다(Van Wyk, 1979: 14).

여섯째, 이상주의 교육가들은 잠재성과 현실성 사이의 관계를 논리적인 것으로 간주하고 잠재성의 실현이 필연적으로 혹은 목적론적으로 결정되어 있다고 판단한다. 그리고 인간의 잠재성에 대한 절대적 신뢰에 근거하여 교육을 학생의 내면으로부터 그 생리적 가능성을 끌어내는 것으로 보았다.

이상주의 교육이론의 이러한 판단들은 낙관적인 이해에 불과하다. 그리고 이상주의 교육가들은 인간의 잠재성에 대한 과도한 신뢰의 결과 학생의 생래적인 학습 가능성과 지식 자체를 동일시하는 오류를 범했다. 인지심리학과 인류학과 사회학의 연구결과들에 따르면 학생은 경험과 더불어 구별과 이해와 구성의 방식으로 자신의 의식을 형성하지만 그 내용인 세계관과 문화의 지식들은 학생의 내면으로부터 나오는 것이라기보다는 밖으로부터 주어서서 구체적으로 형성되는 것이기 때문이다.

기독교세계관에서 볼 때, 잠재능력 실현의 발전적 경향성을 가지고 있는 것은 사실이지만 역시 악을 지향한, 더 강한 부정적 경향성도 있다. 그리고 학생의 잠재능력의 실현은 자동적으로 결정된 것이라기보다는 하나님의 소명이다. 그래서 기독교세계관에서 볼 때 이상주의 교육이론이 학생의 잠재능력을 의미 있게 고려한 것은 유용한 교육적 통찰이었지만 잠재능력과 진리 자체를 동일시하거나, 잠재능력과 교육의 힘을 지나치게 신뢰한 것은 오류였다고 볼 수 있다. 잠재능력의 실현에서 내면의 경향성 못지않게 중요한 사회적 요구, 특히 하나님의 소명의 역할도 제대로 파악하지 못했다.

이상주의 교육이론이 잠재성과 현실성을 논리적 연속성을 근거로 결정적으로 연결시킨 가정은 이원론적 특성 중 하나로서 한편으로는 자유의지(비결정주의)를 주장하면서도 다른 한편으로는 결정주의로 넘어가는 모순이라는 판베이크의 지적도 이상주의의 이론적 모순을 드러내 보여준다(Van Wyk, 1979: 14).

일곱 째, 이상주의 교육이론에서 교사는 학생에 비하여 더 높은 수준으로 절대정신이 실현된 존재로 간주되기 때문에 학생에 대하여 권위적인 경우가 많다. 그러나 이상주의 세계관에 따른 교사의 존재와 권위는 교사의 현실에 비추어볼 때 과장되었다. 이후의 교육사상사에서 교사의 존재와 권위는 교육에 있어서 여전히 중요하지만 점차 주변으로 혹은 간접적으로 변화되었다.

기독교세계관에서 볼 때, 교사는 교육영역의 전문가이기는 하지만 교사도 역시 죄인이다. 교사의 권위도 교사 자신의 존재에서 자연적으로 유추되는 것이 아니라 하나님의 권위를 잠정적으로 위임받은 것일 뿐이다. 그리고 교육적 권위와 역할을 부모로부터 위탁받은 것이기도 하다. 따라서 교사의 권위 행사는 오직 교육의 효율성과 한계 안에서 발휘되어야 한다. 따라서 이상주의 교육이론은 부모의 권위와 역할과, 권위의 궁극적인 소재, 교사의 한계와 소명 등에 대하여서 불충분하다.

1.5 결론

이상주의 교육이론은 역사적으로 가장 오랫동안, 그리고 광범위한 영향을 준 교육이론이다. 서양역사에서 기독교 전통과 통합되어 발전되기도 했다. 이상주의는 교육에 있어서 교육의 필요성 해명, 인간의 잠재능력 및 자기실현, 학생의 자기활동 등 교육현상을 설명하는 여러 가지 뛰어난, 그리고 유용한 통찰들을 제시해주었다.

그러나 이상주의의 교육이론과 여러 가지 통찰들은 이상주의 교육가들의 교육적 열망의 순수성과 별개로, 그 기반을 이루는 이상주의 세계관 때문에 많은 경우 과장되고, 환원되고, 왜곡되었다. 따라서 이상주의 교육의 이론과 통찰들은 다른 교육이론들과의 비교를 통하여, 특히 기독교세계관에 비추어 재해석되고 보완되어야 한다.

02
자연주의 교육이론

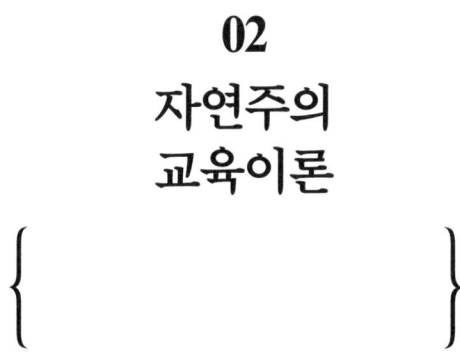

Christian Worldview
& Theory of Education

2.1 서론

자연주의는 이상주의와의 관계에서 잘 설명될 수 있다. 실제로 서양 정신사에서 이 두 가지 세계관은 처음부터 대립 내지 긴장관계를 유지해 왔다. 이상주의가 이데아(정신) 세계를 절대화하여 물체세계를 비하한 세계관이라면, 정반대로 자연주의는 자연세계만을 인정하고 초월적인 세계의 존재를 부정하는 세계관이다.

자연주의는 강조점과 해석에 따라 다양한 사상형태로 표현되었다. 이상주의와의 관계에서 다소 절충적인 입장을 취하되 정신이나 이데아의 초월성 내재 초월세계는 부정하고 오직 그 기능만을 세계 내에 한정한 근대의 소위 내재주의인 범신론과 자연신론은 자연주의 세계관의 형태들이다. 범신론은 자연세계에 반영되는 것처럼 보이는 비인격적인 힘이나 활동 자체를 신과 동일시했고, 자연신론은 신이 세계를 창조했다고 해도 중요한 것은 더 이상 간섭하지 않으며, 세계는 자연의 법칙에 따라 작동되고 있다고 간주하고, 그 자연적 법칙을 발견하고 응용하는 이성을 절대화한 세계관이다.

극단적 형태인 물질주의는 물질을 우주의 기원으로 보고 정신조차도 물질에서 나오는 것으로 간주한다. 원자(원자론), 메카니즘(기계론), 에너지(동력론)를 실재의 출발점으로 간주하기도 했다. 근대이후 자연주의는 오관을 통해 자연을 직접 관찰하여 획득한 지식만을 명료하고 정확한 지식으로 간주한다는 의미에서 경험주의, 실험주의, 실증주의로 표현되기도 했다. 그리고 세계란 처음부터 현재의 자연 그대로의 상태였고, 또 계속 흘러가고 있기 때문에 어떤 특정 시점, 곧 원(原)과거나 미래를 기원(基源)이나 종국으로 가정할 수 없고 오직 현재 그리고 현세가 의미 있는 것이라고 주장하는 현재주의 혹은 현세주의로 나타나기도 했다(Van Wyk, 1979: 18-19).

이러한 다양한 자연주의 세계관은 서양정신사에서 만물의 기원을 물로 간주했던 탈레스(Thales, 약 B.C. 625-545), 운동하는 원자로 간주했던 데모크리투스(Democritus, 약 B.C.460-360)에 거슬러 올라가며, 세계를 형상과 질료로 구별하고 형상을 온전성과 목적성(telos)의 원형으로 간주하여 질료와의 연관성을 강조했던 아리스토텔레스(Aristoteles, BC 384-322)도 자연주의자는 아니지만 자연주의적 통찰을 발전시킬 수 있는 가능성을 보여주었다.

특히 자연주의는 자연에 대한 과학적 연구와 맥을 같이하여 형성된 17세기이후 서양의 근대 세계관에서 전형적인 형태로 발전하였다. 자연관찰을 자연의 비밀을 밝히는 유일한 방법으로 간주하고 귀납적 방법을 강조했던 프란시스 베이컨(Francis Bacon, 1561-1620), 그의 계승자로서 인간의 지식을 외부 세계의 감각적 인상으로 간주하고 정신을 사고하는 물질로 간주하며 인과법칙을 절대화했던 토마스 홉스(Thomas Hobbes, 1588-1679), 그리고 인간의 정신은 생래적인 지식을 소유한 것이 아니라 비어있는 백지(tabula rasa)일 뿐이며 감각작용과 그 감각 인식에 대한 반성의 경험을 통해 정신이 형성된다고 주장했던 경험주의자 존 로크(John Locke, 1632-1704) 등은 근대 자연주의의 기초자들이다.

18세기 이후 계몽주의 세계관은 자연주의 세계관에 근거한 서구의 지배적인 시대정신이었다. 경험주의자 흄(Hume, 1711-1776)은 인간의 의식과 사고는 인상(경험된 감각)과 개념(기억)에 근거를 둔다고 보았으므로 이 과정을 벗어나 형성된 지식의 사실성을 더 이상 인정할 수 없었다[5] 흄은 자연세계를 합리적 절대정신에 따른 산물로 보기보다는 단지 생동하게 하는 어떤 원리에 따라 내팽개쳐진 맹목적인 힘(a blind power, a blind Nature)으로 간주하였다. 루소(Jean Jacques Rosseau, 1712-1772)는 더 이상 정신이나 문화가 이상적이라고 간주된 것을 부정하고 정반대로 자연이 본질적으로 이상적이며 선하다고 단정하면서 자연으로 돌아가야 할 것을 촉구하며, 『에밀』에서 자연에 따른 교육을 제안하였다.

19세기 서양정신사에서 자연주의는 최고조에 이르렀다. 허버트 스펜서(Herbert Spencer, 1820-1903)는 『교육에 대하여』에서 전형적인 자연과학적 관점에 따라 인생의 일차적이며 최상의 법은 자기보존이고, 자연과학이 최상의 진리지식을 제공하며, 교육의 원리와 방법은 동물발달과 인간진화의 과정으로부터 추론되어야 하고, 인간행동은 충동과 본능과 쾌락에 의해 결정된다고 주장하였다(Van Wyk, 1979: 22). 또 퍼시 넌(T. Percy Nunn)은 그의 책 『교육, 그 자료와 제일원리』에서 인간의 발달은 생물학적으로 결정되고, 인간과 동물의 지각과 사고에는 본질적 차이가 없으며, 개인의 발달은 생물학적으로 결정되고, 성장은 생명의 섬유가 경험에 의해 지속적으로 짜여 지는 과정이며, 교육은 본능과 모방과 훈련에 의해 결정된다고 주장했다. 특히 그는

5) 인상은 예컨대 뜨거운 쇠를 잡았을 때처럼 즉각적으로 경험된 감각이다. 개념은 예컨대 그 쇠에서 느꼈던 뜨거움에 대한 생각의 기억개념이다. 따라서 각각의 개념은 그 인상의 복제이다. 따라서 인상이 없다면 개념도 없다. 말하자면 외부로부터의 인상이나 자극이 없다면 사고나 이해도 없다. 결국 여기서는 초자연적인 것에 대하여는 생각할 여지가 없어지는 셈이다.

종교조차도 인간정신의 자연적 활동에 불과한 것으로 간주했고, 종교이론과 신학은 반자연적인 것이므로 거부해야 한다고 주장했다(Van Wyk, 1979: 22-23).

20세기 현대학문 영역에서 자연주의 세계관은 맹위를 떨쳤다. 버트란트 러셀(Bertrand Russel)처럼 철저한 자연주의를 주장하는 철학사상을 비롯하여, 존 듀이(John Dewey)의 실용주의, 그리고 정신분석학과 행동주의 등의 극단적 형태뿐만 아니라 대부분의 심리학이론들이 자연주의 세계관을 전제하고 있다(Van Wyk, 1979: 22).[6] 20세기 후반이후 활발하게 이루어지고 있는 인간유전자 연구와 인간의 뇌에 대한 연구들은 자연주의 세계관을 확립하려는 사람들에게 마치 확정적인 증거들을 제공하고 있는 것처럼 간주되고 있다.

이처럼 인간 정신사의 긴 흐름을 통해 발전해 온 자연주의 세계관의 특징을, 기독교교육학자 크리스 꾸찌어(J. Chris Coetzee)는 다음과 같이 간략하게 요약하면서 그 종교적 성격을 지적하고 있다: "모든 것이 자연으로부터 나오고 또 자연으로 돌아간다고 믿고, 변경될 수 없는 자연법이 모든 현상을 만족하게 설명한다고 믿고, 자연과학이 학문들 중의 학문이라고 믿고, 지식과 진리는 감각적 관찰에 완전히 의존해있다고 믿고, 세계는 하나의 거대한 기계라고 믿고, 절대적인 선

---

6) 판델발트는 판베이크의 글을 논평하면서 마슬로우의 동기이론, 게쉬탈트심리학의 학습이론도 역시 자연주의를 전제하고 있다고 보았다.

이나 악은 없다고 믿고, 인생과 지식의 근본원리나 선천적 이해와 같은 것은 없다고 믿고, 사고활동은 순전히 물리학적 작업이나 적어도 물리학적 기초 위에서 설명될 수 있다고 믿고, 이 세상에서의 인간의 삶의 물질적 조건은 학문적 발명 장치나 기계 장치를 통하여 결정될 수 있다고 믿는다. 자연주의는 사실상 오늘날 자연과학의 철학적 일반화에 지나지 않는다."(Coetzee, 1965: 44-45)

2.2 자연주의 세계관

자연주의자들은 자연과 자연세계만을 유일한 세계로 간주한다. 따라서 초월적인 세계의 실재성을 인정하지 않기 때문에 초월적 존재로서의 하나님이나 절대정신, 그리고 그로부터 오는 진리를 뜻하는 계시는 당연히 거부된다. 극단적인 자연주의자들은 세계도 오직 물질일 뿐이라고 단정한다. 심리적인 것과 정신적인 것도 모두 물질로부터 설명될 수 있다고 보기 때문이다.

물론 17세기부터 19세기에 이르는 서양정신사에서 단지 초월적 세계나 하나님의 초월성을 인정하지 않을 뿐, 신성(神性)의 내재성을 수용하는 사람들도 많았다. 그들은 범신론자로서 하나님을 비인격화하여 세상을 움직이게 하는 비인격적인 힘으로 간주하거나, 자연신론자로서 하나님을 막연하게 창조자로 수용하면서도 세계 안에 주권적으로

임의적인 영향력을 행사할 가능성을 배제시킴으로써 세계는 오직 역동적인 자연법이 주도하고 있다고 보았다(Van Wyk, 1979: 24). 따라서 많은 자연주의자들이 하나님이라는 용어를 사용하였지만 그 신성은 막연한 것이므로 자연(Nature)과 동의어이기도 했고, 이들에게 자연은 원초적 토대이며 원리로 간주되어 때로는 어머니라는 상징어로 표현되기도 했다(Van Wyk, 1979: 21).

자연주의 세계관에서는 자연이 유일한 실재이며, 세계는 물질과 식물과 동물과 인간으로 구성되어 있다. 정신으로 간주되는 영과 의식은 자연의 부가물일 뿐이므로 정신과 물질이 이원화되지 않고 본질상 동일선 상에 있다. 자연은 법칙성을 가지고 있으므로 의식과 정신도 자연의 법칙에 복속되어 있다. 자연의 법칙성은 세계의 존재와 활동, 그리고 인간의 존재와 활동을 지배한다. 이 자연의 법칙성을 과학적인 방법으로 파악하는 것이 인간 이성의 활동으로 간주된다. 따라서 인간은 이성 활동을 통해 세계를 제대로 이해할 수 있다는 의미에서 합리주의에 이른다. 자연은 처음부터 현재와 동일하므로 원(原)까거로서의 기원 개념과 미래의 궁극적 목적 개념도 거부된다. 따라서 시간에 있어서 의미 있는 것은 오직 현재이다.

이러한 자연주의 세계관에 비추어 볼 때, 인간은 물질의 부분임과 동시에 진화적 산물이다. 인간의 정신도 물질의 산물이므로 물질의 연장선상에서 생물학적 메카니즘에 따라 기능한다. 생물학적 유기체로서 인간은 사물, 식물, 동물보다 좀 더 복잡한 복합체일 뿐 본질적으로 그러한 것들과 차이는 없다.

현대의 진화론적 자연주의자들은 원칙적으로 인간은 진화과정에서 자신보다 더 낮은 생명형태(동물)에 의해 이해될 수 있다는 전제에서 많은 경우 인간을 상당부분 동물처럼 욕망에 따라 행동하는 존재로 간주한다. 모든 존재가 세계 안에서 자연의 보편적인 법칙성에 따라 결정되어 있으므로 인간에 대한 연구는 동물의 관찰과 실험을 통해서 알 수 있고 그 실험에서 발견한 원리를 좀 더 복잡한 존재인 인간에게 적용할 수 있다고 본다. 그래서 자연주의자들은 인간의 신체적 혹은 심리적 특성과 행동도 메카니즘의 법칙적 반응을 통하여 설명하려 한다.

현대의 진화론적 생물학자들은 인간의 삶을 동물의 경우처럼 필요충족과 자기보존을 위한 환경적응으로 간주한다. 인간의 생물학적 본능, 충동, 감성은 본질적으로 선하거나 적어도 가치중립적이다. 따라서 환경에의 적응과정에서 그러한 것들이 요구를 부정하는 것이 아니라 정반대로 그 요구를 따라 진행되어야 한다고 주장한다. 인간에게 그러한 것들은 결정적인 자연적 법칙성이기 때문이다.

현대 심리학도 자연주의적 인간론의 전형을 보여준다. 생물학의 기반에서 인간의 심리를 생리학적 메카니즘으로 설명하거나, 뇌의 기능으로 설명하려는 시도는 일찍부터 있어왔다. 이 경우 인간 심리는 생물학적 원리에 따라 달리 표현하면 생물학적 자극과 필요에 따라 인과관계의 법칙에 근거하여 움직이는 생물학적 유기체의 반응형식이다. 현대 심리학의 전통이 자연스럽게 행동주의로 발전하고 최근에 뇌의 기능연구에 귀착하는 것은 놀라운 일이 아니다.

정신분석학 전통의 프로이드(Freud)와 융(Jung)도 인간의 퍼스날리티의 원천을 생물학적 차원으로 이해했으며, 퍼스날리티의 역동성을 물리학적 기계론(메카니즘)으로 설명하려 했다. 이러한 경향은 인간주의 심리학에서도 마찬가지이다. 마슬로우(Maslow)나 로저스(Rogers)가 비록 정신분석학과 행동주의를 비판하는 것 같지만, 그들의 인간학적 전제도 그들과 동일한 생물학적 유기체이다. 동물에 비교하여 더 높은 차원들로 간주되는 긍정적 차원들도 생물학적 차원의 연장선상에 있는 발전적 차원들이다.

자연주의 세계관에서 지식이론은 이상주의자들이 지식이란 인간의 내면으로부터 밖으로 끌어내어진다고 주장한 것과는 정반대로, 지식은 대상인 자연, 곧 객관적 세계에서부터 감각적 관찰을 통해 의식에 들어온다는 견해를 가지고 있다. 따라서 지식은 주체가 아닌 대상 안에 있고, 자연세계에서 주어진 그 지식은 의심의 여지가 없는 참된 지식이다. 그 지식은 인간의 감각경험을 통해 더 구체적으로 표현하자면 감각의 자극과 인상의 과정을 거쳐 형성된다.

자연주의자들은 감각경험을 통해 형성된 인상은 감각인식과 동일할 수 있다고 본다. 비록 관찰하는 유기체인 인간의 주관적인 특성이 차이를 만들어내기는 하지만 자연과학의 객관적 방법을 통해 그러한 주관적 첨가물들이 정화될 수 있고 오류가 극복될 수 있다고 본다. 감각적 관찰과 실험을 통해 확인된 경험적 지식이 곧 사물의 본질을 밝히는, 실재(자연) 그 자체에 대한 지식이며, 따라서 확실하고, 신뢰할만하고, 유용한 지식이라고 본다(Van Wyk, 1979: 23-24).

자연주의자들이 생각하는 도덕이론도, 결국 그 전제인 세계관에 따라 결정된다. 자연주의자들은 이상주의자들에 비하면 도덕성 문제를 중요하게 보지 않거나, 이상주의자들의 도덕이론을 조롱하는 것처럼 보인다. 그래서 선과 악의 관점으로 인간의 행동을 해석하기 보다는 그러한 도덕적 관점에 대하여 현실에 대한 긍정과 가치중립성을 강조하면서 자연법칙에 순응하는 행동을 이상적인 행동으로 간주하려 한다. 인간의 행동은 자연법칙에 따르도록 결정되어 있는 것이기 때문에 그것을 거부하거나 억제하는 것은 인간에게 건강하지도 못하고 인간을 행복하게 하지도 못한다고 본다.

그래서 구태여 선과 악의 도식으로 말해본다면, 자연법칙은 본질적으로 선한 것으로 간주된다. 따라서 자연법칙에 따라 그 법칙에 일치되게 행동하는 것, 그리고 그러한 방향으로 유도하는 것이 선한 행동이다. 정반대로 자연법칙의 순응 과정을 인위적으로 방해하거나 억누르는 사회적 관습과 억압이 곧 악한 행동이다. 그래서 행동의 선악은 자연법칙 자체와 그 진행에 대한 반응과 결과로 결정된다.

외부로부터 주어진 선행적 초월 규범을 인정하지 않기 때문에, 오직 자연법에 일치하면 그 결과가 만족스럽게 나올 것이며, 그 경우 결과에 따라 그 행위는 곧 선으로 간주된다. 그러나 그 결과가 만족스럽게 나오지 않는다면 그것은 곧 악하다고 본다. 여기서 공리주의 윤리관이 나온다. 만족스럽고 유용한 것은 최고의 선을 판단하는 기준이다. 왜냐하면 자연 법칙을 벗어나는 행위는 만족스럽지도 못하고 오히려 해로운 결과를 초래할 것이라는 전제를 가지고 있기 때문이다. 생명체의 성장발달과 자기실현도 만족함과 유용함의 따르는 자연법칙에 따라 이루어진다고 본다. 극단적인 예로서 스펜서는 설사 절도행위라고 해도 그것이 절도자와 피해자에게 공히 만족을 줄 수 있는 것이라면 그것은 죄로 분류될 수 없다고 주장하기도 했다(Van Wyk, 1979: 25). 따라서 행동에 대한 형벌도 자연법칙에 따라 이루어져야 한다고 본다.

자연주의의 사회이론은 두 가지의 방향으로 나타난다. 루소처럼 낭만주의적 자연주의자들은 사회에 대하여 부정적인 입장을 취한다. 사회와 문화는 인간의 생래적인 자연적 과정을 억누르고, 왜곡시키며, 그 자연적 진행을 방해한다고 보기 때문이다. 정신분석학과 행동주의 심리학도 사회에 대한 이해에 있어 소극적인 태도를 취하였다. 그러나 또 다른 한편으로 자연주의자들은 인간의 군집성 자체도 자연적 본능과 필요에 따른 것으로서 피할 수 없는 것이라고 보고, 사회에 작동하는 자연법에 관심을 가진다. 그래서 사회의 발전과정에서 자연법에 일치하는 진화의 과정을 가정하고, 그 단계적 진행 과정의 자연 법칙성을 근거로 사회적 변화를 도모한다. 결과적으로 마르크스 이후의 사회주의와 공산주의는 이러한 점에서 자연주의적 세계관을 따르고 있다고 볼 수 있다.

2.3 자연주의의 교육이론

1) 자연주의의 교육적 인간론, 교육의 본질과 목적

자연주의 교육이론은 교육가에 따라 다양한 특성을 보이고 있으나 이해의 편의를 위해 앞서 논의한 세계관을 기반으로 판베이크가 정리한 내용을 좀 더 보완하면서 자연주의의 교육적 인간론의 특성을 다음과 같이 정리해볼 수 있다. 첫째, 학생은 흠 없고 순전한 자연적 존재로 인생을 시작한다. 따라서 그에게 바람직하지 않은 것이 있다면 그것은 전적으로 사회 환경에서 비롯된 것이다. 둘째, 학생은 다른 동물들과 연속선상에서 원칙적으로 동일한 방식으로 발달하고 있는 존재이므로 학생의 발달에 필요한 지식은 더 낮고 단순한 형태인 동물의 발달을 유추함으로써 얻을 수 있다. 셋째, 학생은 발달하고 있는 존재이므로 그 발달을 가능하게 하는 소질, 재능, 경향성, 충동 등을 교육의 출발점으로 삼아야 한다. 셋째, 학생의 충동은 방해받지 않고 발휘될 수 있어야 한다. 학생의 충동을 억압하는 것은 좌절과 부적응과 신경증으로 나아가게 만든다. 건강하고 이상적인 학생은 금지, 좌절, 신경증 없이 잘 적응하는 학생이다. 넷째, 교육의 중심은 학생(아동) 자체이며, 학생의 행복, 유익, 적응이 그 중심에 있어야 한다(Van Wyk, 1979: 28-29).

자연주의의 교육적 인간론을 생각할 때, 한편으로 자연주의 교육은 소극적인 형태의 교육으로 표현되기도 한다. 루소의 경우처럼(Sturm, 1988, 71-73),[7] 적극적이고 인위적인 교육적 개입보다 오히려 사회문화의 속박된 환경에서 떠나 자연과 직접 접촉하는 환경에서, 그리고 학생의 충동과 소질과 재능이 자유롭게 표현될 수 있고 또 발휘될 수 있는 조건 속에서 성장할 수 있도록 환경과 경험을 조정하는 것이 가장 이상적인 교육으로 간주될 수 있기 때문이다. 범신론적이고 자연신론적인 형태의 자연주의자들에게 이러한 낭만적 특성이 많았다.

그러나 철저한 과학적 방법을 강조한 현대의 생물학적 자연주의자들은 낭만적인 그리고 수동적 형태의 교육적 개입보다 적극적이고 인위적인 교육적 개입을 요청하는 방향으로 나아간다. 그들은 진화론적

---

7) 20세기 네덜란드의 기독교교육학자 얀 바터링크(Jan Waterink)는 칼빈(1509-1564)과 루소(1712-1778) 모두 스위스 제네바에서 활동한 것을 근거로 유사성을 찾으려는 시도에 대하여, 두 사람 사이에는 2백년의 시간적 간격과 더불어, 특히 세계관(기독교세계관과 계몽주의(자연주의)세계관)의 엄청난 차이가 있다는 점을 지적하면서, 루소가 칼빈의 영향을 받았을 가능성이 없다고 단정하였고, 루소의 사상은 칼빈주의적인 것이 아니라 자유주의적이고 낭만주의적인 사상이라고 비판했다.

전제에 따라 인간의 삶을, 생존투쟁을 통해 자기보존에 이르려고 환경에 적응해가려는 지속적인 노력으로 정의했다. 따라서 교육은 본질적으로 환경에의 효과적인 적응을 돕는 과정으로 간주되었다. 이 경우도 교육은 학생 자신의 적응을 뜻하므로 교사의 기능보다 학생 자신의 학습이 그 중심이 된다.

이러한 생물학적 자연주의자들은 학생의 행동을 동물의 경우처럼 자극에 대한 반응의 결과라는 전제에서 효율적인 행동은 자극의 반복을 통한 조건화로 학습될 수 있다고 주장하였다. 행동주의 심리학의 자연주의자들 중에는 학생 자신의 능력과 이해력이 조건화에 영향을 줄 수 있다고 판단하는 사람들도 있다. 여하튼 이러한 학자들은 학생의 부적응 행동을 수정하고 환경에 효율적으로 적응할 수 있도록 하기 위해 가장 효과적인 행동을 학습할 수 있는 기회와 환경을 제공하는 것이 곧 최상의 교육으로 간주한다.

전체적으로 학자들에 따라 이론의 부분적 다양성, 강조점의 차이가 있지만, 전체적으로 볼 때, 자연주의 교육의 본질과 목적은 학생의 자연적 발달충동성에 따라 그의 생래적인 자연적 소질과 재능을 완전하게 실현하여 만족스러운 삶을 살도록 돕는 활동으로 정리될 수 있다.

2) 자연주의 교육의 내용과 방법

교육의 목표가 환경에의 적응이기 때문에 학생은 환경에 대한 지식을 구비해야 한다. 또한 참되고 유익한 지식은 오직 자연과학적 지식이기 때문에, 그리고 생존투쟁은 언제나 자연에의 적응과 통제의 투쟁이므로 자연과학 지식들이 학생들이 구비해야할 일차적인, 그리고 핵심적인 교육내용이 된다.

자연과학의 지식은 생물학, 심리학, 사회학과 같은 과목들을 통하여도 제공되지만 수학, 화학, 물리학, 생리학, 지리학, 천문학, 역사 등의 과목들을 통해서도 제공된다. 그러나 문학, 예술, 음악 등과 같은 과목들은 이차적인 의미를 가진다. 물론 종교와 윤리는 본질적인 것으로 간주되지 않기 때문에 교육내용에서 정당한 위치를 얻지 못한다. 자연주의자들은 종교나 윤리는 사람에 따라 어느 정도의 만족을 줄 수 있기는 하겠지만 보편적이지도 않고 유용성의 가치도 적다고 간주한다.

자연과학적 자연주의 경향을 가진 과거 소비에트 러시아의 학교교육과정에서 학생은 소위 종합기술교육을 통하여 모든 생산과정의 각 부분에 적합한 사람이 되도록 교육받았다. 그 경우 실제성과 유용성이 교육과정의 기준이었다. 이러한 교육과정의 경우 기본적인 과목은 수학, 생물학, 물리학, 화학, 지리, 천문학 등이 된다(Van Wyk, 1979: 26-27).

자연주의 교육이론가들은 학생을 훈계에 있어서 두 가지 형태의 경향성을 갖는다. 낭만적인 형태의 자연주의에서는, 학생은 본질적으로 선하기 때문에 학생의 필요와 관심과 재능 등을 포함한, 학생의 본성 전체, 그리고 그 자체를 신뢰하면서 학생의 자기표현과 자기경험을 자유롭게 해 주어야 한다고 본다. 만일 학생이 비자연적인 방법으로 행동한다고 하더라도 그 행동의 자연적 결과가 학생을 징계할 것이고, 그 불쾌한 경험이 학생의 자기훈련을 자극할 것으로 낙관한다. 따라서 교육활동에 있어서 학생의 자기경험과 자기훈련이 중요하며 교사가 개입하는 훈계에는 소극적이거나 간접적이거나, 극단적인 경우 부정적이다. 만일 교사가 훈계한다고 하면 그 훈계는 생물학, 심리학, 사회학의 기초 위에서 이루어져야 한다. 이 경우 선호되는 교육방법은 학생의 자유로운 표현, 학습과정에서의 실습, 놀이처럼 즐거운 학습, 자기 탐구와 발견, 실험 방법 등이 된다. 주로 루소(Rousseau), 스펜서(Spencer), 몬테소리(Montessori), 닐(Neill), 넌(Nunn) 등이 이러한 입장을 취한다(Van Wyk, 1979: 27).

그러나 학생의 교육을 환경의 통제를 통한 조건화로 간주하는 자연주의자들은 교사의 적극적인 훈계를 주장한다. 과학적 탐구를 통해 밝혀진 논박할 수 없는 사실, 확고한 법칙과 원리에 따르도록 학생을 훈계한다. 학생은 소위 명백한 과학적 질서를 지키도록 통제받아야 하고, 이를 위해 교사의 엄격한 감독도 필요하다고 본다. 그래서 실제에 있어서 학생의 자유와 관심보다 권위와 의지적 노력과 순종이 요구되기도 한다. 이 경우 선호되는 교육방법은 조건화, 주입식, 훈련, 지도, 습관화 등의 방법들이다. 주로 헤르바르트(Herbart), 브리드

(Breed), 럿셀(Russel), 피니(Finney) 그리고 공산주의 교육이 이러한 입장을 취한다(Van Wyk, 1979: 27).

3) 자연주의 교육의 교사와 학교

낭만적 자연주의 교사는 학생을 세심하게 관찰하고, 학습 환경을 조성 및 조작하고, 교육 자료와 기회와 경험을 제공하는 사람이다. 특히 자연적 환경 안에서 학생이 자신의 경험을 통해 학습하면서 자연적인 방법으로 발달하도록 돕는 역할을 한다. 따라서 이 경우 교사의 역할은 간접적이며, 교사와 학생의 관계는 수평적이고 인격적이다.

반면, 소위 과학적 자연주의 교사는 권위적인 입장에서 소위 과학적 지식을 전달하고, 지식과 개념을 설명하고, 효과적인 방법으로 학습의 효율성을 높이고, 학생의 활동을 지시하고, 극단적인 경우 의도적으로 이데올로기를 주입하며, 행동을 형성하는 사람이다. 교육을 학생의 자기학습으로 정의한다고 하더라도 교사의 지도적 역할이 선행적이다.

이러한 교육이론은 그에 적합한 학교를 만든다. 낭만적 자연수의자들은 실험학교의 선구자들이었다. 루소 이후에 페스탈로찌, 프뢰벨, 몬테소리, 듀이 등을 비롯하여 많은 교육가들이 이러한 학교의 이상을 꿈꾸면서 실험학교를 세웠다. 특히 20세기에 주목받았던 실험학교인 닐(A. S. Neill)의 섬머힐 학교(Summerhill School)는 이러한 낭만적 자연주의 학교의 선구적 사례이다.

닐은 섬머힐 학교에서 교사의 권위와 훈계를 완전히 배제한 채, 또 권위적인 종교나 도덕의 규범도 유보하고, 오직 학생이 자신의 본성에 따라 자유롭고 자발적으로 성장하면서 자기 환경 안에서 자기학습을 할 수 있도록 시도하였다. 학생의 자율성 확립, 민주적 의식, 삶에 대한 긍정적 태도확립 등의 성과로 주목받기도 했으나 또한 과학교육의 효율성, 기존사회의 적응 등에 있어 회의와 비판도 받았다. 비록 섬머힐 학교는 한 세기를 넘기지 못했지만, 섬머힐 학교가 주목을 받았던 20세기 중반이후 자유로운 학교의 이상을 위해 교육운동을 벌였던 낭만적 교육가들을 고무하였고, 그들을 통해 많은 대안적 실험학교가 설립되었다.

그리고 소위 과학적 자연주의자들은 수학과 과학교육을 중심한 학교교육의 탁월성 추구를 통하여 학교교육에 영향을 미쳤다. 그들은 개인 및 국가의 생존과 발전을 목표로 의도적으로 기초학문에 대한 학생의 관심을 유발시키면서 효율적인 교육공학을 활용하여 지식의 량과 활용도를 높이려고 하였다. 학교의 모든 교육과정을 과학적인 방식으로 평가하고 개선하도록 함으로써 교육의 효율성을 극대화하려 했다. 특히 보상과 경쟁의 원리는 효율성과 탁월성 추구의 주요한 매개물이었다.

과학적 자연주의자들의 극단적인 학교는 20세기 전체주의적 공산주의 사회의 학교들이었다. 국가적 경쟁력과 우월성을 획득하기 위해 자연과학을 중심으로 스파르타식의 주입, 지도, 전달, 모방의 경직된 학교를 운영하였으나, 사실은 과학적인 교육의 환상이었을 뿐, 국가이데올로기 형성을 위한 조건화교육, 국가 이데올로기를 위한 도구로서의 과학교육에 지나지 않았다.

2.4 자연주의 교육이론의 평가

교육현상의 구조나 원리를 설명하는 일에 있어서, 그리고 효과적인 교육방법을 개발하고 교육의 발전을 위한 통찰을 제시하는 일에 있어서 자연주의 교육이론이 기여한 바가 적지 않다. 자연주의 교육이론의 공헌을 몇 가지 지적해보면 다음과 같다.

자연주의자들은 학생의 본성에 대한 사실적인 연구의 필요성을 강조하고 이에 대한 많은 과학적 연구결과를 통해 교육발전에 크게 기여하였다. 학생의 신체적, 심리적, 사회적 발달을 이해하고, 학생의 내면적 필요와 욕구를 이해하고, 학생의 지적 수준과 정보처리 방식을 이해하는 일은 효과적인 교육을 위한 필수적 선행조건이다. 자연주의 교육은 학생 이해의 중요성을 잘 인식시켰다. 결과적으로 자연주의 교육은 교사가 교과지식의 전문가일 뿐만 아니라 학생에 대한 전문가가 되어야 할 필요성을 제대로 인식시켜 왔다고 할 수 있다.

더 나아가 자연주의 교육가들은 학생의 생래적인 소질과 특성, 잠재능력, 관심 등 심리적 특성들을 교육에 적극적으로 활용하는 일에 있어서 큰 진보를 보여주었다(Van Wyk, 1979: 29). 자연주의 교육은 실제로 효과적인 교육방법들을 개발하고 실험함으로써 교육방법론의 효율성을 제고하는 일에 있어서 상당한 기여를 해왔다. 자연주의 교육이론으로부터 심리학은 교육학의 필수적인 기초학문이 되었고, 특히 교육심리는 교사양성을 위한 필수 조건이 되었다. 학생의 부적응과 문제행동, 학습결손에 영향을 주는 생물학적 혹은 심리적 요인들을 해명한 것도 학생의 문제를 도덕적인 차원에서만 생각해왔던 이전의 수준을 넘어 그러한 문제들을 좀 더 효율적인 방법으로 대처할 수 있게 해 주었다.

또한 자연주의 교육은 교육이 학생의 전인적 발달을 도모해야 한다는 것을 인식하는데 도움을 주었다. 이상주의에서 아동의 지적 차원이 지나치게 과장된 반면 신체적인 차원과 정서적 차원이 과소평가 되었다면, 자연주의교육은 신체적 활동이 지적 교육에 필요하다는 것, 그리고 정서적 차원이 교육을 주도하는 추진력이라는 것을 보여주었다. 낭만적 자연주의자들은 학생의 감각적인 신체적 활동과 노작활동을 중요한 교육방법으로 끌어들였다. 그리고 학생이 관심을 가지고 있는 현재의 생활세계가 미래 못지않게 중요하다는 것을 인정하게 한 것, 그리고 교육이 실제적이고 유용한 것이 되어야 한다는 것을 강조한 것도 교육현상의 실재를 해명하는 일에 유익한 통찰이었다.

이러한 많은 유익한 통찰을 제공하였음으로 불구하고 그 유익한 통찰들은 그 전제인 자연주의 세계관의 문제점 때문에 그 함의와 주장에 있어서 과장되고, 환원되고, 왜곡되었다. 기독교 세계관과의 비교는 그 문제점들을 인식하는데 도움을 준다. 기독교세계관으로부터 자연주의 세계관과 교육이론의 문제점을 다음과 같이 지적해볼 수 있다.

첫째, 자연주의는 우리의 오관으로 인식 가능한 세계(자연) 만을 실재로 인정함으로써 눈에 보이지 않는 초월자, 인간과 절대적인 종교적 관계에 계시는 하나님을 세계 안에 움직이는 막연한 힘(Nature, Power) 정도로 간주하여 세계 안에 가두어버리거나, 신의 존재 자체에 대하여 눈을 감아버리는 오류를 범했다. 자연주의 세계관으로 인하여 하나님에 대한 이해는 이상주의에 비하여 더욱 축소되었고, 범신론과 자연신론의 과정을 거쳐 결국 무신론으로 진행되거나, 판베이크의 지적처럼 합리주의, 물질주의, 공산주의 등 세계 내의 어떤 것을 절대화하는 결과를 초래하였다(Van Wyk, 1979: 30). 기독교세계관에서 볼 때 하나님에 대한 이해아, 그 분을 섬기는 일을 제외시켜버리거나 왜곡시켜버린 교육을 참교육이라고 할 수는 없다.

둘째, 자연주의 세계관은 진리의 범위를 좁혀버렸다. 피조물과 동일시 될 수 없는 창조주, 하나님의 섭리와 초자연적 계시를 실재에 대한 진리에서 제외시켜버렸다(Van Wyk, 1979: 30). 인간문화의 다양한 차원들도 과학적이고 실증적인 방법의 채로 걸러버리거나 극단적인 경우 평가절하 해버림으로써 실재의 풍요한 전체를 자연과학의 몇 몇 차원으로 환원시켜버리는 오류를 범했다. 적극적으로는 실재의 물리-화학적, 생물학적, 심리학적 차원을 실제 이상으로 과장하거나 절대화시키는 오류를 범했다.

그러나 실제의 세계는 대단히 다양한 차원을 가지고 있고, 따라서 각 차원에 대한 인간의 인식방법도 다양하다. 실제를 한 차원에 한정하여 추상화하여 분석하고 그것을 논리적으로 설명하는 과학적 사고도 다른 차원과의 관계성을 고려하지 않으면 안 되고, 또한 과학적 분석적 지식 못지않게 일반적 경험의 총체적 인식도 진리인식의 주요한 방법이다. 따라서 과학적 방법으로 확인할 수 없는 실재를 부정하면 실재의 총체적 차원 중 많은 차원의 지식은 제대로 평가되지 못하거나 제외된다. 그러나 교육의 내용은 관찰과 실험이 가능한 자연의 지식으로만 구성되지 않는다.

셋째, 자연주의 인간관은 인간을 동물과의 연속선상에 제한함으로써 하나님의 형상된 인간의 고유한 본질과 의미를 빼앗아버렸다. 인간의 본질을 동물처럼 욕구에 의해 움직이는 생물학적 유기체의 메카니즘으로 간주하는 결정론에 사로잡혀 인간의 자유와 책임, 도덕적 규범과 행동, 특히 종교적 태도와 행동을 비본질적으로 것으로 간주하거나 부정적으로 간주하거나 극단적일 경우 제외시켜버리는 오류를 범했다. 인간의 종교적 본질을 부인해버림으로써 타락을 현실을 인정하지 않고, 더욱이 그리스도 안에서 이루어져야 할 구속도 인정하지 않는다. 하나님의 소명을 이루며 살아가야할 인간의 의미를 빼앗아버리고, 스스로의 만족과 재능의 실현 자체로 인간의 의미를 대체시켜 버렸다.

한편으로는 하나님을 제외시켜버림으로써 인간을 자연세계의 최상의 존재로 간주하고, 자신의 만족과 행복을 최상의 목표로 간주하여 추구함으로써 인간 스스로를 절대화시키는 것 같았다. 그러나 또 다른 한편으로는 판베이크의 지적처럼 역설적으로, 인간을 동물적 욕구의 노예로 간주하고 자연적 과정에 결정적으로 복속시킴으로써 인간을 자연보다 낮추어 비인간화시켰다(Van Wyk, 1979: 30).

넷째, 자연주의 교육은 인간의 정신적 가치를 과소평가함으로써 교육의 본질과 의미, 교육의 목적 진술에 있어서 빈약하다. 교육의 본질이 조건화로 간주되거나 환경에의 적응으로 간주함으로써, 인간됨의 실현이라는 고유한 교육의 본질을 충실하게 논의할 수 없었다. 보편적 규범과 이상이 거부됨으로써 교육의 목적은 환경과 필요에 따라 달리 질 수 있는 구체적 그리고 잠정적 행동의 변화에만 집중되었다. 물론 교육의 목표를 행동의 변화로 확인할 수 있도록 구체성 있게 진술한 것은 자연주의 교육의 큰 기여이다. 그러나 목표 진술의 방법으로서의 과정적 구체화가 아니라 지향해야 할 방향과 목표의 관점에서 자연주의 교육의 목표들은 많은 경우 개인적인 차원에 제한되거나 정반대로 도구화되었다.

그러나 기독교세계관에서 볼 때 교육의 궁극적 목적은 하나님의 형상인 인간이 하나님 나라에서 수행해야 할 과제와 소명을 위해 학생을 능력 있게 구비시키는 일이다. 학생을 적극적인 문화형성자로 이끌고, 이웃과 공동체를 위해 봉사하며, 궁극적으로 하나님의 나라를 위해 일하는 섬김으로의 부름은 자연주의 교육관에서 유추되어 발견되는 것이 아니다.

다섯째, 자연주의의 축소된 세계관은 교육의 내용을 빈약하게 만들고, 동시에 균형 잡힌 교육과정에 이르지 못하게 한다. 자연세계에 대한 지식인 수학, 물리학, 화학, 생물학 등은 강조되어 핵심적 위치를 차지하겠지만, 역사, 문화, 사회, 언어, 경제, 미학, 윤리, 신앙의 지식들은 평가 절하되어 부차적인 위치로 내려앉거나 축소되거나 부분적으로 제외된다(Van Wyk, 1979: 32). 그러나 세계와 삶의 총체성을 고려할 때 교육과정은 창조세계와 사회의 모든 차원들을 고려하지 않으면 안 되고, 인간의 인간됨과 그의 마음의 기능, 그리고 차원들 사이에 존재하는 지도적 기능을 고려하지 않으면 안 된다.

현대 선진사회는 교육과정에 있어서 자연주의자들이 강조한 자연과학을 강조하지만 또 다른 한편으로는 자연과학적 지식이 역설적으로 인간의 욕망의 도구가 되어 환경을 황폐화시키는 문제점을 경험하면서 자연세계의 보존을 위한 윤리적 차원의 필요성을 절감하고 있다. 동시에 자연주의 교육과정의 축소된 한계성을 스스로 인식하면서 그 지평을 확대하고 있다. 사회 안에서의 지식노동 비중이 커가면서 시민들은 자연주의자들이 환원시켜버렸던 언어, 사회, 경제, 법적 차원의 교육을 스스로 요구하고 있고, 또 인간의 건강한 삶의 차원이 생물학적 차원을 넘어 영적 차원에 이르러야 한다는 요구를 인정하는 방향으로 나아가고 있다. 이러한 현실적 요구에 비추어보아도 자연주의 교육과정[8]의 문제점은 어렵지 않게 파악될 수 있다(Van Wyk, 1979: 21).

여섯째, 자연주의 교육의 방법에서 조건화는 학생을 동물적 차원으로 끌어내리고, 학생의 자유, 개성, 책임성 등에 대하여 제대로 고려하지 못하는 오류를 포함하고 있다. 학습방법에 있어서 조건화의 차원이 분명히 존재하고, 조건화는 효과적인 교육방법의 개발에 필요한 통찰을 주고 있다. 그러나 인간은 동물과 비교할 수 없을 정도로 자기 주체적으로 행동하는 존재이다. 따라서 행동의 변용을 위한 조건화 학습은 학생의 자발성을 충분히 고려하지 않음으로써 교육에 있어서 다른 부작용을 유발시킬 가능성이 있다. 조건화 학습은 따라서 자아가 충분히 발달하지 않은 유아와 아동, 혹은 정신적 장애, 신체의 특정 기능 훈련의 경우에 적용가능성이 크지만 그러한 제한적 상황이

---

8) 판넨발트는 교육과정, 학습과정이라는 표현에서 "과정"이라는 용어도 기계적 메카니즘 내지 자연의 변용 혹은 발달의 흐름을 반영하는 자연주의 세계관의 용어로서, 기독교적 관점에서 재정의 되어야 할 필요가 있다고 보았다. 그는 발달, 적응, 성장 등의 용어도 같은 맥락에서 기독교교육가에게 고민을 가져다준다고 보았다.

아닌 일반교육의 경우 보편화하는 데는 한계가 많다.

특히 기독교세계관에서 볼 때, 인간은 마음으로부터 그의 전체 행동이 방향 설정되는 하나님의 형상이다. 따라서 자연주의의 극단적인 형태인 조건화 학습은 교육을 위한 일반적인 설명과 방법이 될 수 없다. 학생은 그런 방법으로 취급되어 도구화됨으로써 비인간화 되어서도 안 된다. 왜냐하면 학생은 하나님의 형상으로서 자유와 개성을 가진 특별한 존재이므로 그의 존재 자체도 존중되어야 하기 때문이다.

일곱째, 자연주의 교육가들은 학생의 본성을 선한 것으로 간주하여 절대화하거나, 적어도 도덕적 차원에서는 그야말로 중립적인 것으로 간주하기 때문에, 그리고 본성의 경향성을 결정적인 것으로 간주하고 있기 때문에 교사의 역할은 소극적이며, 특히 교사 편에서의 적극적인 훈계에 대하여 반대한다. 민주적 관점에서 교사는 동료처럼 학생과 동일한 위치에 있거나, 혹은 인도자로서의 전문성 자체만 교사의 권위가 인정될 뿐이다. 그 결과 학생의 학습만큼이나 중요한 교사의 가르침과 훈계의 의미를 충분하게 설명하지 못하는 한계를 가지고 있다.

그러나 기독교세계관에서 볼 때, 교사는 하나님으로부터 위탁받은 교육적 권위를 가지고 있다. 따라서 그의 적극적인 가르침과 훈계는 교육의 필수적인 요소로 간주된다. 교사는 효율적인 가르침의 방법으로 하나님의 규범과 가치 있는 문화유산을 전달해주어야 한다. 또한 학생은 본성적으로 타락의 영향권 아래 있기 때문에 학생의 의도적인 잘못에 대하여 행해지는 교육적 훈계와 징계는 필수적이다. 하나님은 가르치는 자에게 교육적 권위를 위탁하셨다. 따라서 하나님의 뜻에 일치하고, 교육적 목적으로 이루어지고, 진리와 사랑에 근거해 이루어지는 권위에 대하여 학생은 순종하도록 요구받는다.

여덟째, 자연주의 교육가들에게 학교를 학생의 본성과 자발성에 따라 자연과 자연적 법칙에 적응하면서 살아가는 이상적 공동체를 경험하는 장소로 간주하였다. 따라서 낭만적 자연주의자들에게 학교는 너무 이상화 된 나머지 현실사회의 요구에 비추어볼 때 비효율적인 학습결과를 보이는 경우가 많다. 자의식이 강하고 민주적인 가치를 존중하는 인성을 형성하는 데는 성공적일지 몰라도 조직사회에의 적응문제와 전문직을 위한 준비에는 미흡하였다.

정반대로 생물학적이고 행동주의적인 자연주의자들은 학교를 탁월성 추구를 위해 경쟁이 지배하는 시장으로 만들었다. 학습의 효율성을 극대화하는 과정에서 학생의 사회성 확대, 공동체성 함양 등의 가치는 약화될 가능성이 많다.

기독교세계관에서 볼 때, 학교는 부모의 위탁에 따라 기독교적 가치와 문화를 학습하고, 하나님의 나라로서의 공동체를 경험하고, 하나님 나라를 위한 봉사의 소명을 효과적으로 수행하도록 자신의 은사와 재능을 개발하는 교육전문의 기관이다. 학교를 통해 기독교세계관이 형성되고, 성숙한 인성을 발달시키며, 교육의 결과 하나님과 사회를 위해 봉사하는 사람이 되도록 구비되는 곳이다. 현실적이면서도 이상적이며, 균형을 강조하면서도 효율성을 추구하는 것이 기독교학교의 이상이다.

2.5 결론

 이상주의와 자연주의는 서로 대립되거나 차별화하면서 포괄적인 영향력을 발휘하며 남아있는 세계관이다. 특히 자연주의는 낭만적 형태와 생물학적 과학주의의 형태로 구별되지만 근대와 현대를 주도해 온 세계관으로서 그 흐름 안에서 다양한 요소들을 더 강조하는 다른 세계관들을 산출하는 모체였다. 자연주의 세계관은 이상주의가 초래했던 세계에 대한 가치절하 된 비현실적 인식을 극복하고, 창조세계 자체가 가진 원리를 발견하고 응용하려는 자연과학의 발전에 크게 기여하였다. 그러나 자연주의는 기독교세계관에서 볼 때 세계 내의 것을 절대화하고 또 다른 차원들을 종종 왜곡한 오류를 가진 세계관이며, 특히 기독교와 반립의 위치에 서 왔던 종교적 세계관이었다.

 이러한 세계관의 영향은 교육이론에 그대로 반영되었다. 학생에 대한 지나치게 낙관적인 인식은 지나치게 부정적이었던 이전시대의 일반적 인식만큼이나 극단적인 신념이었다. 자연법에 따른다는 것이 낭만적으로 경도되어 현실과 멀어진 이상이 되기도 했고, 또 반대로 자연주의 세계관 때문에 좁혀진 세계와 지식의 한계는 인간성 전체의 풍요한 성장을 지향하는 교육을 축소시키고 역설적으로 비인간화하는 길로 내달리기도 했다. 그러나 자연주의 교육이론이 발전시킨 인간의 생물학적 차원과 심리적 차원의 이해는 교육의 효율성에 크게 기여하였다. 17세기 기독교교육가 코메니우스는 기독교적 관점에서 자연주의 초기의 생물학적이고 심리적인 강조점들을 잘 활용하여 균형 잡힌 교육이론에 이르려고 했다. 기독교교육은 자연주의 세계관이 왜곡시켜 잘못 해석하고 있는 사실과 원리지식을 기독교세계관과 비교하면서 재평가한 후 활용함으로써 참교육에 유익을 얻을 수 있다.

03
실용주의 교육이론

{   }

Christian Worldview
& Theory of Education

3.1 서론

"실용주의"라는 용어는 행동을 의미하는 그리스어 pragma에서 유래되었고, 세계관으로서의 핵심의미는 절대적 진리를 완전히 거부했던 프로타고루스(Protagorus van Abdera, 주전 485-415)의 사상에서 발견된다. 용어에 있어서 실용주의는 주전 123년경 그리스 작가 폴리비우스(Polibius)가 미래를 위해 그리고 확실하고 실제적이며 유익한 행동과 작업을 위해 과거의 사실을 탐구해야 한다는 의미에서 "실용주의적 역사" 라는 표현을 사용한 일이 있다. 역사기술을 위한 실용주의라는 표현은 17-18세기 프랑스의 역사저술가들에 의해서도 즐겨 사용되었다. 그들은 합리적으로 기술된 역사를 표현하기 위하여 이 용어를 사용했다. 18세기 철학자 임마누엘 칸트(Immanuel Kant)는 그의 도덕론에서, 인간이 삶을 위해 역사에서 어떤 것을 배울 수 있다는 조건에서 역사는 실용적으로 기술된다고 말한 일이 있다(Van Wyk, 1979: 36).

그러나 세계관으로서의 실용주의는 19세기 말경, 이상주의처럼 실재에 대한 절대주의적 세계관에 대한 반동으로 등장하여 주로 미국에서 큰 영향력을 행사하였다. 실용주의 혹은 도구주의의 창시자로 인정받는 찰스 파이어스(Charles S. Peirce)는 1877-1878년 어간에 실용주의 혹은 실험주의적 사고방법에 대한 논문들을 통하여 최초로 실용주의에 대한 체계적 설명을 시도하였다(Van Wyk, 1979: 37).

실용주의적 사고방식을 세계관으로 확대시킨 학자로서 사실상 실용주의의 대부로 인정받는 사람은 윌리암 제임스(William James, 1842-1910)이다. 그는 세계관으로서의 실용주의라는 명칭을 조형했다. 그는 실용주의를 행동의 철학, 철저한 실험주의, 다원주의라고도 칭했다. 그는 오직 경험될 수 있는 사실과 사실들 사이의 경험 가능한 관련성을 고려하되, 그 사실들 사이의 관련성에 대한 경험된 해석들은 다양성을 가질 수밖에 없으므로, 절대적이라고 주장하는 단일한 해석에 집착해서는 안 되며, 오직 삶의 실천을 증진시키는, 달리 표현하면 유용성 있는 진리만 의미가 있다고 보아야 한다고 주장하였다.

제임스는 지식을 직접적 지식과 간접적 이해(개념, 사상)로 나누고, 직접적인 관찰을 통해 오는 지식을 참된 지식이라고 보았다. 반면 간접적 이해는 일반적인 지식으로서 오류가 많고 실재를 정확하게 드러내지 못하기 때문에 그것이 유용한 지식이 되려면 실천을 통하여 그 유용성을 인정받아야 한다고 보았다. 그래서 실천을 통해 작동되고, 인간의 행동과 일을 증진시켜줄 수 있을 때 그리고 그 정도만큼만 간접적 이해는 참된 지식으로 인정받을 수 있다(Van Wyk, 1979: 38).

간접적 이해의 범주에 들어가는 세계관과 종교도 마찬가지로 간주된다. 그는 실재란 고정된 것이 아니라 역동적으로 변화하면서 진보해 가는 것이라고 보았으므로 확정적인 세계관이나 종교란 인정될 수 없는 것으로 보았고, 단지 그것이 인간에게 용기와 힘과 만족을 주는 한도 내에서 유용성을 인정할 수 있다고 보았다. 제임스의 실용주의는 미국인들의 세계관형성에 큰 영향을 주었다.

존 듀이(John Dewey, 1859-1952)는 실용주의를 더욱 발전시켜 교육이론으로 체계화하였고, 그의 교육이론에 따른 학교교육의 운동으로 발전시켜 20세기 전반 미국의 대표적인 교육이론이 되게 했다. 듀이는 자연주의, 실증주의, 제임스의 실용주의와 사상을 공유하면서 경험 가능한 자연 세계만을 인정하고, 경험을 초월하는 형이상학과 종교를 환상의 산물을 이해하며, 특히 종교는 삶의 환경이 좋지 못한 곳에서 발생한다고 폄하하였다. 그는 세계란 끊임없이 변화하는 것이고 인간은 자연과학적 방법의 지식을 통하여 세계를 통제하고 개선시킬 수 있다고 보았다. 지식은 그 도구이므로 오직 유용성에 따라 가치가 평가되는 것이라고 보았다. 윤리적 규범조차도 사회에 미치는 유용성에 따라 가치가 인정될 수 있다고 주장한다.

이러한 세계관에서 듀이는 교육을, 학생으로 하여금 사회 안에서 자신의 자리를 찾고, 타인들과 함께 작업하면서 환경을 개선시킬 수 있도록 준비시키는 것이라고 보았다. 학교는 학생의 필요를 만족시켜주고, 사회생활을 위해 유용한 실습의 기회를 제공하며, 실제적이고 유용성이 있는 지식을 제공해줄 수 있어야 한다고 보았다(Van Wyk, 1979: 38).

듀이의 제자인 윌리암 킬패트릭(W.H. Kilpatrick)은 듀이의 철학을 교육 이론과 실천에 더욱 세심하게 적용하였다. 그는 삶에 있어서 최상의 선이란 선한 삶 그 자체이며, 그것은 선한 것들에 대한 경험에서 발생된다고 보았다. 선한 삶을 위한 교육은 그러한 삶의 경험으로서의 문화에 참여하는 일로 이루어지며, 그 효율성을 높이려면 아동의 필요와 욕구를 존중하는 심리학적 방법으로 이루어져야 한다고 보았다. 학교는 학생이 사회생활에 적응할 수 있도록 실제적인 준비활동을 제공해야 하므로 교육과정은 곧 생활의 다양한 경험을 재구조화 한 것이어야 한다고 보았다. 그는 학생이 환경의 자극에 창의적이고 생동감 있게 반응하면서 학습할 수 있게 해야 하며, 그 학습활동은 생활에서의 실천에 유용성을 가진 것이어야 한다고 보았다(Van Wyk, 1979: 39).

유럽에서도 미국의 실용주의자들과 거의 같은 시기에 실용주의에 동조하는 철학자 및 교육철학자들이 있었다. 예컨대 영국에서 페르디난트 쉴러(Ferdinand C. S. Schiller)는 경험된 실재가 유일한 진리이며, 가치는 인간의 필요에 의해 결정된다고 주장함으로써 실용주의 세계관을 드러내었고, 독일의 게오르그 케르쉔스타이너(Georg Kerschensteiner)는 교육에 있어서 학교와 생활의 상호관계를 강조하고, 특히 행동을 통한 학습의 방법을 높게 평가함으로써 실용주의 교육관을 드러내었다(Van Wyk, 1979: 38-39).

20세기 중반이후 미국의 국제적 영향력이 커지면서 실용주의 세계관에 근거한 교육이론에 대한 관심은 더 증폭되어 유럽뿐만 아니라 전세계적에서 토의되었고, 실용주의는 가장 영향력 있는 세계관들 중 하나로 자리 잡았으며, 특히 미국 교육정책을 그대로 도입하고자 했던 한국의 교육과정에는 큰 영향을 미쳤다. 실용주의에 근거한 듀이의 교육이론은 2차 세계대전 이후 유럽에서도 많이 토론되어왔다. 예컨대 최근 네덜란드 정부에 교육정책 보고서를 제출했던 교육이론가 더 빈터(De Winter)는 민주주의 교육철학의 기초를 듀이에게서 끌어왔다(Jochemsen, 2005: 15, 30, 38).[9] 네덜란드의 기독교교육철학자 시브렌 미드마(Sibren Miedema)도 네덜란드 교육의 맥락 안에서 실용주의와 듀이의 교육이론을 재조명하는 연구를 하고 있고, 종교교육에 주는 함의에 대하여서조차 논의하기도 했다(Miedema, 2000: 12-13; Miedema, 2006: 111-112; Berding & Miedema, 2005: 38-45; Biesta & S. Miedema, 2001: 130-149).

실용주의 세계관을 상세하게 논의하기 이전에, 판베이크가 요약한 실용주의의 핵심정리는 실용주의를 이해하는데 도움이 된다고 판단된다. 그가 요약한 것을 재정리하여 다음과 같이 제시할 수 있다.

첫째, 실용주의는 행동을 강조한다. 따라서 철학 이론으로서 많은 내용을 설명하고 있지는 않다. 둘째, 실용주의자들은 효율적인 실천을 절대화한다. 셋째, 진리는 실천에서 경험된다. 경험이 지식의 원척이며, 경험으로부터 실제적이고, 활용 가능한 것을 배운다. 넷째, 실천적 사고활동의 결과는 성공이다. 따라서 실용주의자는 행동에 있어서 성공을 지향한다. 다섯째, 실천은 실험을 통하여서도 재구성될 수 있으므로 실험결과가 신뢰할 만하면 그 내용은 가치 있는 규범이 될 수 있다. 여섯째, 지식은 실천적 결과를 얻는 일에 활용될 수 있을 때 가치가 있다. 그런 의미에서 지식은 도구이다. 일곱째, 인간의 행동이 가치구현의 핵심이다. 인간에 대한 연구는 인간의 행동에 대한 연구이

---

9) 요켐선은 더빈터(M. De Winter)의 민주주의 교육철학을 기독교세계관과 비교한 논문을 발표했다. 그녀의 분석에 따르면, 더빈터는 모든 것을 민주주의에 귀속시키는 교육철학을 가지고 있고, 교육철학의 통찰들 중 상당부분을 듀이에게서 가져왔다. 더빈터는 개인주의를 극복하는 사회적 관계성의 증진을 듀이에게서 찾았다.

다. 여덟째, 인간의 자연적 필요들이 인간행동을 결정한다. 그리고 인간행동은 자연법칙에 따라 결정된다. 아홉째, 자연적 필요의 만족을 위해서는 환경에 적응해야 한다. 열째, 환경이 변화하는 것처럼 인간도 변화해야 한다. 따라서 행동을 위한 절대 고정된 규범은 없다. 인간은 환경의 요구에 스스로를 맞추어야 한다(Van Wyk, 1979: 36).

요약하자면 실용주의는 환경에 효율적으로 적응하도록 행동의 변화를 요구하며, 실천적이고 유용한 지식, 그리고 지식의 도구적 기능을 강조하는 세계관이라고 할 수 있다. 실용주의는 원천에 있어서 자연주의이고, 방법에 있어서 실험주의이며, 사회적 목표로는 민주주의의 가치를 숭앙한다.

3.2 실용주의 세계관

실용주의 세계관을 철학의 관심 주제별로 나누어 좀 더 상세하게 정리해보자. 먼저 실용주의의 실재론을 살펴보면, 실용주의는 인간이 경험하는 경험세계가 유일한 실재라고 본다. 따라서 인간이 감각을 통해 경험할 수 없는 세계, 곧 초월적 세계는 인정되지 않는다. 그리고 경험하는 세계는 고정되어 있거나 최종적인 이상적 상태가 아니라 항상 역동적으로 변화하고, 계속 성장을 향하여 진행되는, 과정 중에 있는 상태, 곧 불확실하고, 비확정적인 상태를 뜻하기 때문에 영원하고 절대적이고 완전한 것은 없다고 본다(Van Wyk, 1979: 39-40).

제임스는 이러한 가정이 충족되는 한도에서 하나님 존재의 가정을 수용하였다. 그리고 인간의 심리적 건강과 현실의 적응에 유용한 한도 안에서 종교의 기능을 인정하였다. 그러나 철저한 실용주의자인 듀이는 완전한 불가지론자가 되었다. 듀이는 초자연적인 하나님에 대한 신앙은 무책임한 책임회피로 간주하였다. 그는 종교를 환상의 산물을 이해하였고, 삶의 환경이 좋지 못한 곳에서 발생한다고 폄하하였다. 따라서 실용주의 세계관에서는 철저하게 경험세계만을 인정하는 실재관을 지지하고 있다.

실용주의의 세계관에서 인간은 한마디로 초월적인 존재가 아니라 완전히 자연의 연속선상에 그리고 그 한계 내에 있는 존재이다. 생물학적 자연주의와 다윈주의적 진화론의 기초 위에서 실용주의는 인간을 환경과 상호작용하면서 환경에 적응해가는 역동적인 생물학적 유기체로 간주한다. 따라서 인간은 지속적으로 변화하고 성장해가는 존재이다. 인간의 주요 기능은 그러므로 행동 혹은 활동이라고 말할 수 있다.

인간의 사고와 지식은 경험에서 발생하고, 그것은 환경에 대한 인간의 더 나은 적응 행동을 위한 도구로 간주된다. 인간은 외부의 권위자나 권위 있는 지도를 통해 사고활동을 배우는 것이 아니라, 생존을 위한 적응의 경험 자체가 인간으로 하여금 생각하도록 가르친다고 본다. 그래서 인간은 자신의 환경에서 직면한 문제들과 상호작용하면서, 또 그 문제를 다루면서, 그 문제 상황을 해결하기 위해 사고하기를 배운다. 그러므로 사고와 지식은 인간이 경험을 통하여 발견함과 동시에 미래상황에서 활용할 수 있는 도구이다(Van Wyk, 1979: 40).

한편으로 실용주의자들은 인간의 자유를 높이 평가한다. 여기서 자유란 역동적인 생물학적 유기체로서의 인간이 환경에의 적응을 시도하는 과정에서 외부로부터의 그 어떠한 권위로부터도 방해받지 말아야 한다는 의미에서의 자유이다. 외부의 어떠한 절대적 권위나 규범도 인정하지 않기 때문에 인간이 책임감을 가져야 할 모든 사회적 규범은 상대적이며 잠정적인 것으로 간주된다.

실용주의 세계관에서 지식은 원칙적으로 행동에서 발생한다. 활용되지 않는 지식 혹은 활용되기 이전의 지식은 단지 정보로 간주될 따름이지만, 그 정보가 실천적 삶에서 중요한 문제를 해결하기 위해 활용될 때 비로소 지식이 된다. 경험은 역동적이고 지속적으로 변화하는 과정에 있으므로 현재의 시점, 그리고 여기라는 장소에서 이루어지는 경험만이 지식의 유일한 원천이며, 시간과 공간의 제한을 받지 않는 보편적인 확고한 진리나 지식은 인정되지 않는다.

진리(지식)라는 말은 행동에서 끄집어내어진 어떤 것을 의미할 뿐이다. 마치 증명 혹은 입증(立證)이라는 말이 문자적으로 "참되게 하는 것"이라는 것을 뜻하는 것처럼 어떤 것 그 자체가 원래부터 진리가 아니라 행동에서 검정되었을 때 진리가 되는 것이다. 그리고 그 진리 (지식) 자체도 실제와 경험의 성격 때문에 참되기도 하고 또한 거짓되기도 한다. 오직 지식의 진리성은 그 지식의 실천적 기능, 유용성 혹은 활용가능성에 의존되어 있다. 따라서 오직 도구적인, 그리고 유용하고 활용 가능한 지식만 참되다고 보고, 지식인식의 방법은 실험으로 간주된다(Van Wyk, 1979: 39).

실용주의 세계관에서 볼 때 경험 세계 밖으로부터 경험세계에 적용되도록 부여되는 객관적이고 영구하며 절대적이고 확실한 규범이나 가치는 인정되지 않는다. 선과 악은 실천에서 행동의 결과를 통해 결정될 뿐이다. 규범, 원리, 진리, 목적 등은 실천적 유익과 유용성에 도움을 주는 도구로서의 기능에 한정된다. 그래서 그러한 것들이 실천의 결과 유용한 것으로 인정되면 수용되지만 그렇지 않다면 거부된다.

사회 안에서 다수의 사람들에게 유용한 것으로 인정되는 가치는 선하고 참되다고 인정된다. 그래서 사회의 유익에 일치하는 공공의 의견이 행위의 규범이 될 수 있다. 그러나 그 규범조차도 불변하는 것이 아니라 경험의 특성처럼 계속 변화할 수밖에 없다고 본다. 마치 공공의 의견이 지속적으로 바뀌는 것처럼 행위의 규범도 바뀐다. 지금 여기에서의 성장 과정 그 자체가 의미 있는 실제의 삶인 것과 마찬가지로 규범과 가치도 제한적이며 잠정적이다(Van Wyk, 1979: 41).

실용주의 세계관에서 볼 때, 결국 이상적인 사회는 자율적인 개인이 사회와의 상호관계 안에서 자유롭게 그리고 가장 효율적으로 자신의 필요를 만족하면서 살아갈 수 있도록 허용하고, 경험에 의해 그리고 다수의 구성원에 의해 입증된 규범과 가치에 따라 그리고 지속적인 실험을 통해 그 유용성을 극대화함과 동시에 그 유용한 규범과 지식을 통하여 개인과 사회를 발전시켜 갈 수 있는 사회, 곧 민주주의 사회이다. 미국 민주주의 사회의 전형적인 세계관이 되었다.

3.3 실용주의 교육이론

1) 실용주의의 교육적 인간론, 교육의 본질과 목적

실용주의 교육가들은 학생의 본성을 선하다고 간주하는 원칙적 낙관주의자들이다. 학생에게서 발견되는 오류는 학생의 본성 탓이 아니라 단지 무지의 탓으로 간주될 뿐이다. 학생은 본성적으로 자유롭고, 활동적이며, 사고할 줄 아는 존재이다. 학생은 환경과의 상호작용을 통하여 효율적으로 적응하면서 자신을 보존하고 자신을 확립해 간다.

교육은 이러한 학생의 자기 적응의 효율성을 높여주는 작업이다. 그래서 학생이 자신의 삶의 상황과, 교육을 위해 재구성된 상황에서 진리와 가치를 창출할 수 있도록 인도한다. 교육과정의 결과 학생은 자기보존과 확립에 이르도록 환경을 통제할 수 있게 된다. 학생은 교육을 통해 자신의 책임을 수용할 수 있는, 사회적으로 유용하고 덕스러운 존재가 될 수 있다. 따라서 실용주의 교육가들은 학생의 교육 가능성에 어떠한 한계도 두지 않는다(Van Wyk, 1979: 45).

물론 교육의 과정은 지속적이다. 왜냐하면 삶이란 지속적으로 변화하는 과정이어서 학생은 끊임없이 새로운 상황에 적응해가야 할뿐더러, 학생의 기본적 필요는 변하지 않지만 그 표현의 형태는 상황에 따라 변화하기 때문에 학생의 필요가 올바른 통로를 지향하도록 돕는 교육적 필요는 상존한다고 보아야 하기 때문이다. 따라서 교육의 종결이란 없다.

실용주의 교육가에게 있어서 확고한 교육목표란 존재하지 않는다. 이상적인 교육목표란 임시적인 상황 밖에 있어야 하므로 지금 여기에서 구체적으로 경험 가능한 것이 아니며 따라서 그러한 교육목표는 존재하지 않는다고 보기 때문이다. 그리고 현재의 행동과 경험의 과정 밖에 놓여 있는 것은 현재의 삶을 위한 유용성도 없으므로 추구할 만한 가치도 없다고 주장한다. 또한 달성할 수 없거나 달성을 보장할 수 없는 이상은 결국 학생을 수동적이도록 만들 뿐이라고 비판한다.

그래서 듀이는 교육목적과 이상은 변화하는 교육환경에 맞추어져야 한다고 단언한다. 왜냐하면 미래에 두어진 교육목표는 지금 여기 상황에서의 행동에 의미가 없고, 또 교육목표는 학생의 행동 그 자체를 성장시켜야 하는 것인데 멀리 떨어져있는 목표는 바로 그 현재의 실천적 행동에 실제적인 도움을 줄 수 있는 수단이 되지 못한다고 보기 때문이다. 듀이에게 있어서 내적 가치를 가지고 있는 것은 현실의 실제 밖에 있는 것이 아니라, 현재의 우발적이고 구체적인 경험이다.

　실용주의자에게 있어서 삶은 성장, 곧 안으로부터 밖으로의 성장을 뜻한다. 교육은 학생의 삶에 맞추어져 있으므로 교육은 따라서 성장과정, 재조직의 과정, 재구성, 더 나은 성장을 위한 변형을 뜻한다. 듀이에 따르면 삶이 성장 그 자체이므로, 삶 그 자체로부터의 학습을 뜻하는 교육도 성장이다. 그리고 교육은 확정된 목표를 향한 성장이 아니라 성장을 위한 비연속적인 성장과정이다. 따라서 교육의 본질은 성장이며 교육의 목표도 역시 성장이다(Van Wyk, 1979: 42).

　실용주의 교육가들에 따르면 학생은 성장의 과정에서 경험을 통하여 배운다. 그리고 경험을 통하여 이미 획득된 지식은 또 다시 새로운 경험을 지도함으로써 학생이 그 새로운 환경을 통제하는 일을 돕는 도구적 기능을 수행한다. 따라서 교육적 기능을 생각한다면 경험을 통하여 획득된 지식 곧 새로운 상황에 적용될 수 있는 지식이 학생의 성장을 위한 교육적 가치를 가진 지식이라고 할 수 있다. 물론 이러한 삶의 과정에서 교육은 학생이 성장을 위한 자기보존과 확립을 위한 능력을 소유하도록 하는 것이며, 그것은 학생의 자기 확립만을 위한 것에 한정되지 않고 사회적으로도 유용한 사람이 되는 것을 포함한다. 그래서 실용주의 교육가들은 교육의 사회적 유용성도 강조한다(Van Wyk, 1979: 42).

실용주의 교육가에 따르면 교육의 본질과 목표로 간주되는 성장의 본질적인 특징 중 하나는 생각하는 능력이라고 본다. 그러므로 교육은 학생이 스스로 생각하도록 하는 일에 관심을 갖는다. 이러한 의미에서 인지적 교육은 실용주의 교육가에게 있어서도 중요하다. 실용주의 교육가들은 학교의 일차적인 과업은 학생이 반성적인 사고활동을 하도록 교육하는 것이며, 그 반성적 사고활동에 기여하는 유일하고도 선한 인식방법 및 사고방법은 자연과학의 귀납적-실험적인 방법이라고 본다.

학생은 인식 및 사고방법을 배움으로써 경험을 온전하게 이해하고, 또 환경에서 새롭게 경험하는 문제들을 해결하는 방법과 기술을 배울 수 있다. 그리고 이러한 인식 및 사고방법은 학생의 구체적 경험 상황에서 이루어지고, 그 구체적 상황에서 학생이 직접 문제를 자연과학적 실험의 방법으로 해결해가는 과정에 습득된다. 이러한 과정의 학습을 통해 학생은 독립적이고, 논리적이고, 정확한 사고에 이를 수 있을 것으로 기대된다(Van Wyk, 1979: 42). 물론 실용주의 교육가들의 주된 관심에서 인지적 차원은 학생의 전인적 성장을 위한 도구적 기능을 수행한다.

듀이에 따라면 교육의 윤리적 목표는 성격의 형성이라고 표현할 수 있고, 윤리적 목표로서의 성격의 형성은 사회적 유용성의 형성을 의미한다. 그에게 있어서 윤리적 자질과 사회적 자질은 동일한 의미를 갖고 있기 때문이다. 그래서 교육의 본질은 판베이크가 요약한 것처럼, "교육의 본질은 삶, 곧 실제적 삶의 상황 안에서의 행동으로서, 아동이 내면에서부터 밖으로, 지적으로 그리고 윤리적으로, 사회의 유용한 일원이 되도록 성장하는 것"을 뜻한다(Van Wyk, 1979: 42). 그리고 실용주의자들에게 있어서 교육의 목표는 교육행위 밖에 독자적으로 놓여있는 어떤 것이 아니라, 사회적 유용성의 관점으로 구체적인 삶의 상황 안에서 이루어지는 실천적인, 인지적 그리고 도덕적 교육이라고 요약될 수 있다. 여기서 명백한 것은 교육의 본질과 목적이 실용주의자들에게 있어서는 동일한 것이라는 점이다(Van Wyk, 1979: 42).

2) 실용주의의 교육내용과 방법

실용주의 교육가에게 있어서 교육의 모든 내용은 삶 자체의 효과적 적응을 돕는 것이어야 하므로, 학생의 생활로부터 혹은 그 생활과의 관련성 안에서 결정된다. 실용주의 교육가들은 교육의 내용을 과거로부터 축적되어 전달되어 온 지식체계, 달리 표현하면 그 자체로서 가치 있는 것으로 간주되는 지식이나 문화보다, 학생이 교육의 과정에서 경험하는 삶의 활동을 의미하기 때문에 경험이라는 말을 선호한다.

실용주의 교육내용은 삶의 포괄적 특성에 맞게 학습경험내용도 포괄적이다. 교육내용의 선정기준은 생활환경과의 관련성이며, 그 생활환경에 유용한 기능적 역할을 하는 정도에 따라 교육내용으로서의 가치의 정도가 결정된다. 좀 더 구체적으로 말해본다면, 사회활동에서 대다수의 사람들이 해야 하는 보편적인 활동이 교육내용에서 본질적인 것으로 간주되기 때문에 가장 중요한 위치를 차지하게 되는 반면, 특수화된 필요로 제공하는 활동들은 부차적인 것이 된다.

예컨대 당시대 생활환경에서 일반적이었던 수공작업, 목공작업, 요리, 수예 등은 학생이 자신의 생활을 준비하는 직접적 활동이므로 교육과정에서도 중심적 위치를 차지한다. 교육이 이루어지는 전체적인 과정을 의미하는 교육과정은 학생이 그 작업과 경험을 통하여 실제적이고 유용한 생활경험을 얻도록 구성되어야 한다고 본다. 그리고 학교의 전체 교육과정은 작은 형태의 전형적인 사회생활 경험을 학생에게 제공하는 것이 되어야 한다고 본다(Van Wyk, 1979: 43).

실용주의 교육가들은 교사로부터 학생에게 일방적으로 지식을 전달하려하는 전통적 교육방법을 강하게 거부한다. 왜냐하면 전통적 지식중심 교육관과 달리 학생을, 교사가 형식을 갖추어 제공하는 것을 수동적으로 흡수하고 수용하는 존재로 생각하지 않기 때문이다. 실용주의 교육가들은 전통적 패러다임을 완전히 바꾸어, 교육의 주체 혹은 중심을 교사, 학습자료, 학습주제로부터 학생(아동)으로 바꾸어버렸다. 따라서 교육에서 우선적이어야 하고 중심적이어야 할 것은 더 이상 교사나 지식자체가 아니라 학생이어야 한다고 본 것이다.

실용주의 교육가들에 따르면, 학생이 주체적으로 경험을 통하여, 사회적 환경을 통하여, 창조적 활동을 통하여, 실험과 탐구를 통하여,

자유로운 표현을 통하여 학습해야 한다. 교사는 학생의 발견학습에 단지 안내자의 역할을 수행할 뿐이다. 따라서 교육방법은 학생이 수동적으로 앉아 교사가 전달하는 지시 내용을 듣고 수용하는 것이 아니라 학생이 스스로의 자기 활동을 통하여 창의적 발견에 이르도록 하는 것이 되어야 한다. 실용주의 교육가들은 학생이 스스로 문제를 발견하고, 탐구하고, 그 문제를 해결함으로써 진정한 학습이 이루어진다고 보기 때문에, 더 이상 소위 학생이 모든 것을 들어야만 하는 학교가 아니라 학생이 행동하는 학교, 작업하는 학교, 생각하는 학교로 대체되어야 한다고 주장한다(Van Wyk, 1979: 43).

따라서 실용주의 교육가들은 반복, 기억, 강요, 주입, 시험의 교육방법을 거부한다. 그들은 절대적 가치나 필연적으로 전수되어야만 하는 진리란 없다고 보기 때문에 학생이 주입 받을 수 있는 확실한 진리도 존재하지 않는다고 생각하기 때문이다. 실용주의 교육가들은 인간 자신이 자신의 가치를 만들고 스스로 자기 자신의 진리를 창조한다고 본다. 그러므로 교육은 학생에게 전수되어야 할 가치나 진리의 문제가 결코 아니라, 오히려 학생이 생각하는 방법을 배워야 하는 일인데, 만일 학생이 생각해야 할 내용을 쉽게 주입하려한다면 그것은 학생이 주체적으로 학습할 자유를 침해하거나 억누르는 일이 되고, 학생이 스스로 생각하는 방법을 발달시키지 못하게 만드는 결과가 되고, 학생이 주체적으로 삶에서 자신의 문제를 해결하면서 살아가야 할 능력을 마비시키는 것이 되기 때문에 결과적으로 인성의 성장을 방해한다고 본다. 그러한 교육은 사회적으로도 결국 민주주의를 파괴한다고 주장한다. 따라서 실용주의 교육방법은 언제나 학생 자신이 자기결정적인 존재로서 주체적으로 선택하고, 판단하고, 결정하면서 문제를 해결해갈 수 있는 능력을 길러주는 것이 되어야 한다고 본다(Van Wyk, 1979: 43-44).

교사에 의한 교육적 훈계 문제에 있어서도 마찬가지이다. 실용주의 교육가들은 어떠한 형태의 초월적인 권위도 거부하고, 오직 참된 권위의 원천은 인간 자신에게, 혹은 인간의 경험 안에 있다고 본다. 그리고 비록 상대적인 권위이기는 하지만 민주적 사회도 또한 권위의 소재로 간주하여 아동 스스로의 판단으로 공공의 의견을 존중하도록 교육받아야 한다고 본다. 이러한 권위에 대한 이해에서 볼 때, 학생의 자기활동은 외부의 일방적 권위에 의해 구속받지 말아야 한다. 교사의 역할은 학생에게 어떤 것을 주입하거나 학생을 강제하는 것이 아니라 인도하고 충고하는 것일 뿐이다. 실제 학생을 훈계하는 것은 교사가 아니라 자기 자신 혹은 경험 자체이다.

실용주의 교육가들에 따르면, 자연적인 필요가 학생의 자기활동을 동기화하고, 학생은 자신의 의지에 따라 자연적 능력과 관심과 상호관련된 상황을 통제하면서 자기활동으로 자신의 일을 지속시켜 나간다. 필요의 만족과 자기보존과 적응과 성장을 지향하는 이 과정에서 학생은 스스로 자신의 의지와 긴장과 노력을 통해 정신적 훈계를 이룬다. 그러므로 실용주의 교육가들은 학생은 타율적인 훈계에 따라 위협과 처벌과 통제를 받지 말아야 한다고 주장한다. 그 대신 학생 자신이 자신의 관심에 따라 정당한 행위에 이르도록 하는 과정에서 스스로를 훈계하도록 하는 자율적 훈계로 바뀌어야 한다고 주장한다 (Van Wyk, 1979: 43).

3) 실용주의 교육의 교사와 학교

실용주의 교육이론에서 중심과 주체는 학생이므로, 교사는 학생의 친구, 안내자, 인도자, 상담자이다. 학생이 주체적으로 경험해가는 과정에 교사의 역할은 전적으로 간접적이며 지원적이다. 그래서 교사는 자신이 주도하는 것처럼 먼저 말하지도 않고, 더욱이 지시하지도 않고, 더욱이 처방하지도 않는다. 위협과 처벌은 교사의 역할이 아니다. 단지 암시와 조력활동으로 학생의 내면으로부터 동기 부여된 활동을 인도할 뿐이다.

그러나 실용주의 교육이론에서 교사의 역할이 부정되는 것은 아니다. 교사는 광범위한 경험의 결과로 얻게 된 통찰로 학생이 적절한 삶의 경험을 할 수 있도록 학생의 환경을 조직한다. 학생의 본성과 사회적 필요와 그에 따른 전(全)생애의 요구와 연결하여 적극적으로 교육적 환경을 구성하는 것이 교사의 주요한 역할로 간주된다. 그리고 사회 환경에서 만들어진 집단 활동의 경우 교사는 인도자가 될 수도 있다. 그러나 그 상황에서도 교사가 주체적으로 인도하는 것이 아니라 집단의 관심에 따라 또 그 한계 내에서 학생의 집단 활동을 돕는다.

판베이크는 실용주의 교육이 기대하는 학교의 과제를 다음과 같이 정리하였다. 첫째, 학교는 학생에게 실험적 방법을 통하여 반성적 사고를 교육해야 한다. 둘째, 학생의 도덕적 특성이 계발되어야 한다. 그래서 그의 생애가 최상의 유익에 이르게 해야 한다. 셋째, 학교는 작은 사회여서 아동이 그 안에서 실제의 생활경험을 할 수 있어야 한다. 넷째, 학교는 아동 중심적 기관이어야 한다. 다섯째, 학교는 아동이 활동을 통하여 학습하는 작업공동체여서 창의적인 자기활동으로 실습 받을 수 있어야 한다. 여섯째, 아동의 생래적인 관심, 적성, 필요가 학교 교육의 기초가 되어야 한다. 학교는 아동의 본성이 자유롭게 표현될 수 있는 환경을 창출해야 한다. 일곱째, 학교는 민주적으로 조직되어야 한다. 왜냐하면 아동은 민주주의를 위해 교육받아야 하기 때문이다. 여덟째, 학교는 작은 사회이므로 결코 인종적, 종교적 차별이 있어서는 안 된다. 그리고 특정한 직업학교나 인문학교로 존재해서도 안 된다. 학교는 포괄적인 성격을 가져야 한다(Van Wyk, 1979: 44).

이처럼 실용주의 교육가들이 계획한 학교는 학생의 자연적 본성과 주체성, 생활환경에의 효과적인 적응, 경험의 교육적 성격, 문제해결을 위한 사고방법의 계발, 민주적 사회의 실현에 맞추어져 있다. 한편으로 전통적 교육에 대한 반동으로 형성된 실용주의 교육이론에 따른 이러한 학교는 낭만적이고 이상적인 학교로서 전통적 학교의 현재 생활과 동떨어진, 처방적이고 위협적이고 억압적인 분위기와 정반대의 축에 서 있으려는 의도가 반영되어 있다.

3.4 실용주의 교육이론 평가

실용주의 교육이론은 이전의 교육이론들이 가진 내적 혹은 결과적 문제점들을 극복하려는 구체적인 노력과 더불어, 세계의 실재에 대한 이해 및 교육현상의 구조에 대한 통찰의 발전에 있어서 큰 진보를 보여주었다.

실용주의 세계관이 세계 내 실재를 고정시켜 절대화한 이전 세계관들의 문제점을 잘 지적하였고, 특히 세계 내 실재가 역동적인 변화의 과정에 있다는 것을 잘 설명해주었다. 아동기와 아동의 경험을 성인의 관점에서 평가하여 가치평가 절하해온 전통적 아동관의 문제점을 잘 지적하였고, 학생의 현재의 필요와 관심과 생활환경을 의미 있게 해석한 것, 그리고 학생의 자발적 특성과 자기 책임을 강조한 것도 인간에 대한 사실적 이해에 있어서 진보였다. 또한 세계 내에서 인간이 발견한 지식을 그 자체로서 초월적인 것처럼 절대화하는 것이 아니라 지식의 적절성, 실제성, 적용성, 유용성을 강조함으로써 상대화시킨 것, 그리고 지식 그 자체 이상으로 반성적인 사고방법을 강조한 것도 진보였다. 세계 내의 존재와 인간지식의 상대성을 확실하게 하고, 그 토대 위에서 실제성과 유용성을 고려하면서 끊임없이 최선의 것을 추구해가려 한 것은 실용주의 세계관이 인간정신사에 기여한 큰 장점들이다(Van Wyk, 1979: 45-46).

교육현상의 구조와 원리를 드러내는 일에 있어서도 실용주의가 보여준 실제적이고 유익한 통찰이 많다. 학생의 생활환경이 학생의 발달과 연관되어 있다는 통찰을 기초로 학생의 경험과 활동을 교육적으로 의미 있게 해석한 것, 교육에 의미 있는 것이 되려면 교육내용이 학생의 생활과 연관되어야 한다는 것, 학생이 어릴 때부터 자발적이고 책임 있는 행동을 발달시켜야 한다는 것 등은 효과적인 교육을 위한 중요한 통찰임에 분명하다. 학생의 흥미와 관심이 학습의 동기가 된다는 것, 학생의 내면적인 동기부여와 자기훈계의 가치를 발견한 것도 마찬가지이다(Van Wyk, 1979: 46).

특히 학생이 경험을 통하여 지식에 못지않게 중요한 사고의 능력과 방법을 배워간다는 통찰, 교육을 학생이 자신의 생활환경에서 직면하는 문제를 해결하는 능력을 증진시켜주어야 한다는 통찰, 곧 지식의 도구적 기능을 강조한 것도 큰 발전이었다. 실제로 사회와 교사가 강요하는 많은 지식들은 교육적 유용성과 실제성의 관점에서 볼 때 의심스러운 것이 사실이다. 폭발적으로 증가하는 지식을 모두 두뇌에 채워 넣을 수도 없는 것이다. 더 중요한 것은 실제로 학생의 두뇌는 외부에서 전달되는 지식을 그대로 저장하는 것이 아니라 자신의 관점에서 해석하면서 구성해가는 것이 인지적 과정에 대한 연구의 결과이기도 하다.

또한 교육의 공동체적 성격, 곧 사회적 기능을 인식하고, 또 민주적 사회의 발전을 도모하기 위한 교육을 제안한 것도 전체주의적인 국가주의 근대교육이 지닌 내적인 문제점들을 극복하는데 기여하였다. 미드마가 지적한 바처럼 듀이는 개인과 사회의 긴장과 대립적 관계를 비판하면서 개인과 사회는 필연적인 상호작용적 관계성을 강조하고 그 상호관계성을 의미 있게 취급하였다(Jochemsen, 2005: 15). 이러한 점에서 실용주의 교육이론은 이전의 교육이론들에 비하여 개인과 사회의 상호관계성을 교육적 맥락에서 더 잘 설명하였다고도 말할 수 있다.

그럼에도 불구하고 실용주의 세계관과 그 세계관에 근거한 교육이론은 실재에 대한 편협한 해석, 그리고 종교적 성격의 세계관을 형성할 때 필연적으로 동반되는, 특정 부분 통찰들을 절대화하는 과정에서 사실들을 왜곡하여 실재와 교육구조를 잘못 설명하였다(Jochemsen, 2005: 34, 43, 61, 65-70).[10] 이처럼 왜곡된 설명들은 기독교세계관과 비교할 때 잘 드러난다. 실용주의 교육이론의 문제점들을 지적해보면 다음과 같다.

첫째, 실용주의 세계관은 실재의 역동성과 변화가능성을 절대화함으로써 정말 변함없고 영원한 실재를 부정하는 결과를 초래하였다 (Van Wyk, 1979: 46). 세계 내 실제는 역동적으로 변화하는 과정 안에 있는 것이 분명하다. 그럼에도 불구하고 기독교세계관에서 볼 때 분명하고 변함없는 것도 있다. 하나님의 존재와 계시는 영원하다. 그리고 창조세계의 구조와 피조물의 존재 의의를 밝혀주는 하나님의 뜻도 마찬가지이다. 실용주의 세계관은 모든 것을 불확실성 안에 둠으로써 인간으로 하여금 확실성의 근거를 무너지게 하고, 동시에 인간에게 가장 중요한 신앙적 확실성을 상실하게 만들고 있다.

그리고 실용주의 세계관이 시간에 있어서 현재의 의미를 강조한 것은 이전의 세계관들에 비하여 큰 진보임에 분명하지만, 현재의 절대화가 과거와 미래의 의미를 환원시켜버리는 것도 적절하지 않다. 왜냐하면 과거도 현재에 생각이상으로 깊은 영향을 주는 것이 현실이고, 또한 미래도 방향설정에 필연적인 것이기 때문이다. 세계와 인간은 과거와 미래 없이 현재로만 규정되지 않는다.

둘째, 실용주의자들은 진화론적 인간관 위에서 인간의 생물학적 본

---

10) 듀이에게 이러한 절대화의 요소는 특히 아동, 그리고 민주주의라는 표현이다. 최근에는 민주주의라는 표현이 더 중요한 절대화 요소가 되고 있다. 요쾜선은 모든 교육문제를 민주주의에 귀속시키면서도 실제로는 민주주의에 대한 해명이 불충분하고, 사회성을 강조하면서도 사회에 대한 민주주의적 해명이 불충분한 상태에서, 민주주의를 모든 것의 열쇠로 삼는 네덜란드의 실용주의 교육이론가 더빈터의 순환 논리를 지적하면서, 그에게 민주주의라는 말이 어떻게 절대화되는지 잘 보여주었다. 그 녀는 더빈터의 교육이론을 순환적 원으로 표현했다.

성과 자유를 강조하는 낭만적 입장을 취하고 있다. 인간이 생물학적 필요를 따라, 또 환경에의 효율적인 적응을 통하여 자신을 보존하고 만족을 얻기 위해 행동하는 특성을 가지고 있는 것은 사실이다. 그러나 기독교 세계관에서 볼 때 인간은 본성적으로 동물이 아니다. 인간은 자신의 생물학적 필요가 아니라 때로는 그것을 부정하면서도 하나님의 말씀을 따라서 살아가야 하는 하나님의 형상이다.

생물학적 필요조차 창조의 결과이므로 무조건 부정적인 것으로 낙인찍을 수는 없다. 그럼에도 불구하고 타락의 결과, 인간의 마음은 종종 절대선이나 하나님의 음성처럼 절대화된 생물학적 본성을 빙자하여 자기 자신을 숭배하는 어리석음을 범한다. 생물학적 필요나 인간의 의지나 자유가 실용주의자들의 믿음처럼 밝은 면만을 가진 것은 아니고, 또한 사회 안에서의 경험을 통한 개선의 가능성이 낙관적인 것도 아니다. 실용주의 세계관은 타락의 영향을 부정하거나 과소평가한다.

셋째, 실용주의는 경험을 통한 학습의 원리, 곧 발견학습과 문제해결의 사고방법 등을 강조하였다. 이러한 발견은 인간의 인지심리학적 원리에 일치하는 것들이다. 그리고 인간 지식의 구체성과 개별성과 상대성을 강조한 것도 인식론에서 큰 발전임에 분명하다. 그러나 기독교세계관에서 볼 때, 실용주의자들은 그러한 사고방법을 절대화하여 다른 가능성에 대하여 문을 닫아버렸다. 자기 경험을 초월한 진리, 하나님의 계시를 수용하는, 믿음을 통한 진리인식의 가능성을 부정하였다. 변함없는 혹은 보편적인 진리의 실재성을 부정해버린 후 모든 지식을 상대화하는 오류를 범했다. 이러한 맥락에서 판베이크가 실용주의 지식론은 일면적이라고 단정한 것은 옳다(Van Wyk, 1979: 46).

넷째, 실용주의자들은 인간에게 보편적인 도덕규범과 인간의 본성과 유리된 도덕적 규범을 부정하였고, 구체적인 실천 가능성과 개인 및 사회를 위한 유용성을 도덕적 행위의 기준으로 삼았다. 인간의 도덕규범과 전통들이 세계관의 영향에 따라 형성되는 것이어서 문화에 따라 또 시대에 따라 차이가 있는 것은 사실이다. 잘못된 세계관에 근거하여 절대화된 도덕규범이나 전통이 인간, 특히 약자들을 속박하는 것도 사실이다. 인간에 의해 형성된 도덕적 규범들의 비현실적 문제점들을 실용주의자들은 잘 지적하였다. 일반적으로 실용주의의 도덕론은 현재와 여기라는 상황과 그 상황 안에서의 최적의 유용성에 가치를 둔다는 의미에서 상황윤리로 발전하였다.

그럼에도 불구하고 기독교세계관에서 볼 때, 하나님의 뜻을 반영하는 보편적 규범들이 있다. 일반적으로 도덕적 가치는 개인과 사회를 위한 유용성을 갖고 있다. 그러나 개인에게 희생을 요구하고, 또 시대적 상황의 한계를 넘어서조차 하나님을 섬기고 그 분의 뜻을 순종해야 하는 경우도 있다. 그리고 도덕성의 절대적 기준이 개인과 사회가 아니라 하나님이 될 때 참된 의미에서 개인과 사회를 위한 결과가 된다. 이러한 점에서 실용주의 도덕론은 근시안적이다. 인간의 타락의 영향이 실용주의자들의 낭만적 의도와는 달리 도덕적으로 발휘되기 보다는 정반대로 탈도덕적인 방향으로 발휘될 수 있다는 것을 과소평가하고 있다. 자본주의사회의 탈도덕성 지향의 이기성과 그에 따른 반도덕적 결과들은 실용주의 도덕관의 한계를 잘 보여주고 있다.

다섯째, 실용주의의 교육적 인간학은 아동(학생)중심의 낭만주의적 인본주의에 속한다. 성인의 관점이 아닌, 아동기 자체의 특성과 의의를 발견하게 한 것은 공헌이지만, 아동을 절대화함으로써 아동의 모든 것을 과장하였다. 학생의 관심에 따른 교육의 한계는 학문중심의 교육이론의 반동에서 잘 드러나는 것처럼 학생 자신의 생물학적이고 심리학적인 학습 동기와 의지에는 한계가 많다.

특히 기독교세계관에서 볼 때, 학생은 교육에 있어서 절대화되어야 할 존재가 아니라 하나님과 그 분의 뜻과 그 분의 창조세계를 배우고, 그 분을 섬겨야 할 존재이다. 학생도 타락의 영향으로 고통 받는 한계 많은 존재로서 자신의 욕구에 순종하는 것이 아니라 하나님의 뜻에 순종함으로써 성숙해가야 할 존재이다. 판베이크가 지적한 것과 같이 가치와 진리가 학생에 의해 창조되는 것도 아니다. 그러한 것들은 이미 학생과 무관하게, 또 학생의 의미부여와 무관하게 하나님에 의해 주어진 것이며 학생이 교육의 과정을 통하여 발견해가는 것이다. 따라서 학생은 진리를 배우고 진리에 따라 순종해가야 할 요구를 받고 있는 존재이다(Van Wyk, 1979: 49). 이러한 점에서 실용주의는 학생에게 필연적인 본질인, 하나님과 그 분의 계시와 타락과 구속이라는 지평을 인정하지 않는 오류를 보였다고 말할 수 있다.

여섯째, 실용주의 교육이론은 교육의 과정 자체에 깊은 관심을 둔 결과 교육목표도 구체적인 행동의 변화로 표현함으로써 목표의 실현 가능성을 높였다. 그러나 교육은 전체적으로 세계관의 형성 작업이며, 그 세계관의 형성은 이상적인 인간상, 이상적인 사회상을 필연적으로 요청하므로 교육의 전체과정을 방향 지도하는 교육의 목적과 이념이 없을 수 없다. 실용주의 교육은 이러한 전체적 교육목적을 부정하지만 실제로는 실용주의자들도 자신들의 포괄적인 세계관을 전제하고 있고, 단지 의식되지 않거나 숨겨져 있을 뿐이다.

전체 교육목적과 이념은 교육의 방향을 지도하는 의의가 있다. 실용주의에 근거한 유동적이고, 불확실하고, 부분적인 교육의 목표들은 전체 교육의 방향을 잃게 하고, 따라서 오히려 교육의 효율성을 약화시키며, 피상적인 교육이 되게 할 가능성이 많다. 기독교세계관에 근거한 교육의 보편적 이념이 교육의 과정에서 구체성과 적용성이 약해 보이는 경우가 있기는 하지만(Jochemsen, 2005: 60), 사실상 모든 교육이 이러한 총체적 이념을 드러내지 않는다고 하더라도 거의 무의식적으로 전제하고 있는 것이 사실이라면 그것을 회피할 것이 아니라 기독교세계관에서처럼 적극적으로 논의해야 하고, 그 포괄적 교육이념이 적절하게 그 기능을 수행하도록 해야 한다. 교육의 이념은 결국 초월적 성격을 가진 교육의 이념이 될 수밖에 없다.

 일곱째, 실용주의 교육이론에서 교육의 내용에 대한 이해는, 문화적 지식 이상으로 학생의 경험을 중요하게 취급함으로써, 교육내용의 이해의 지평을 넓혔으나, 모든 것을 학생의 필요와 경험에 한정하거나 혹은 학생의 경험에 따라 재구성됨으로써 오히려 교육의 내용을 축소시켰고, 또한 지식의 논리와 심화의 정도는 약화되었다. 실용주의의 이러한 교육과정 이해는 필연적으로 지식중심 교육이론의 반동을 끌어들일 수밖에 없었다.

 기독교세계관에서 볼 때 교육의 과정은 학생의 경험세계를 염두에 두지만 교육의 내용은 그에 의해 한정되지 않는다. 하나님과 창조세계의 모든 차원이 교육의 내용이 되어야 한다고 보기 때문이다. 따라서 기독교교육은 학생의 경험세계를 적극적으로 확장시켜주려 한다. 하나님과 자연과 사회문화가 모두 의미 있게 교육의 내용이 될 뿐만 아니라 그 모든 내용이 학생이 필요를 중심으로 조직되는 것이 아니라 학생의 소명 수행을 위한 능력구비에 맞추어져 체계화되기 때문이다. 이에 비추어볼 때 실용주의 교육이론은 편협한 것이었다.

 여덟째, 실용주의 교육가들은 학생의 자기경험세계에서의 발견과 문제해결 경험의 의의를 드러냄으로써 교육방법의 발전에 기여하였다. 그러나 학생의 경험세계를 벗어난 내용에 대한 교사의 적극적인 가르침을 권위주의적 방식의 주입이라고 단정함으로써 교육 방법의 주요한 요소 중 하나인 수용의 측면을 무시하거나 과소평가하였다.

그러나 일방적인 지식 전달의 교육방법이 빚어낸 부작용이 충분히 인정되어야 하지만 교사의 권위에 근거한 지식전달은 학생에게 대단히 효과적인 교육방법 중 하나이며, 강요에 의한 것이 아닌 한, 이러한 지식전달의 방법이 항상 학생을 수동적으로 만들거나 학생의 사고능력을 약화시키는 것도 아니다(Van Wyk, 1979: 48). 기독교세계관에 비추어볼 때, 학생은 자발적인 자기활동뿐만 아니라 자발적으로 듣는 일과 순종하는 일을 통해서도 효과적으로 배울 수 있다. 하나님의 말씀은 자발적으로 듣고 순종하는 삶에서 발견의 경험이 더해지는 것이다.

아홉째, 실용주의 교육가들은 학생의 자유와 자발성 혹은 독립성을 강조한다. 교육에 있어서 아동이 수동적인 존재로 혹은 대상적 존재로 간주되는 것이 아니라 능동적인 주체로 간주되도록 한 것은 실용주의 교육이론의 큰 기여이다. 전통적 교육의 과도한 교사 중심성을 비판하는 맥락에서 이루어진 학생의 주체성 강조 때문에 실제적으로는 교사의 주체성이 약화된 것이 사실이지만, 민주주의적 차원에서 교사와 학생, 양자는 모두 교육에서 주체로 인정되었다고 간주되고 있다. 미드마가 지적한 것처럼 교육은 교사와 학생이 주체와 주체의 관계에서 이루어지는 활동이어야 한다(Miedema, 2004).

그럼에도 불구하고 기독교세계관에서 볼 때 교육 구조에 있어서 학생의 주체적 성격을 결코 무시하지 않으면서도 교사는 학생과 평등한 위치가 아니라 교육의 영역에서 행사하는 권위를 가진 자이며, 이러한 권위는 하나님의 소명과 명령에 의해 허용되고 있다. 그러므로 교사는 학생의 동료와 안내자의 기능에 한정되는 것이 아니라 적극적으로 훈계할 수 있는 자이다. 물론 교사의 훈계는 사랑과 진리라는 근거에서 정당화된다. 학생은 교사의 권위에 순종하며 그의 적극적인 훈계를 수용한다. 교사의 권위와 훈계는 근원적인 죄와 타락에서 비롯된 학생의 본성적, 도덕적 한계에 기인한다. 그리고 학생과 독립적으로 존재하는 초월적인 존재와 진리의 실제성에 기인한다.

열째, 실용주의 교육가들은 학교가 학생의 삶의 연장이며, 동시에 작은 사회로서 학생이 사회생활을 경험하는 곳으로 보았기 때문에 학교를 사회로부터 임의적으로 고립시킨 기관으로 간주한 것이 아니라 지역사회와 함께 있는 기관이라고 본 것은 적절한 통찰이었다. 그러나 실용주의 학교의 현실은 그 낭만적 이상과는 달리 사회로부터 지속적으로 교육의 효율성에 의심을 받았다. 또한 사회의 도덕적 규범과 전통을 과소평가함으로써 사회로부터 비판받았다.

특히 기독교세계관에서 볼 때, 실용주의 학교관은 학생에 대한 낭만적인 낙관주의에 기초하였으므로 학교교육의 주요한 기능인 지식과 문화의 전달에 있어서 교육의 효율성이 떨어졌다. 그리고 실용주의 세계관에 따라 대세를 이룬 공립학교들이 교육에서 종교와 신앙을 부정적으로 간주하거나 제외시킴으로써 학교를 세속화시켜버리자 기독교 공동체는 신앙교육의 기능을 보호하기 위해 공립학교의 종교적 중립성의 허구를 지적하면서 투쟁하고 기독교교육의 기회를 확보하기 위해 기독교학교를 세워나가지 않으면 안 될 상황으로 내몰렸다. 이러한 의미에서 실용주의에 근거한 학교는 민주적 학교가 아니라 국가의 주도 하에 세속주의 세계관을 형성하는 또 다른 의미의 전체주의적 학교의 기능을 수행하였다. 20세기 중반 이후의 급속한 세속화는 실용주의 학교교육의 확대와 무관하지 않다.

3.5 결론

실용주의 세계관은 20세기 미국의 정신을 대표하는 상대주의적 세계관이며, 비합리주의적, 혹은 주관주의적 위험을 내재하고 있는 세계관으로서 전형적인 개인 중심의 민주주의 세계관이었다. 실용주의 교육이론은 진보적 기독교사상과도 잘 조화되는 것처럼 보여 한 때 미국의 종교교육학파는 실용주의 교육이론을 기독교교육에 차용하였다. 20세기 전반기와 중반기에 한국에서 활동한 미국의 교육선교사들 중에는 우리나라 미션스쿨의 역할을 민주화의 발전과 같은 맥락에서 기술하기도 했다.

한편으로 실용주의 세계관은 인간사회에 의해 형성된 세계관들의 비실재적 설명에 대한 종교적 믿음의 허구성을 드러내고 상대화시킨 공로가 있다. 그러나 또 다른 한편으로는 서구의 기독교적 문화를 세속화하는데 크게 기여하였다. 실용주의 교육이론은 교육현상의 구조 설명에 있어서 유용한 통찰들을 보여줌으로써 교육의 발전에 기여한 점이 많다. 그럼에도 불구하고 앞서 논의한 바와 같이 그 교육이론이 뿌리내리고 있는 실용주의 세계관의 종교적 특성 때문에 그 교육적 통찰들은 일면적 편협성을 피할 수 없었고 그 의미들은 함의에 있어서 왜곡되었다. 따라서 실용주의 교육이 발견한 통찰들은 기독교세계관에 비추어 더 온전한 방식으로, 그리고 균형 있는 방식으로 활용되어야 한다.

II
사회성의 세계관과 교육

Christian Worldview
& Theory of Education

04 사회주의 교육이론

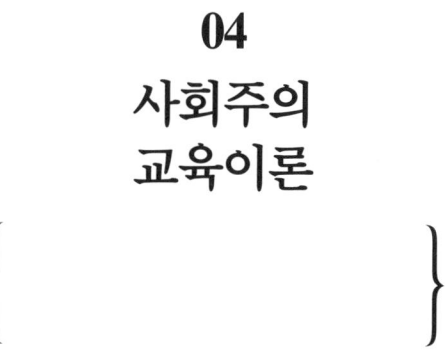

Christian Worldview
& Theory of Education

4.1 서론

사회주의는 앞서 논의한 자연주의나 실용주의 등 낭만적 인본주의가 취한 개인 중심적 패러다임에 대한 반동으로서, 개인보다 사회를 중심으로 인본주의를 재구성한 세계관이다. 사회주의는 특히 세계 내 실재의 사회적 차원, 그리고 인간의 사회적 기능을 절대화한 종교적 세계관이다. 따라서 인간 세계의 모든 것을 사회를 중심하여 일관성 있게 설명하려 한다.

사회주의의 일반적인 강조점은 그 용어가 함의하는 바처럼, 사회가 개인보다 우선하며, 개인은 사회에 의해 결정된다는 신념으로 표현된다. 따라서 개인은 사회에 비하여 부차적인 동시에 오히려 사회의 산물이라고 표현된다. 개인은 사회 안에서 존재해야 하고, 개인의 과제는 사회의 개선과 복지를 위해 살아가야 한다고 처방한다.

판베이크는 로마서8장에 표현된 구절의 형식에 하나님 대신 사회를 대체하여 사회주의의 신념을 드러냄과 동시에 그 숨겨진 종교적 성격을 간접적인 방법으로 드러내었다: "모든 것들이 공동체로부터 오고, 공동체로 말미암고, 공동체로 나아간다."(Van Wyk, 1979: 52)

사회주의 이론을 확립한 사람은 일반적으로 최초의 사회학자 중 한 사람으로 인정받고 있는 꽁트(Comte, 1798-1857)이다. 그는 인간이란 언제나 사회 안에서 다른 사람들과 함께 살아가기 때문에 사회로부터 분리된 개인이란 추상적인 것에 불과하거나 사실상 존재하지 않는다고 단정하였다. 그는 사회학을 사회를 새롭게 개선하는 기초과학이라 간주하였다.

꾸찌어(J. Chr. Coetzee)는 사회주의 교육이론가들을 철저한 사회주의 교육이론가들과 중도적 사회주의 교육이론가들로 구분하였다. 그는 에밀 뒤르껭(Emile Dürkheim, 1858-1917), 파울 나트롭(Paul Natrop, 1824-1945, 『사회교육학』), 파울 베르거만(Paul Bergemann), 게오르거 케르쉔스타이너(George Kerschensteiner,

1855-1930, 『다가오는 학교』, 『작업학교의 개념』, 『교육의 이론』), 존 듀이(John Dewey, 1859-1952, 『민주주의와 교육』, 『학교와 사회』, 『나의 교육학적 신조』) 등의 학자들을 철저한 사회주의 교육이론가의 범주에 포함시켰다. 그리고 그는 오토 빌만(Otto Willman, 1839-1920, 『교육이론으로서의 교수법』), 프리드리히 파울센(Friedrich Paulsen, 1864-1908, 『교육학』), 빌헬름 라인(Wilhelm Rein, 1847-1930, 『조직적 체계에서의 교육학』), 푸르스터(F.W. Foerster, 『교육과 자기교육』, 『정치윤리와 정치교육』) 등과 같은 사람들을 온건한 중도적 사회주의 교육이론가 그룹으로 구분하였다(Van Wyk, 1979: 52).

물론 꾸찌어의 구분과 또 그의 구분을 받아들인 판베이크가 존 듀이를 철저한 사회주의 교육이론가로 구분하는 데는 이견이 있을 수 있다. 실용주의 교육이론에서 살펴본 바처럼 듀이의 아동의 본성에 대한 낭만적 개념, 아동의 자유와 자율성을 강조한 것, 그리고 잘 알려진 것처럼 아동중심의 교육적 패러다임 등을 생각할 때 개인주의적 민주주의에 기운 것처럼 생각되므로 듀이를 사회주의 교육가로 분류하는 것이 다소 어리둥절하게 생각될 것이다. 그러나 본 장은 온건한 낭만적 사회주의 이론을 다루고 있고, 또 듀이가 개인과 사회의 이분법을 싫어하면서 그 상호관계성을 강조하였고, 교육과 관련된 사회의 기능, 그리고 교육의 사회적 과제를 중요하게 다루었다는 점을 생각할 때 꾸찌어의 구분을 이해할 수 없는 것은 아니다. 최근 듀이 연구가들은 듀이의 사회주의적 특성을 애써 강조한다. 예컨대 네덜란드의 교육학자 더빈터(M. De Winter)는 20세기 후반에 경험한, 네덜란드 사회의 지나친 개인주의 성향을 극복하기 위하여 사회성에 중심을 둔 교육개혁의 보고서를 제출하면서 그의 이론의 기초를 듀이에게서 찾았다(Jochemsen, 2005: 34).

사회주의 교육이론가들로 구분된 학자들은 개인중심의 낭만주의자들이 사회를 부정적으로 본 것과 달리 그들의 사상에서 사회의 기능과 목적을 긍정적으로 혹은 적극적으로 논의하였다는 점에서 이처럼 고전적 사회주의 교육이론가의 범주에 포함되며, 이 학자들은 극단적인 정치적 사회주의라고 표현될 수 있는 공산주의나 신마르크스주의 세계관과는 구별되며, 이러한 극단적 사회주의 세계관들과 비교할 때 여기서 언급되는 사회주의 세계관은 고전적이고 낭만적인 형태의 사회주의이론이라고 볼 수 있다. 공산주의 및 신마르크스주의 세계관은 다음 장에서 취급하게 될 것이다. 그와 동시에 사회주의와 공산주의와 신마르크스주의는 연속선상에서 발전된 세계관이므로 이장의 사회주의 교육이론에 대하여는 간단하게 논의하려 한다.

4.2 사회주의 세계관

사회주의 세계관은 근대 자연주의 세계관의 흐름 안에서 발전되었다. 따라서 사회를 강조하지만 그 개념의 함의는 소위 과학적인 혹은 진화론적인 함의를 갖고 있다. 사회주의가 사회를 세계 해석의 중심에 둔다고 할 때 그 의미는 한편으로는 초자연적인 존재인 하나님의 존재나 초자연적 세계와 그것으로부터 오는 모든 것을 배제한다는 뜻이다. 그리고 자연 세계의 중심은 인간이므로 자연세계는 부차적으로 간주된다는 뜻이다. 그래서 자연세계는 인간사회에 비하여 큰 관심거리가 못된다. 또한 인간의 개념에 있어서 가장 중요한 본질은 사회적 차원 혹은 기능에 있다는 신념이므로 인간의 다른 차원들은 부차적이거나 환원된다는 뜻이다.

예컨대 대표적인 사회주의자인 꽁트는 종교가 지배하는 사회는 명료한 실증적인 과학 이전의, 달리 표현하면 오류와 애매함을 특징으로 하는, 곧 진화의 단계에서 더 이전 단계에 속하는 지식이 주도하는 사회를 의미하므로, 과학이 지배하는 미래의 사회에서는 더 이상 지속될 수 없는 사회로 간주함으로써 초자연적 실재와 관련된 모든 것을 허구로 간주하여 부정했다.

사회주의는 인간을 이해할 때에 인간의 사회성에 인간의 개별성과 문화를 복속시킨다. 따라서 개인에 속한 모든 특성도 사회에서 나오거나 사회적인 것의 부분으로 간주된다. 종교와 도덕과 법과 예술과 경제와 언어와 문화와 사고 등도 모두 사회의 산물로 간주된다. 그리고 사회가 적극적으로 그 모든 것을 규정하고 지도한다. 따라서 실재의 사회적 측면과 기능이 무의식중에 가장 우위에 있으면서 지도하는 전망대로 수용 된다는 의미에서 사회적 기능이 절대화된 세계관이라고 말할 수 있다(Van Wyk, 1979: 53).

사회주의 세계관에 따르면 인간은 단정적으로 사회적 존재로 규정되어야 한다. 왜냐하면 사회가 근본적인 실재이고, 기원이기 때문이다. 인간은 그 사회로부터 나온 산물이며, 사회 안에서 성장하고 발달하며, 사회의 기능이 인간을 만든다고 보기 때문이다. 비록 개인적인 것으로 생각될 수 있는 것이 있는 것처럼 보인다고 하더라도 그것은 일시적이고 잠정적이거나 아니면 의식되지 않았을 뿐이다. 따라서 사회를 떠나서 인간은 존재할 수도 없고, 무엇인가를 열망할 수도 없고, 행동할 수도 없고, 사고할 수도 없다. 달리 표현하면 사회가 인간을 결정한다.

사회가 절대화되기 때문에 사회주의자들에게 사회는 보편적이고 이상적인 형태를 보인다. 그래서 근대의 사회주의는 민족-민주적 사회를 이상으로 생각했으므로 특히 계층의 차별이 참된 공동체를 방해한다고 보았고, 다민족 사회가 형성되면서 민족적 차별이 참된 공동체를 방해한다고 보았고, 20세기 중반에는 성의 차별이 참된 공동체를 방해한다고 보았고, 20세기 후반에는 식민지였던 약소국가들의 차별이 참된 세계 공동체를 방해한다고 보았다. 사회주의자들은 이처럼 차별이 존재하지 않는 이상적인 민주적 사회공동체를 형성하는 것을 이상으로 삼는다.

또한 사회주의자들은 이상적 사회를 구현하기 위해 모든 사회 구성원들이 사회의 궁극적 복지를 위해 적극적으로 기여해야 할 과제를 가지고 있다고 본다. 사회주의에는 인간이 사회를 통해 형성된다는 의미의 수동적 특성을 강조하면서도, 또한 인본주의의 자율성에 근거하여, 진화적 단계에서 최종 단계를 뜻하는 이상사회를 적극적으로 형성해가는 주체자로 본다. 그래서 과거에는 민족주의자들과 공산주의자들, 소위 좌파 운동권이, 오늘날에는 사회주의 이념을 가진 시민단체가 이상적 사회를 구현하는 주체적인 사회형성 세력을 자임한다.

사회주의자들은 공동체의 형성과 발전에 기여하는 지식은 과학적 지식이라고 주장한다. 여기서 의미하는 과학적 지식이란 자연과학의 지식도 포함하지만, 더욱 중요한 것은 형이상학적이고 종교적인 이상의 허구성을 밝혀주고 사회의 진화과정을 밝혀 주는 지식을 의미한다. 과학적 지식은 사회를 유기적으로 성장시키고, 사회의 발전에 직접 기여하는 지식을 뜻한다. 따라서 사회주의자들이 생각하는 이상적 사회의 실현에 기여하는 지식이 의미 있는 지식으로 간주된다. 그러나 과학 이전의 지식은 허구임과 동시에 사회의 발전을 방해하는, 곧 해악을 주는 지식으로 간주되어 배척된다.

사회주의자들에게 사회는 절대화된 이념이므로 사회의 발전을 증진시키거나 사회의 법체 일치하는 행위는 도덕적이며 궁극적으로 선한 행위가 된다. 그러나 사회의 발전에 기여하지 않는 개인의 자유는 도덕적으로 저급한 것으로 간주된다. 그리고 사회의 발전을 방해하거나 사회의 법과 충돌을 야기 시키는 행동은 악이므로 제거되어야 할 것으로 간주된다. 따라서 행동의 선과 악의 기준은 이상적인 사회에의 기여 정도에 달려있다고 볼 수 있다(Van Wyk, 1979: 53).

4.3 사회주의 교육이론

1) 사회주의 교육의 교육적 인간론, 교육의 본질 및 목적

사회주의 교육이론에서 학생은 처음부터 작은 사회라고 할 수 있는 가정에서 태어난 존재이다. 비록 학생이 얼른 보면 사회와 무관해 보이는 생래적인 본능과 소질을 가지고 있다고 하더라도 그것조차도 인류의 과거로 소급해간다면 결국 사회공동체 활동의 유산으로 간주된다고 본다. 그리고 학생의 본능과 소질도 사회 안에서 사회적 방식으로 표현되지 않는다면 아무런 의미가 없다고 본다. 그러므로 학생은 본성적으로, 혹은 필연적으로 사회적 존재로 간주된다.

학생 개인은 사회적 존재이며, 또한 사회도 개인들로 구성된 유기적 통일체이다. 그래서 학생에게서 사회적 요소가 제거된다면 오직 추상적인 것들만 남게 되는 것과 같이, 사회에서도 개인적 요소가 제거된다면 생명력 없는 다수만 남게 될 것이라고 본다. 따라서 교육은 학생의 개별적인 심리적 요소인 잠재력, 관심, 습관을 고려하여 시작해야 하고, 그 목표인 사회에 대한 봉사로 나아가게 해야 한다고 본다. 사회적 존재인 학생의 본질은 특히 창의적 활동에 있다고 본다. 따라서 학생은 사회적 적응과 창의적 기여를 위해 학습활동에서 다른 학생들과 협동하면서 능동적으로 참여할 수 있어야 한다(Van Wyk, 1979: 56).

사회주의자들은 교육을, 학생을 사회의 집단의식에 점진적으로 참여시키는 과정으로 간주한다. 그래서 교육은, 출생이후 처음에는 거의 무의식적으로 시작하지만 점차 성장하면서 사회의 집단적 의식이 스며들고, 사회적 습관을 형성하고, 사회의 이상을 공유하고, 사회적 이상에 맞게 감정도 일깨워져, 결국 사회의 구성원이 되는 과정, 곧 사회화의 과정을 뜻한다. 학교교육이란 이러한 사회화 과정을 적극적으로 조직하고, 일정한 방향으로 진행되도록 조정하는 작업이다.

학생이 스스로의 존재를 자각하는 사회 상황 안에서, 그 사회의 요구에 맞추어 학생의 가능성을 자극하는 것이 교육활동이다. 그래서 교육활동을 통해 학생은 그 사회의 구성원이 되고, 자신만을 지향한 행동과 감정으로부터 탈피하여 자신이 속한 사회의 관심과 복지에 기여하는 사람이 된다. 이러한 의미에서 교육은 사회생활의 경험이고, 환경과의 능동적인 접촉이며, 사회 안에서의 자기활동이라고 칭해진다. 사회주의 교육가들에게 있어서 교육은 삶의 과정이고, 곧 사회적 발달을 뜻한다(Van Wyk, 1979: 53-54).

사회주의 교육가들은 교육에서 철저하게 사회적 목표를 견지한다. 그래서 포괄적인 교육목표는 사회를 위한 유용성 혹은 사회적 유용성에 맞추어 기술된다. 그리고 구체적인 목표에서는 시민생활에서의 유용성, 그리고 직업생활에서의 유용성에 이르도록 개별화하고, 타인들과 평등한 상태에서, 서로 상호작용하며 교제할 수 있는 능력을 길러 주려하고, 궁극적으로는 학생이 사회공동체의 발전을 자신의 인생 목표로 삼도록 격려하는데 맞춘다(Van Wyk, 1979: 54). 따라서 사회주의 교육목표는 학생을 사회공동체에 참여시키고, 그 사회공동체의 관심을 증진시켜, 사회공동체에 기여하는 사람이 되게 하는 것이라고 요약할 수 있다.

2) 사회주의 교육의 교육내용과 교육방법

학생으로 하여금 사회공동체 안에서의 자기 위치를 가치 있게 수행하도록 교육하기 위한 교육내용은 사회 안에서의 실제 삶의 상황과 밀접한 연관성을 가져야 한다. 그래서 학생을 위한 교육프로그램은 삶을 경험함으로써 삶을 배우도록 구성된다. 그래서 교육내용은 지식의 학습과 더불어 실제 작업, 그리고 놀이 등도 포함된다. 교육은 사회경험의 계속적인 재구성으로 간주된다(Van Wyk, 1979: 54-55).

교육내용은 사회생활이며, 그 사회생활은 총체적 특성(통일성)을 가지고 있는 것이기 때문에 지식의 내용을 고립시키고 분리하여 추상화시키는 것을 반대하고 모든 과목들이 상호 관련되는 통합교육을 지향한다. 예컨대 한 지역사회에 대한 연구에는 그 도시의 역사와 지리와 문화 뿐 아니라 해당 도시의 자연환경, 보건 등도 함께 고려하는 통합학습을 지향한다. 역사가 옛날에 대한 죽은 지식이 아니라 현재 사회를 설명해주는 것이 되게 하고, 자연과학의 지식이 과학자의 언어나 책의 지식으로 추상화되는 것이 아니라 현재의 사회생활에 무엇을 기여하고 있고, 또 그 과학적 사고방법이 실제 생활에 어떤 유익을 주는지 보여줄 수 있어야 하고, 또 언어는 현학적인 수사가 아니라 사회 안에서 타인과의 효율적인 의사소통을 위한 매개가 되도록 가르쳐야 한다고 해석한다. 교육내용에 있어서 더 우위에 있어야 내용들은 지리, 역사, 자연과학, 직업교육과 같이 사회를 이해하고 사회생활에 직접 연관되며, 사회를 향한 직접적인 기여가 가능한 것들이 된다.

사회주의 교육에서는 교육이 사회생활에서의 학생의 자기 경험 방법을 선호한다. 학생이 수동적으로 자신의 삶과 무관한 지식을 수용하는 것보나 학생이 능동적으로 참여하고 표현하기를 독려한다. 더욱이 사회생활은 학생이 타인들과 더불어 상호작용하는 삶이므로 다른 사람들과 함께 행하면서 배우는 집단 프로젝트 방법을 선호한다. 듀이의 표현처럼 듣는 것으로 특징지어지는 교육이 아니라 행함으로 특징지어지는 교육, 경험과 실험의 방법이 선호되는 교육방법을 선호한다(Van Wyk, 1979: 55).

사회주의 학교는 평등 개념을 강조하기 때문에 전통적 학교처럼 체벌과 복종과 강제에 의존하는 교사의 훈계가 아니라 학생의 독립성, 자기활동을 강조하기 때문에 사회활동 안에서 타인과의 관계 안에서 경험할 수밖에 없는 학생의 자기 훈계를 이상적인 것으로 간주한다. 일방적인 복종과 강제된 실천은 민주적 사회에 부적합하고, 사회적 유용성을 준비하는 일에 있어서도 적절한 방법이 아니라고 판단하기 때문이다(Van Wyk, 1979: 55).

3) 사회주의 교육에서의 교사와 학교

사회주의 교육에서 교사의 과제는 학생을 위해, 학습경험이 되는 사회생활을 재구성하는 것이다. 교사는 재구성된 사회적 경험을 통하여 학생을 실제의 사회생활로 인도한다. 여기서 교사는 학생의 인도자, 곧 학생이 자발적으로 사회적 삶에 참여하여 활동하도록 인도하는 안내자이다. 여기서 교사는 지시사항을 나누어주는 것이 아니라 학생의 자기활동을 고무하며 학생에게 충고한다. 존 듀이의 다음의 선언은 사회주의 교육가들의 교사관을 잘 반영하고 있다: "나는 교사가 단지 (학생) 개인의 훈련에 참여하는 것이 아니라, 적합한 사회생활의 형성에 참여한다고 믿는다. … 나는 모든 교사가 자신의 소명의 위엄을 인식하여, 적합한 사회질서의 유지를 위해 그리고 정의로운 사회적 성장의 확립을 위해 구별된 사회의 봉사자라고 믿는다."(Dewey, 1910: 17)

사회주의자들은 학교가 사회의 요구에 적응하는 일을 학습하는, 실제의 사회공동체여야 한다고 본다. 달리 표현하면 학교는 의도적으로 사회생활을 학습하도록 구성된, 실제 사회를 복제한 작은 사회이다. 단순한 초기 단계에서 학교는 가정에서 수행하는 활동을 반영한다. 그러나 점차 가정으로부터 좀 더 넓은 지역사회생활에서 경험하는 활동으로 확장된다.

교육의 목적을 위해 의도적으로 구성된 학교의 적극적인 과업은, 학생의 사회적 능력을 형성하여 사회에의 기여에 적합하도록 만드는 일이다. 이 일을 위해 학교는 학생이 주도성을 개발하고, 책임수행을 학습하고, 사회적 통찰을 얻고, 상호 타협하는 방법을 배우며, 사회참여의 정치적 활동을 경험하는 곳이어야 한다(Van Wyk, 1979: 55). 따라서 학교의 전체 학습은 많은 경우 집단 참여의 활동이 되어야 한다. 따라서 사회주의 교육가들에게 있어서 학교는 집단적 생활경험을 통하여 학생이 스스로 사회적 기능과 능력을 효과적으로 학습하도록 기획된 교육기관이라고 말할 수 있다.

4.4 사회주의 교육이론에 대한 평가

사회주의 세계관은 이전 세계관들이 간과하거나 과소평가 했던 실제 사회생활의 기능을 해명하는 일에 있어서 크게 기여했다. 사회주의 세계관이 이상으로 생각하는 사회를 구현하도록 학생을 교육하려

했던 사회주의 교육이론도 사회의 교육적 기능, 인간의 사회적 기능, 실제 사회적응을 위한 교육의 과제 등을 강조함으로써 교육현상의 구조와 원리에 대한 유익한 통찰을 보여주었다.

좀 더 구체적으로 교육현상을 설명하는 일에 있어서 사회주의 교육이론이 보여준 발전적이며 유익한 통찰들 대략 열거해보면 다음과 같다. 첫째, 사회주의 교육이론은 사회가 학생의 인성을 결정하는 주요한 요인이며, 학생은 실제의 사회생활에 적응해 가야하고, 사회 안에서 상호작용 가운데 자신의 능력을 발휘하면서 산다는 점을 잘 해명하였다(Van Wyk, 1979: 56). 둘째, 사회주의 교육이론은 교육의 목표를 사회를 위한 봉사와 기여에 둠으로써 개인의 만족과 자기실현에 기운 자연주의 교육이론의 부족한 점을 잘 보완하였다. 셋째, 지식이 실제 생활과 사회 안에서 형성된다는 사실을 근거로 상황이 교육적 경험을 제공하도록 상황을 재구성 하려 한 것은 언어를 통한 추상적 지식전달에 의존했던 교육을 더욱 생동감 있게 했다. 넷째, 교사의 권위에 일방적으로 의존한 강제성을 특징으로 하는 훈계에서 벗어나 학생의 눈높이에서 학생의 관심과 자발성을 존중하고 학생의 자기훈계를 격려한 것은 학생의 민주적 의식개발과 자기존중감 형성에 좋은 방법이었다. 다섯째, 집단 활동을 통하여 타인과 평등한 상호교류의 기술을 증대시키고 서로 협력하여 작업하는 경험을 제공하려 한 것은 학생의 자기 훈련과 공동 작업의 능력을 제고하고, 또 학생의 사회생활의 적응과 사회활동에의 참여를 증진시키는 방법이다(Van Wyk, 1979: 57). 여섯째, 삶과 지식의 총체성을 근거로 교과들이 서로 지나치게 분화하여 분리되어 추상화되는 현실을 적절하게 비판하였고 학습의 통합적 접근을 제시한 것은 기여도가 크다. 일곱째, 학교를 가정과 지역사회로부터 분리시키지 않고, 학교 교육을 가정과 사회생활 경험과 연관시키며, 동시에 가정과 지역사회가 학교와 깊은 관련성 가운데 교육에 다양한 방법으로 관여하도록 시도한 통찰은 발전적이다.

이처럼 사회주의 교육이론은 교육현상의 규명에 대단히 유익한 통찰을 제공하였다. 그러나 다른 한편으로 이러한 통찰들은 그것이 전제하고 있는 사회주의 세계관의 편향적 성격, 절대화된 특성 때문에 함의에 있어서 많은 부분에서 왜곡되었으므로 재해석되어 적용될 필요가 있다. 그 왜곡된 부분들은 기독교세계관과의 비교에서 잘 드러난다. 기독교세계관과의 비교를 통하여 사회주의 세계관과 교육이론의 문제점을 지적해보면 다음과 같다.

첫째, 사회주의 세계관은 실재와 인간의 사회적 차원과 기능을 세심하게 다룸으로써 그 동안 소홀했던 실제 사회의 구조를 밝혀주는데 기여하고 있지만 다른 한편으로는 사회적 차원을 절대화함으로써 다른 모든 차원을 사회적 차원에 귀속시키고 환원시켰다. 그 결과 다른 실재, 예컨대 초월적 실재를 부정하였고, 실재의 다른 차원들, 예컨대 신앙적 차원을 가치평가 절하하였다. 특히 종교에 대한 사회주의자들의 태도는 그 구체적인 사례이다.

기독교세계관에서 볼 때 사회적 차원은 실재의 한 차원일 뿐이다. 따라서 사회적 차원이 아니라 종교가 모든 차원을 통합시키고 지도하는 근본적인 원리이다. 신앙적, 윤리적, 법적, 미적, 경제적 차원들도 사회적 차원과 긴밀하게 연결되었으나 그럼에도 불구하고 사회적 차원에 귀속되는 것이 아니라 하나님이 창조의 법으로 부여하신 각각의 고유한 의의를 가지고 있는 차원들이다. 예컨대 윤리도 사회적 차원에서 형성되는 것들이 많이 있으나 더 근원적으로 규범은 하나님이 말씀에서 나온 것이다(Van Wyk, 1979: 57).

둘째, 사회주의는 인간을 사회적 존재로 규정한다. 인간에게 있어서 사회는 삶의 출발점이면서 그 안에서 스스로를 형성하고 또 스스로를 표현하는 장(場)이므로 사회적 차원은 결코 과소평가 될 수 없는 중요한 차원임에 분명하다. 그럼에도 불구하고 기독교세계관에서 볼 때, 인간은 사회적 차원보다 더 근본적인 것, 곧 종교로 결정된 존재임에 분명하다. 종교는 인간을 동물과 달리 인간되게 하는 원리이다. 왜냐하면 인간은 근원적으로 사회의 산물이 아니라 하나님의 창조물이기 때문이다. 인간은 하나님께 책임 있게 응답하도록 요구받는 존재이다.

그리고 인간은 사회적 특성을 가지고 있을 뿐만 아니라 개인적 특성도 가지고 있다. 이 둘은 서로 존중되어야 할 특성들이지만 사회주의는 개인성을 사회성에 귀속시키는 오류를 범했다. 기독교세계관에서 볼 때 창조세계는 사회성을 의미하는 공동성만큼이나 개별성도 중요한 원리로 간주하고 있기 때문이다. 이 둘은 귀속의 문제가 아니라 조화의 문제이다. 이 둘은 모두 다른 편에 귀속되는 것이 아니라 하나님의 요구에 귀속되어 있다. 따라서 판베이크의 비판처럼 사회적 존재의 의미가 개인적 존재의 의미를 지배해서는 안 된다는 경고는 유효하다(Van Wyk, 1979: 58).

셋째, 사회주의자들은 지식이 사회 안에 그리고 삶 안에서 형성된다는 점을 잘 지적하였으나 그들이 소위 과학적인 지식에 의존한 사회의 비전은 과학이라기보다는 낭만적이고 이상적인 비전이었다. 그래서 이상적 사회는 종종 유토피아처럼 낭만적으로 표현되었다. 지식이 그것이 생성되는 사회에 한정되어 해석되는 것은 사실이지만 모든 지식이 사회에 다 한정되는 것은 아니다. 그리고 사회주의자들이 의도한 사회의 지식도 실제적이기 보다는 신화적이고, 또 실제를 제대로 드러내지 못한 오류의 지식인 경우도 많았다.

기독교세계관에서 볼 때, 지식의 기원과 의미와 목적은 사회가 아니라 하나님의 말씀과 창조의 법에 의존해 있다. 따라서 개인이 그가 속한 지역사회와 무관하게 지식을 얻을 수도 있다. 그리고 지식의 추구라고 할 수 있는 학문 활동도 하나님의 문화명령을 수행하는 것이며, 그 목적은 하나님을 섬기며 동료 인간들의 복지에 이르도록 하는데 있다(Van Wyk, 1979: 57).

넷째, 사회주의 교육가들에게 있어서 교육의 목표는 학생의 사회의 적응과 사회적 유용성의 개발에 맞추어져 있고, 이러한 교육의 목표는 교육의 목표구성에 있어서 대단히 중요한 요소임에 분명하다. 그러나 기독교세계관에서 볼 때, 교육의 목표는 그것에 한정되지 않는다. 교육은 하나님과 사회와 자연세계에 대한 소명을 모두 포괄할 수 있어야 한다. 그리고 하나님의 소명은 때로는 현실사회의 적응과 요구에 대립될 때도 있다. 왜냐하면 하나님의 소명은 더욱 근본적인 의미에서 새롭게 회복된 사회, 곧 하나님의 나라를 지향하고 있기 때문이다. 따라서 교육의 목표는 하나님 나라에서의 포괄적인 소명과 과제에 적합하도록 학생을 구비시키는 것이 되어야 한다(Van Wyk, 1979: 58-59).

다섯째, 사회주의 교육가들은 사회화의 개념을 중시함과 동시에 사회적 기능과 유용성을 극대화하는데 교육내용을 맞추었다. 부분적으로 효율적인 교육내용이 된다는 사실을 인정하지만, 그러나 삶과 지식의 총체성을 고려할 때도 그러하거니와, 사회적 관련성에 다른 모든 지식을 과도하게 얽어맴으로써, 이러한 접근은 결과적으로 다른 차원들의 지식을 축소시킴으로써 편향되고 부족한 교육과정이 될 가능성이 많다. 사회주의 세계관 때문에 좁혀진 지식관이 교육내용을 좁히는 결과를 초래하기 때문이다.

여섯째, 사회주의 교육가들은 교육방법에 있어서 신체적인, 그리고 집단적인 활동을 선호하였다. 앎도 총체적인 활동이므로 신체적 활동과 협동적인 활동은 대단히 효율적인 교육방법 임에 분명하다. 그러나 학생의 자발적인 외적 활동 못지않게 교사로부터 들으면서 수용하고 반성하는 내적 사고의 방법도 효과적인 교육방법일 수 있다. 경험적 접근의 교육방법에 좋은 점도 많으나, 그것이 과장되어 다른 방법을 가치평가 절하할 때 오히려 교육의 효율성을 낮추는 결과가 될 것이다.

훈계에 있어서도 학생이 사회 환경 안에서 스스로 인식하고 수정하는 자기훈계의 가치를 인정함과 동시에, 기독교세계관에서 볼 때, 하나님의 법과, 하나님이 권위를 부여하여 훈계자로 세운 교사의 정당한 훈계에 대한 순종도 효과적인 교육방법이 된다. 하나님의 법과 교사의 훈계가 강제와 억압으로 생각될 필요가 없다. 그것도 학생을 위한 사랑에 근거한 훈계이기 때문이다. 모든 훈계가 학생을 억압할 것이라고 판단하는 것은 사회주의 교육가들의 편견이며, 학생에 대한 낭만적 태도임에 분명하다.

일곱째, 사회주의 교육가들은 교사의 기능을 한편으로는 교육 경험의 구성자로 해석함으로써 교사의 전문성을 확대하고, 또 다른 한편으로 학생을 위한 안내자로 해석함으로써 학생과의 친밀성을 높이는데 기여하였다. 그럼에도 불구하고 교사가 구성하는 경험 이상으로 문화적 내용지식도 중요하며, 또 효율적인 교육을 위해서라면 교사의 효과적인 지식전달도 중요하다. 교사의 전문성의 권위, 교육의 권위를 인정하지 않는 교육활동은 학생의 선한 경향성에 대한 지나친 낙관주의를 반영하고 있다. 전통적인 교육이 교사를 권위주의자로 보이게 한 것은 문제이지만 교사의 정당한 권위를 약화시키는 것은 교육을 효율성을 약화시키는 결과가 될 뿐이다.

4.5 결론

사회주의 세계관과 그것에 근거한 교육이론은 앞선 다른 교육이론이 제대로 해명하지 못했던, 교육에 있어서의 사회적 차원, 특히 실제 사회생활의 차원을 밝혀주는 데 기여하였다. 그러나 사회주의 교육이론은 세계관이 일반적으로 갖는 종교적 경향성 때문에 그 사회적 차원을 절대화하여 모든 것을 통합하는 기원적 중심점이 되게 함으로써 실재를 왜곡하였다. 세계를 그 창조자이면서 초월자이신 하나님을 배제한 가운데 해석하고, 그 하나님의 자리에 사회를 치환시켰다. 그 결과 교육에서도 종교적 존재인 인간의 참된 의미가 상실되었고, 결국 인간을 이데올로기로부터 자유로울 수 없는 사회에 복속시키는 결과를 초래하였다. 개인성이 약화되고, 세계의 다양한 다른 차원들이 환원되어 축소되는 오류를 범하였다. 따라서 사회주의 교육이론이 보여주는 유용한 통찰들은 기독교세계관에 의해 재해석되어 지금까지 논의한 것처럼 한계성 있게 그리고 다른 차원들과의 관계 안에서 균형 있게 적용되어야 한다.

05
공산주의 교육이론

{ }

Christian Worldview
& Theory of Education

5.1 서론

공산주의는 극단적인 정치경제적 사회주의 세계관의 한 유형이다. "공산주의"라는 용어의 어원과 관련된 라틴어 commonis(공동적인), communitas(공동체), communicare(공동체로 만들다 혹은 통일시키다)가 함의하는 것처럼 공산주의는 그 사회의 구성원들이 모든 것을 공유하면서 공동 작업을 통하여 이상적인 사회인 유토피아를 실현하려는 세계관이며, 이러한 세계관과 관련된 부분적 통찰은 이미 그리스의 철학자 플라톤에게서, 그리고 고대 기독교 공동체에서도 발견되는 것이어서 포스트마의 지적처럼 19세기에 형성된 공산주의가 인간 정신사에 있어서 완전히 새로운 개념이라고 말할 수는 없다(Van der Walt & Postma, 1987: 120).

그럼에도 불구하고 19세기에 형성된 공산주의는 과거의 특징이었던, 이상사회에 대한 낭만적 비전에 머무는 것이 아니라, 국민들의 아래로부터의 민주적 동의에 의해 정치권력이 새롭게 형성되고 있던 근대국가의 배경에서, 그리고 산업혁명의 진행과정에서 확대된 독점적 자본권력과 극심한 빈부격차에 대한 불만의 배경에서, 노동자의 집단적 동력을 통하여 인위적인 방식으로 자본의 공동소유를 실현하고 또 노동자들의 공동 작업을 통하여 이상사회를 현실사회에서 실제로 실현시키려는 정치-경제적 운동이었다는 점에서 공산주의는 새로운 세계관이었다.

19세기 유럽사회는 계몽주의의 영향으로 개인의 자유라는 원리가 사회의 이상적인 이념으로 자리 잡았다. 그러나 산업혁명을 계기로 급속하게 확산된 자본주의 경제활동에서 개인의 자유 이념은 소수인 자본가의 자유를 극도로 보장해준 반면 다수인 노동자들이 받는 착취를 합리화하는 이데올로기가 되었다. 개인의 자유와 만족의 추구를 정당화하는 인본주의 세계관이 통제됨 없이 자본가의 거침없는 이기적인 자기추구를 합리화하는 이데올로기가 되었을 때 나타난 결과는 노동자들과 가난한 자들의 착취와 속박과 가난과 분노였다.

당시 국가 종교의 기능을 수행했던 기독교의 지도자들은 기득권자들과 교제하면서 또 한편으로는 계몽주의 이상과 타협하여 낭만적인 개인적 도덕성 향상을 설교하였고 사회의 정치경제적 구조 악에 대하여 제대로 된 문제의식을 갖지 못했다. 국가 종교에 기운 계몽주의 기독교 지도자들을 비판하였던 경건주의 지도자들은 비록 대중의 지지를 얻고 있었지만 경건주의가 가진 개인주의적, 그리고 초월주의적 성향 때문에 개인적 영성과 도덕성에 과도하게 집중하였다. 경건주의자들은 비록 가난한 이웃에 대하여 깊은 관심을 가졌으나 경건주의 자체가 비정치적이었으므로 그 방법은 개인과 교회의 구제활동에 머물 수밖에 없었으므로 임시변통적일 뿐, 노동자들과 빈민들의 사회 현실적 고통을 근본적으로 해결해 줄 수 없었다.

이러한 시대정신과 사회적 현실에서 칼 마르크스(Karl Marx, 1818-1863)와 프리드리히 엥겔스(Friedrich Engels, 1820-1895)는 1847년 『공산당 선언서』를 발표하였다. 마르크스는 유대인으로서 개종한 그리스도인이었으나 대학시절 기독교신앙을 버렸으므로 기독교신앙은 그에게 전혀 긍정적인 영향을 주지 못했다(Van der Walt & Postma, 1987: 122). 그 대신 그가 깊이 연구했던 헤겔의 변증법적 역사철학과, 그리고 철저한 무신론자였던 포이에르바흐의 철학이 그에게 절대적인 영향을 미쳤다(Van Wyk, 1979: 64).[11]

11) 판베이크는 마르크스주의는 헤겔의 변증법, 포이에르바흐의 유물주의, 프랑스의 사회주의와 혁명-이상주의, 영국의 고전주의, 리카르도(Ricardo)의 자유경제, 유대교적 종말론 등 다양한 인생관의 종합으로 간주하였다.

마르크스의 종교관은 인간이 하나님을 만들었지 하나님이 인간을 만든 것이 아니라는 포이에르바흐(Ludwig Feuerbach, 1804-1872)의 생각을 그대로 반영했다. 마르크스는 "종교는 국민에게 아편이다"라고 선언했는데, 그 이유는 그가 종교란 자본가들이 그들의 이념, 열망, 관심을 종교로 격상시켜 모든 사람들에게 그것을 믿어야 한다고 주장하는 부르조아지의 투사된 자기관심이라고 판단했기 때문이다(Van der Walt & Postma, 1987: 123).

변증법적 역사적 유물론의 세계관에 따라 마르크스는 근본적으로 사회란 물질인 경제적 차원에 의해 결정된다는 확신, 그리고 사회는 변증법적 역사적 발전을 통하여 결국 공산주의 사회로 나아갈 것이라는 확신, 그 역사적 발전의 추체는 프롤레타리아라는 확신을 가졌다. 이러한 확신을 입증시키는 방향으로 그는 자본주의 사회의 경제적 기반을 비판적으로 분석하면서 철저히 부정하였고, 모든 사유재산을 공유하는 사회인 공산주의 사회를 현실사회에서 구현하기 위해 새로운 사회를 기획하였으며, 공산주의 사회의 실현을 위한 유일한 방법인 프롤레타리아계급의 혁명을 위해 노동자 계급의 의식화와 정치 동력화를 강조하였다. 마르크스는 그의 협력자 엥겔스와 더불어 열악한 여건에서 엄청난 연구 활동을 통해 주저인 『자본론』과 더불어 48권에 이르는 저술을 남겼고 그의 저술들은 이후의 공산주의의 사상적 발전의 토대가 되었다.

공산주의는 레닌(Lenin)으로 더 잘 알려진 블라디미르 일이치 울리아노프(Bladimir Iljianof Oeljanof)에 의해 새로운 단계로 발전하였다. 레닌은 마르크스의 공산주의를 러시아에 실제로 적용한 실천가였다. 마르크스는 공산주의 혁명은 산업화가 발전된 국가에서 프롤레타리아의 대다수가 계급의식을 갖게 된 이후에 일어난다고 보았기 때문에 산업화가 제대로 이루어지지 않았고 농민들이 많았던 러시아에서의 공산혁명을 전혀 기대하지 않았다. 그러나 레닌은 러시아처럼 산업화가 발달되지 않은 곳에서는 프롤레타이아의 계급의식이 부족하고 비조직적이어서 혁명을 성공시킬 수 없기 때문에 소수의 직업혁명가들이 주도하여 먼저 혁명을 야기 시키고 프롤레타리아의 공산혁명을 적극적으로 독려해야한다고 보았다. 그 소수의 혁명가 집단인 공산당이 혁명을 주도하여 공산국가를 확립하고 그 국가가 프롤레타리아 독재를 시행한다면 그것도 공산주의 사회의 정당성을 확보하는 것으로 간주될 수 있다고 본 것이다.

레닌은 러시아의 공산혁명을 위한 유혈투쟁에 직접 참여하여 지도하였다. 1917년 약 2만5천명의 산업노동자 집단인 볼세비키(Bolsjewieke)[12]가 마침내 기존정권을 전복시키고 정권을 장악함으로써 그 지도자였던 레닌은 소비에트 러시아의 지도자가 되었다. 그

---

12) 볼세빅(bosjevik)이라는 말은 러시아어로 "다수(당)"을 뜻하며 실제 의미는 혁명적인 공산주의자를 뜻한다. 이의 반대어는 멘세빅(mesjevik)으로 "소수(당)"이다.

는 러시아에서 성공한, 유혈투쟁방법의 혁명을 앞세운 수정된 공산주의 세계관을, 서구 자본주의 제국들의 식민지 지식인들과 노동자들에게 전파하고 그들의 공산혁명을 지원하였다. 그에게서 공산주의 혁명은 세계적인 공산주의 혁명으로 확산되었고 폭력과 테러는 공산주의 혁명의 정당한 수단이 되었다(Van der Walt & Postma, 1987: 124-125).

레닌의 후계자로서 스탈린(Stalin)으로 알려져 있는 요셉 디유가스빌러(Josef Djoegasville)에게서 공산주의는 독재적 폭압의 이데올로기로 크게 변질되었다. 전형적인 프롤레타리아 출신으로서 거친 방법의 혁명투쟁에 익숙했던 스탈린은 권력투쟁을 통해 정권을 장악한 이후 트로츠키(Trotski)를 비롯한 반대자들을 과감하게 숙청하고 스스로 소비에트러시아의 신격화된 독재 권력자가 되었다. 그에게서 공산주의는 결국 러시아 국가주의 이데올로기가 되었다. 고전적 마르크스주의는 세계주의였고 어떠한 형태의 국가(민족)주의도 지지하지 않았지만 스탈린은 특수한 상황과 실용적 유용성을 고려하여 국가주의가 공산주의의 빠른 장악력을 위해 활용될 수 있다는 생각을 수용하였다(Van der Walt & Postma, 1987: 126).

제1차 세계대전이후 러시아에서 유입된 공산주의는 중국에서 세력을 확장하였고 제2차 세계대전 이후 모택동(Mao Tse-toeng)의 지도하에 진행된 투쟁을 통해 마침내 권력을 장악하였다. 중국의 공산화는 공산주의의 세계적 확산에 있어서 큰 진보였다. 러시아는 스탈린이 후 지속적으로 국가주의적 경향에 따라 국가의 높은 생산성을 도모하기 위해 일부 자본주의적 요소들을 허용하고, 국제관계에서 실용주의적 태도를 허용한 반면, 모택동은 러시아의 이러한 수정주의적 접근을 타협으로 간주하여 반대하고 더욱 근본주의적인 태도를 견지하면서 공산주의적 성향으로 활성화된 새로운 유형의 인간형성을 강조하였다. 그는 소비에트연합의 타협은 공산주의에 대한 배신이며 인간을 격하시키는 것이라고 공격했다(Van der Walt & Postma, 1987: 126-127).

러시아와 중국 공산주의의 영향은 한국을 비롯하여 아시아 및 아프리카의 여러 식민지에서 크게 환영받았다. 공산주의는 많은 경우 자본주의적 제국주의와 투쟁하여 민족적 독립을 이루는 일에 가장 현실적이고 이상적인 이데올로기로 간주되었으므로 먼저는 식민지의 지식인들에게, 그리고 그들을 통하여 노동자계급에 확산되어 20세기 후반 산발적인 공산주의 투쟁이 전 세계에서 이루어졌고, 이러한 투쟁은 아직도 제3세계에서 간헐적으로, 그리고 국지적으로 지속되고 있다.

그러나 공산주의 이데올로기로 무장한 국가에서 공공연하게 자행되는 지속적 폭력과 독재, 획일적 문화, 경제적 비효율성 등은 공산주의 이데올로기의 한계와 허상을 더 이상 숨길 수 없는 증거들이었다. 20세기 후반, 미국과의 경쟁에서 결국 좌초한 러시아의 약화와, 그에 따른 동유럽에서의 공산주의 퇴조로 공산주의 이데올로기는 기세가 꺾였다. 러시아와 동유럽 국가들은 더 많은 부분에서 자본주의 시장원리를 수용하였다. 중국도 자본주의 원리를 수용하는 과감한 실용적 태도를 취했다. 북한과 같은 근본주의적 공산주의를 견지하는 나라들은 민족주의와의 혼합 혹은 종교적 형태로 변질된 이데올로기로 공산주의 체제의 정당성을 힘겹게 지속시킬 수밖에 없는 상태에 이르렀다.

5.2 공산주의 세계관

세계에 대한 이해에 있어서 공산주의는 유물론을 신봉한다. 공산주의의 유물론적 세계관은 판델발트의 설명처럼, 고대 그리스의 원자론자인 데모크리토스(Demokritos)와 레우키포스(Leukippos), 유물론자인 탈레스(Thales)와 헤라클리토스(Heraklitos)에 이어, 근대철학자인 루드비히 포이에르바흐(Ludwig Feuerbach)와 연결된 세계관이다. 마르크스는 이러한 유물론적 세계관의 흐름 안에서 포이에르바흐의 유물론이 지닌 정적(靜的) 특성을 비판하면서 자신의 동적(動的) 유물론을 확립하였다(Van der Walt & Postma, 1987: 136).

유물론적 세계관을 견지하는 공산주의자들에게 있어서 세계의 본질은 오직 물질일 뿐이며, 물질은 창조된 것이 아니라 본래부터 그대로 존재하는 원초적인, 그리고 본질적인 것이다. 유물론자들의 이러한 특성은 성경의 첫 구절의 부분을 대치하여 태초에 물질이 있었고, 그 원(原)물질에서 모든 것이 나왔다는 말로 표현되기도 한다(Van der Walt & Postma, 1987: 136). 물질적 실체들은 언제나 일정한 방식의 질서에 따라 조직된 방식으로 존재하고, 다른 사물이나 현상들과의 관계 안에 존재하기 때문에, 인간이 인식할 수 있고 또 그것을 실증적으로 분석할 수도 있다고 본다.

공산주의 세계관에서 물질로부터 벗어나 있는 존재는 이미 그 존재의 실재성과 정당성을 상실한다. 그래서 공산주의자들은 오직 이 세상 안의 실제에만 관심을 가질 뿐, 현실세계에서 인식 불가능하고 객관적으로 보여줄 수도 없는 것은 그 어떠한 것도 받아들이려고 하지 않는다(Van der Walt & Postma, 1987: 135). 따라서 물질을 갖고 있지 않는 것으로 주장되는 하나님, 신, 영 등의 존재와, 현실세계 외의 세계를 철저하게 부정한다. 그러한 것들은 과학적 이성과 객관적 논리로 증명될 수 없는 것들이며, 오직 신앙과 미신으로만 존재하는 것들이므로, 이러한 미신적 사고로부터 벗어나 유물론적 사고, 곧 소위 과학적 사고로 나아가야 한다고 공산주의자들은 주장한다.

공산주의들은 유물론적 패러다임에 따라 인간사회도 물질적 토대 위에 세워져 있다고 단정한다. 따라서 사회의 분석은 그 사회의 물질적 토대를 드러냄으로써 완벽하게 이루어질 수 있다고 보았다. 이러한 주장의 결과는, 실재와 삶의 다른 모든 차원들을 물질적 토대에 종속시키는 결과를 초래하였다. 그래서 사회의 법적, 정신적, 신앙적 차원들도 물질적 토대, 특히 사회의 물질적 토대의 핵심으로 간주되 경제적 토대(생산관계)에 의존해 있다고 본다. 이러한 실재론에 근거하여 마르크스는, 예컨대 계급은 지배계급의 정신의 힘이 물질의 힘 위에 포괄적으로 군림하는 왜곡된 사회에서 존재한다고 신랄하게 비판하였다.

공산주의 유물론은 진화론 및 변증법과 결합하여 동적으로 발전하는 유물론이 되었다(Van Wyk, 1979: 64)[13]. 그래서 공산주의 세계관에 따르면 무생물인 물질로부터 생물이 나왔고, 생물의 진화에서 인간이 나왔다. 이러한 자연발전의 과정에 만물이 연결되어 있다. 동시에 물질세계에 존재하는 모든 만물에 작용하는 자연법칙은 지속적인 운동의 원리에 따른 법칙이어서 만물은 시간의 흐름에 따라 필연적으로 변화한다. 운동이 없는 물질은 존재하지 않는다고 본다. 그래서 모든 것은 앞서 존재하는 어떤 것에서 발생하고, 시간의 흐름에 따라 지속적으로 오고 가는 과정 안에 발전하거나 퇴보한다.

이 변화의 운동은 변증법의 원리에 따라 진행되기 때문에 확정된 정(正)과, 그것에 반대하는 반(反)의 대립의 힘에 따라 새로운 합(合)에 이르는 방식으로 법칙적으로 발전한다고 본다. 그래서 마르크스

---

13) 마르크스는 자연주의의 진화적 발전의 법칙과 이상주의의 변증법적 발전의 법칙을 결합하였다. 그래서 마르크스는 물질주의를 변증법적 방법으로 진화하게 했다는 판넬발트의 지적은 적절하다.

의 유물론은 변증법적 유물론이라고 칭해진다. 마르크스에 따르면 물질의 변증법적인 변화는 자연의 법칙에 해당 된다(Van der Walt & Postma, 1987: 139).[14] 그래서 모든 사물과 현상과 과정은 서로 대립하여 투쟁하는 면들을 가지고 있고, 또 지속적으로 상호 투쟁하면서 변화하는 발전 경향성을 가지고 있다고 간주된다.

그래서 이 원리를 인간의 역사에 적용하면, 기존의 지배 제도(正)에 대하여 대립적인 편(反)의 투쟁은 커 갈수밖에 없고, 결국 그 투쟁의 결과 기존의 지배구조와 제도가 무너지면서 새로운 지배구조 및 제도가 발생한다는 것이다. 따라서 역사의 발전의 내적 추진력은 이러한 상호 대립적인 양편(正과 反)의 투쟁에 있다고 본 것이다. 이러한 변증법적 발전의 내적 추진력이 곧 역사 진행의 "기관차"로 간주된다(Van der Walt & Postma, 1987: 138). 마르크스는 헤겔의 변증법과 포이에르바흐의 유물론을 비판적으로 재구성하되, 역사에 있어서 노동자계급의 역동성을 역사 진행의 주체로 수용하는 새로운 방법론을 만든 것으로 평가받고 있다.

---

14) 스타이거발트(R. Steigerwalt)는 그 법칙을 다음과 같이 정리했다: (1) 만물의 상호연관성과 상호결정성, (2) 양적 변화에서 질적 변화로의 진행, 그리고 정반대로 오랫동안 충분히 양적인(진화적인) 것이 변화하면, 그것의 질적인 것도 (혁명적으로) 변화함, (3) 부정의 부정의 법, 각각 새로운 테제(正)의 반제(反), (4) 통일성의 법칙, (5) 상호 반대되는 것 사이의 투쟁(발전은 언제나 반제들의 투쟁이다).

공산주의 인간관은 실재에 대한 유물론적 관점과, 과도하게 사회적 차원이 절대화된 관점에서 설명된다. 물질이 먼저 존재하였고, 그 물질의 발전과정에서 육체적 존재인 인간이 발생하였으며, 시간이 흐르면서 인간은 의식, 정신, 사고, 이념 등을 발전시켰다고 본다. 따라서 의식(意識)은 철저히 물질과 연결되어 있고, 그 연결선상에서 활동하도록 "운명 지어져" 있다(Van der Walt & Postma, 1987: 142). 그리고 공산주의자들의 절대적인 관심사는 사회에 있다. 인간은 다른 사람들과의 공동생활과 공동 작업 안에서만 온전한 사람으로 간주되기 때문에 판델발트의 지적처럼 개인으로서의 인간은 단지 우연적일 뿐이며(Van der Walt & Postma, 1987: 143), 홀페르딩언(M. Golverdingen, 1995: 27)의 지적처럼 개인의 인격과 자유에 대한 관심이 근본적으로 부족하다.

인간은 특히 의식(意識)과 종교 등으로 동물과 구별된다고 본다. 공산주의자들은 인간의 의식에 관하여 역사적으로는, 처음에는 자연환경을 대면하여 동물적 의식(자연종교)을 가졌고, 그 이후 군집을 이루고 있는 무리 안에서 동물과 구별되는 낮은 수준의 군집의식을 발전시키며, 나중에는 사회적 교류가 더욱 활발해지면서 그 의식은 적극적으로 형성되고 확립하였다고 본다. 따라서 인간의 의식은 환경, 그리고 사회와의 관계에서 발생되어 확립되는 사회의 산물로 간주된다.

그리고 인간은 특히 노동, 곧 생활수단을 생산해내는 노동을 통해 동물과 구별된다고 본다. 도구를 사용하여 생산 활동의 발전을 도모하는 인간은 노동하는 존재이며, 사회 안에서 자신의 필요의 만족, 발전, 생산의 분배를 통해 독특한 존재의 방식을 드러낸다. 그래서 노동의 생산력과 생산관계가 인간과 사회를 결정짓는 요인이 된다. 이처럼 사회와 필연적으로 연결되어 있는 노동의 특성 때문에 인간은 사회의 구성요소로 간주된다. 공산주의자들은 이러한 전제 위에서 "인간은 한 개인으로 존재하는 것이 아니다"고 단정한다(Van der Walt & Postma, 1987: 143).

따라서 인간의 인간됨은 사회의 생산관계에 의해 한정되므로 사회의 생산관계가 인간을 예속시키기도 하고, 그 생산관계의 변화가 인간을 해방시키기도 한다. 부르조아지가 주도하는 자본주의 사회 안에서 노동자들은 계급관계에 예속되고, 노동이 도구화되면서 자신의 존재 의의를 상실한다. 따라서 프롤레타리아의 혁명을 통해 공산주의 사회를 형성함으로써 노동자들은 스스로를 해방시켜야 한다고 본다.

공산주의의 인식론은, 의식과 개념과 이념이 물질적 활동과 사회적 교류, 그리고 실제의 생활 언어와 함께 짜여있다는 출발점으로부터 나아간다. 인간의 의식은 실제의 생활과정 안에서 이루어지는 것으로 간주하기 때문에, 소위 "하늘로부터 땅으로 내려오는" 헤겔식의 이상주의적 인식론과 다르다. 곧 공산주의자들은 이념으로부터 실천을 설명하는 것이 아니라 정반대로 물질적 실천으로부터 이념을 설명하려

한다(Van der Walt & Postma, 1987: 147).

　인간의 개념과 사상과 이념은 물질적 생활과정 안에서 형성되는 것이기 때문에 생활과정과 독립될 수 없고 그것에 전적으로 의존되어 있어서 생활이 변화하면 개념과 사상도 변화할 수밖에 없는 것이다. 그래서 마르크스는 삶이 인간의 의식을 결정한다고 주장한다. 지식은 구체적인 환경에서 나오는 것으로 간주하기 때문에 순수한 의식의 추상적 지식은 거부된다. 학문은 역사적 발전에 대한 반성의 추상화 작업이므로 그 결과가 실제와 충돌하면 언제든지 그 지식에 대한 반제(反)가 형성되어 새로운 이론으로 나아간다.

　그러나 공산주의자들이 사회와 역사를 분석하고 비판하는 틀을 변증법적 유물론에서 가져오고, 그것을 자연법과 실증주의와 사회과학과 동일시 하지만, 그것은 객관성에 근거한 과학적 실증주의와는 거리가 있다. 왜냐하면 실제에 있어서 공산주의자들은 사실상 이미 결정된 공산주의 사회의 목표로부터 문제를 해석하고 비판하면서 그 목표를 위한 혁명적 행동의 정당성과 동기부여를 위해 인식의 문제에 접근하기 때문이다.

　공산주의자들에 따르면 사회는 가족집단이 번성하면서 발생하여 역사적 발전에 따라 다양한 양상으로 발전하였다. 사회의 구조와 제도는 생산관계에 따라 결정된다는 가정 위에, 역사적으로는 원시공동시대, 노예시대, 봉건주의 사회, 자본주의 사회를 거쳐 공산주의 사회로 발전된다고 보았다. 그리고 공산주의로의 진행은 마치 자연법칙처럼 역사적 필연의 법칙이라고 주장하였다.

마르크스는 특히 봉건시대 이후의 자본주의의 기원에서부터 자본이 형성되면서 어떻게 자본가 계급이 형성되었고, 또 자본을 소유하지 못한 노동자 계급이 자신의 노동으로부터 소외되고 어떻게 착취당해왔는지 드러내려 하였다. 노동자계급을 압제하고 착취하는 자본주의 사회의 경제적 토대는 무너져야 할 악한 사회적 토대로 간주된다.

자본주의 사회에서 공산주의 사회에로의 발전, 곧 노동자 계급의 유일한 해방의 방법은 의식화된 노동자계급의 주체적인 집단적 혁명을 통해서 도래할 수 있다. 일반적으로 공산주의자들은 국가는 자본가계급의 관심을 보호하는 도구로서의 기능을 수행하고 있다고 간주하며, 국가를 향한 정치적 투쟁은 언제나 경제적 투쟁과 용해되어 있다고 본다. 그리고 이 투쟁에서 민주화의 확대와 노동자계급의 공동결정이 본질적인 역할을 수행해야 하고, 노동자 계급의 투쟁은 삶의 모든 영역에서 일어나야 하며, 노동자 계급이 그 투쟁에서 지도직인 역할을 수행해야 한다고 본다(Van der Walt & Postma, 1987: 147).

노동자계급이 자본주의 사회체제를 붕괴시킨 후 건설할 새로운 이상적인 사회는 공산사회이다. 이 사회는 자본주의의 근본적인 토대인 사유재산을 철폐하고, 착취계급인 자본가 계급을 제거한 후, 모든 생산수단을 공유하면서, 더 이상 소위 상업과 산업이 주도하는 수요와 공급의 시장 논리가 아니라, 곧 노동자들이 더 이상 과잉생산을 위한 전문화의 노예적 도구가 되지 않고, 이제는 주도적으로 자신의 일반적 생산 활동과 교환을 통해 평등하게 살아갈 수 있는 이상적인 사회이다.

이러한 사회에는 이웃사랑, 정직, 용기, 동료의식, 노동 사랑을 실천하는, 곧 계몽되어 과학적으로 사고하는 인간이 사회를 주도하게 될 것이고, 자유롭게 된 인간이 자신의 운명을 집단적으로 결정할 것이며, 번성한 경제와 과학이 인간의 모든 필요를 채워주고, 모든 구성원들이 조화롭게 함께 살 수 있을 것이며, 결과적으로 사회적 정의, 평등, 영구한 평화, 높은 생활수준, 지속적으로 성장하는 윤택한 삶이 지배하게 될 것이라고 낙관하였다(Van Wyk, 1979: 67).

그러나 프롤레타리아 독재를 시행했던 공산주의국가들은 실제로 개인의 자유로운 선택과 비판과 반대가 허용되지 않는, 경직된 전체주의적 특성을 드러내었다. 판베이크가 지적한 바와 같이, 군대, 정책, 사법체제, 정치 등 모든 권력을 통해 포괄적인 통제력을 행사하였고, 생산수단은 국유화되어 국가가 경영하였으며, 금융도 국가가 통제하였고, 사유재산을 폐지했고, 모든 문화 활동이 공산주의 이데올로기를 선전하는 도구가 되었고, 교육은 공산주의 이데올로기의 교리주입과 훈련이 되었다(Van Wyk, 1979: 66-67).

공산주의의 윤리관도 유물론적 세계관에 기초해 있으므로 전적으로 자율적인 인간에 의존해 있다. 따라서 초월적 성격을 가진 영원한 규범, 곧 하나님의 규범과 같은 것은 존재하지 않는다. 그러한 것들은 부르조아지의 이데올로기를 정당화하는데 기여하는 기만적 규범일 뿐이다. 선(善)이라면 그것은 공산주의의 가치를 증진시키는 행위이고, 악(惡)은 노동자를 억압하고 공산주의의 가치를 방해하는 모든 행위가 된다. 따라서 공산주의 사회를 실현시키기 위한 폭력과 유혈혁명이라면 그것은 필연적인 것으로 간주되기 때문에 영웅적인 선한 행위로 간주된다.

초기의 마르크스주의는 일부일처, 항구적인 결혼관계, 가족과 가정의 유대도 자본주의의 산물이며 물질주의적 집단주의를 방해한다고 주장하였다. 결혼의 본질은 에로스적 성의 사랑에 기초해 있다고 보았다. 그러나 후기의 마르크스주의는 결혼을 공동생활의 법적인 부분으로 수용하였다. 결혼은 배우자 양자의 동의로 이루어지지만 이혼은 한편의 결정으로 가능했다. 남자와 여자는 모두 평등한 노동자이고, 아동은 미래의 노동자이다. 따라서 아동은 일찍부터 유아보육원, 학교, 청소년기관에서 공산주의 이데올로기에 적합한 인성을 형성하도록 양육을 받는다(Van Wyk, 1979: 68).

5.3. 공산주의 교육이론

1) 공산주의 교육의 교육적 인간학, 교육본질과 목표

공산주의국가에서 교육은 공산주의 이데올로기 교육을 통하여 노동자와 학생을 혁명의 투사가 되게 함으로써 궁극적으로 공산주의 사회를 구현하려는 도구적 특성을 갖고 있다. 따라서 공산주의 교육의 이론은 그 자체의 이론적 체계보다는 실천적 프로그램과 같은 성격을 갖고 있다. 그리고 교육은 공산주의 사회의 구현을 위해 필수적인 요소로서 대단히 강조되고 있기는 하지만 교육의 이념과 활동은 전적으로 정치경제적 차원에 종속되어 있다. 이러한 의미에서 판베이크가 공산주의 교육의 본질을 공산주의 세계관으로부터 교육적 함의를 끌어오는 방법으로 논의하려 한 것은 이해가 된다(Van Wyk, 1979: 69-70).

공산주의 교육의 본질과 목적에 대한 논의를 편의상 과거 소비에트연방 러시아를 중심으로 전개해보자. 소비에트 러시아의 교육은 사회적 차원에서는 공산주의 사회의 물질적, 문화적 발전을 증진시키는 요인이면서 수단이고, 개인적 차원에서는 그러한 사회발전을 위한 개인의 적응의 한 형태이다. 그래서 교육의 궁극적인 목적은 공산주의를 건설하는 사람이 되도록 소비에트국가의 미래 시민들을 형성하는 것이었다.

이러한 교육의 목적은 사실 국가의 목적과 동일하다. 레닌에게 있어서 정치를 제외한 교육학은 없으며, 교육의 내용과 과정은 언제나 국가에 의해 결정되고 통제되면서 국가의 목적을 이루는 도구로 간주되었다.

 학생은 개인적으로 독립적인 존재의 의의를 가진 존재가 아니라 오직 사회에 절대적으로 의존된 존재로서 사회적 관계 안에서 정당성을 인정받을 수 있는 존재이다. 학생의 자유의 의미도 개인의 욕구의 표현과 추구에 있어서의 자유를 의미하는 것이 아니라 사회적 영역 안에서 초래된, 경제적 종속관계의 사회 구조로부터의 해방되는 것을 뜻하므로 사회적 의미를 갖고 있다. 공산주의 교육에 있어서 이상적인 교육적 인간상은 공산주의 사회 구현을 위해 투쟁하고, 공산주의 사회의 요구에 복종하여 공동적인 작업을 조화롭게 수행할 수 있는 사람을 뜻한다.

 1946년 예시포브(Jesipow)와 곤챠로브(Gontsjarow)는 공적으로 승인받았던 그들의 저서『교육학』에서 교육의 목표를, "순수한 공산주의 소비에트인의 형성"이라고 선언하였다(Van Wyk, 1979: 73). 쿠라소브(Kurasow)에 따르면 교육의 사회적인 목표와 과제는, 학교 내외(內外)에서 능동적인 사회적 행동과 노동을 통하여 혁명적인 계급투쟁을 위한, 그리고 공산당의 지도하에 프롤레타리아의 이상을 이루는 희생적 투쟁을 위한 사회주의 혁명의 건설자들을 만들기 위해 자라나는 세대를 준비시키는 것이고, 개인적 차원에서는 "객관적인 성향을 가진, 일반적 유익을 지향한 인성"을 형성하는 것이었다(Van Wyk, 1979: 74).

 이러한 일반적인 교육목적과 더불어, 학생 개인의 성장에 맞춘 구체적인 하위의 목표들은 1968년에 발간된 소비에트연방 교육부의 한 출판물에서 다음과 같이 열거되고 있다: (1) 학생의, 일반적이고 조화로운 발달, (2) 학문의 기초원리 교육, (3) 학생의, 공산주의적 생활성취에서의 발달과 높은 도덕 원리에서의 발달, (4) 신체교육 제공, (5) 미적 교육의 제공, (6) 학생의 성숙과 노동을 위한 준비, (7) 학생의, 지혜로운 직업선택을 위한 준비, (8) 학생의, 높은 교육적 성취를 이루는 탐구를 위한 준비 및 추가적 자기계발을 위한 준비(Van Wyk, 1979: 74).

 이상에서 열거된 바, 학생 개인의 조화로운 전인적인 발달과 행동의 중심에는 공산주의적 생활이 요구하는 도덕원리가 있다. 그 도덕원리는 다음과 같이 규정되어 있다: (1) 혁명가와 노동자들의 전통, 그리고 그 사회의 가치를 따르는 것, (2) 자본주의에 대항하여 평화, 자유, 국가독립을 위해 투쟁하는 다른 나라 노동자들과의 연대감을 갖는 것, (3) 모국에 대한 사랑과 찬양, 그리고 모국을 기꺼이 옹호하려는 태도를 갖는 것, (4) 정직, 진리사랑, 사회적 기여의 태도를 갖는 것(Van Wyk, 1979: 74). 이러한 도덕원리들은 학생의 내면에 전 세계의 공산주의화를 지향하는 비전을 실현하도록 혁명에 가담하게 하는 동기 부여의 목표들이다.

2) 공산주의교육의 교육내용과 교육과정

공산주의 교육의 교육내용은 일차적으로 공산주의 이념의 형성이라고 말할 수 있다. 노동자들과 학생들을 변증법적 유물론의 세계관으로 의식화하는 것이 교육을 요청하는 이유이기 때문이다. 공산주의의 변증법적 유물론의 세계관이 교육내용과 교육과정에서 특별한 강조점으로 나타난 것들을 몇 가지 열거해보자.

첫째, 유물론의 영향으로 공산주의 교육은 신체활동을 통하여 전체 유기체가 발달한다고 보기 때문에 신체적 활동과 신체 교육을 정신과 문화 이상으로 중요하게 취급한다. 신체교육인 스포츠는 중요한 학교 교육내용이 된다. 그러나 특히 경제적 토대로 해석된 사회 안에서 이루어지는 노동은 단연 가장 중요한 신체활동과 교육의 중심 내용이 된다. 노동을 위한 교육, 곧 직업교육은 그러므로 공산주의 교육의 주요한 내용이다. 마르크스는 『자본론』에서, "산업체의 조직이 우리에게 미래 학교의 배아(胚芽)를 보여준다. 모든 아동을 위해서 정해진 나이와 상관없이 생산노동이, 단지 사회적 생산 활동을 높이고 개선하기 위한 방법으로서가 아니라 전체 차원의 발달을 이룬 인간을 산출하는 유일한 방법으로서, 교육, 그리고 체육과도 연결되어야 한다."고 진술하였다(Van Wyk, 1979: 71. 재인용).

둘째, 유물론의 객관주의적 실재론에 근거하여 공산주의 교육내용은 개념이나 이해로부터 출발하는 것이 아니라 실제 사물로부터 시작되어야 한다고 본다. 그리고 개인의 의식에 추상적인 개념들이 아니라 구체적인 실제 사물들의 내용을 채워야 할 것을 주장하기 때문에 자연과 노동과 사회의 실제에 대한 내용들을 주요한 교육내용으로 삼는다. 그리고 그러한 것들에 대한 학생의 직접 관찰과 실험이 주요한 교육과정의 요소들로 간주된다.

셋째, 변증법적 유물론의 근거에서 공산주의 교육은 확정된 규범과 지식의 전수를 교육으로 생각하는 전통적 교육을 비판한다. 왜냐하면 모든 것은 역동적으로 그리고 변증법적으로 발전하기 때문에 확정된 규범과 지식이란 없다고 간주되기 때문이다. 따라서 교육내용은 철저히 현실 생활에서 출발해야 한다고 보고 생활에 참여하는 것, 특히 사회의 생산과정에 참여하는 것을 주요한 교육내용으로 간주한다(Van Wyk, 1979: 72). 자연히 학교는 산업체에 직접 연결되거나, 아니면 학교 옆에 생산단지가 세워진다. 물론 여기서 일반적인 교육내용으로서의 노동 혹은 직업교육은 전문적인 직업교육을 의미하는 것은 아니다. 전문적인 직업교육은 고등교육기관의 과업으로 간주된다.

넷째, 공산주의 세계관의 사회주의적 경향성은 교육내용과 과정에 있어서 집단 및 집단 활동을 중요하게 다루도록 했다. 교육과정을 통하여 사회집단의 관심을 수용하고, 사회집단의 요구를 내면화하며, 적응하여 조화를 이루면서 살도록 하는데 강조점이 두어진다. 따라서 학생의 개인적 감정과 열망과 관심이 아니라 집단의 요구에 부응하도록 유도하는 집단 활동이 교육의 과정에서 중심적 활동이 된다.

다섯째, 공산주의 세계관은 이론보다 실천을 앞세우는 이념이므로 실천이 진리를 결정하는 유일한 기준으로 간주된다. 실천은 사회적 맥락 안에서의 실천을 뜻하므로 사회생활의 유용성을 구체적으로 증진시킬 수 있는 내용이 교육의 주된 내용이 된다. 그 결과 생산 활동인 노동, 생산도구의 활용법, 기술의 습득 등은 유아시절부터 지속되어야 할 교육의 내용이다(Van Wyk, 1979: 71).

이상의 특성들을 모두 포함하는 표현이 소비에트 연방의 러시아 교육이 추구했던 "종합기술교육"이다. 1919년 3월 18일부터 23일에 열린 공산당대회가 채택한 소비에트교육의 프로그램에 나타난 교육내용과 관련한 내용들을 제안하고 있다: (1) 17세까지의 모든 학생들을 위한 자유롭고, 의무적이고, 일반적이고, (이론과, 이미 선언된 생산과정의 모든 주된 부분에서 이루어지는 실천을 포함하는) 종합 기술적인 교육의 실행, (2) 다음의 특징을 가진 작업학교원리의 완전한 실현: 모국어교육, 남성과 여성의 상호 교육적 가르침, 각 종교적 영향으로부터 자유로운 세계적 교육, 사회적 생산의 노동, 공산주의사회의 구성원으로서 전인적 발달을 이룬 인간 양성, (3) 공산주의 이념의 선전 (Van Wyk, 1979: 74).

3) 공산주의 교육의 교육방법

공산주의 교육에서는 공산주의 세계관을 학생의 내면에 적극적으로 형성하거나 또 공산주의 세계관에 따라 자본주의의 문제점들을 비판하는 의식화의 교리주입식 교육방법이 일반적으로 적용된다. 파블로프(Pavlov)의 조건화 방식을 광범위하게 적용하여 공산당의 이념을 적극적으로 그리고 반복적으로 주입한다. 공산주의 세계관을 내면화하기 위해, 이미 결정된 공산주의 이념을 실제에 적용하고 또 확인하려는 의도에서 지속적으로 집단토론이 이루어지며, 이러한 일방적 집단토론을 통해 교리주입을 한층 더 심화된다. 이와 더불어 영화, 텔레비전, 방송 등의 시청각 도구들도 공산주의 세계관 형성의 주요한 선전도구이다.

소비에트의 교수법 전문가 스카트킨(M.N. Skatkin)은 공산주의 교육에서 이루어진 교리 설명식 교육방법에 학생의 참여를 더 확대한 새로운 두 가지의 교육방법을 제안하였다. 그가 제안한 첫 번째의 교육방법은 문제접근의 방법으로서 교사가 수업에서 취급되는 내용 곧 과목 내용과 통찰의 양상 및 발전과정을 반복해서 제시한 후, 학생이 그 과정의 참여자가 되어 다시 해당지식을 탐구하도록 유도되는 교육방법이다. 두 번째는 부분탐구의 방법으로서 교사가 수업시간에 교수자료를 제시하면서 동시에 수시로 질문을 던져 학생이 그 질문에 답하도록 요구하여, 학생이 직접 문제해결에 몰두하게 함으로써 과제를 해결하도록 하는 방법이다(Van Wyk, 1979: 75). 이 두 가지의 방법 모두에서 교사가 주도적으로 문제를 제시하고 문제의 해결을 주도하며, 학생은 교사의 요구에 따라 문제해결활동에 부분적으로 참여하는 특성을 확인할 수 있다.

공산주의 교육은 교육에 있어서 환경적 요인의 형성적 힘을 높게 평가한다. 그러나 자연환경과 놀이의 상징 교육적 의미, 그리고 심리적인 내적 과정에 관심을 기울이는 프뢰벨의 교육개념과 같은 것은 공상적이고 추상적인 것으로 간주된다. 그래서 교육환경과 놀이는 합리적이고, 의도적인 것이 되어야 하고, 구체적인 상황과 사회의 환경을 반영해야 한다고 본다. 작업 및 생산과정에의 참여방법도 페스탈로찌와 프뢰벨이 생각한 심리적인 관점보다 사회에의 적응과 기여의 관점에서 이루어진 실제적 생산성 향상에 주목하였으므로 전인교육을 지향한 방법이 되지 못하고 그 대신 노동에 대한 이념교육, 직업의 능력, 생산성 향상의 방법이 되었다. 공산주의의 세계화를 확대하기 위해 자본주의 국가와의 투쟁을 독려하는 교육이 심화되면서 교육의 방법은 경직되어 스파르타적인 방법, 군대식의 방법으로 발전되었다. 일상적인 투쟁과 군대식 훈련과 문화가 친숙한 교육환경이 되었다.

4) 공산주의 교육이론에서의 교사와 학교

공산주의 교육에서 교사는 학생의 내면에 공산주의 이념을 형성하고, 사회의 요구에 구체적으로 반응하고 그 요구를 충족시킬 수 있는 노동자로 훈련하고, 공산주의 사회의 비전을 실현시키기 위해 투쟁할 수 있는 전사가 되도록 고무하는 교육기술자이다. 교사는 공산당의 이념을 적극적으로 선전하는 자이므로 긍정적으로는 교육에 있어서 상당한 권위를 가진 자이지만, 부정적으로는 교육에 있어서 개인적 자유를 위한 여지가 없는 공산주의 이념의 대변자이다. 교사는 공산주의투쟁의 전사(戰士)로서 교육에서 주도적인 역할을 수행한다.

학교는 공산주의 사회의 이념기준을 제시하는 국가의 목표를 위해 존재하는 사회형성의 도구이다. 1919년 3월 18일부터 23일에 열린 소비에트공산당대회는 "국민교육의 영역에 있어서 러시아공산주의전당대회는 학교가 부르주아지를 통한 계급주권의 도구로부터 계급차별의 완전한 폐지의 도구가 되고, 공산주의 사회 출현의 도구가 되는, 1917년 10월 혁명과 더불어 시작된 변화를 학교의 과제로 선언한다"는 공산당의 교육목표를 채택하였다(Van Wyk, 1979: 73-74). 이 선언에 따르면 학교는 자본주의 사회를 비판하고, 공산주의 혁명을 지속시켜, 결국 공산주의 사회를 실현해야 할 과제를 수행하는 기관으로 간주된다.

학교에서 학생은 공산주의 이념을 칭송하고 추종하고 선전하는 철저한 공산주의자가 되고, 노동기술과 능력을 가진 노동자로, 또 노동조합의 동료로 훈련된다. 자본주의 국가와 경쟁하여 공산주의 국가의 발전을 확인시켜야 할 과학자가 되고, 자본주의 세력을 몰아내기 위해 투쟁하는 전사가 된다. 따라서 학교는 공산주의 사회실현을 위한 도구의 역할을 수행한다. 공산주의 사회에서 학교는 평등한 노동자

형성과 공산주의 국가형성의 도구이므로 보편적으로 모든 대상에게 제공된다. 그리고 사회적 필요에 부응하는 산업체학교와 직업학교 등이 활성화되었다.

5.4 공산주의 교육이론의 평가

공산주의 세계관은 근대 인본주의 사회의 자본주의 세계관이 가진 어두운 면을 적나라하게 드러냄으로써 비판적 지식인들과, 노동자와 농민을 포함한 사회적 약자계층의 엄청난 지지를 얻어내었고, 또 사회적 강자들과 그들의 기득권을 보장하는 방향으로 굳어진 기존사회를 변화시킬 수 있는 유일한 현실적 대안으로 인정받았다. 그와 동시에 공산주의 세계관에 의해 적대적인 원수로 간주되었던 소위 기득권 계층과 개인중심의 서구 자본주의사회는 투쟁과 혁명이 가져올 사회적 불안, 경직된 전체주의에 매몰될 개인의 자유 등을 근거로 끊임없이 공산주의 세계관을 비판하면서 공산주의 세력의 확대를 경계하고 대립하였다. 따라서 지난 한 세기동안 인류는 그 어떤 문제보다 공산주의 세계관에 대하여 많이 토론해왔고, 공산주의를 지지하는 논리와 더불어 그것을 비판하는 논리를 발전시켜왔다. 20세기 인류사회는 실제로 공산주의 세계관과 그 사회의 흥망성쇠(興亡盛衰)로 기술될 수 있을 정도이다.

공산주의 세계관은 인본주의의 한 얼굴인 개인 중심의 자본주의가 안고 있는 분명한 문제점을 밝히 드러내는데 기여했다. 그러나 그 문제점을 통해 자본주의를 절대 악으로 정죄하려는 시도에서 비롯된 과도한 단순화와 편향적 논리, 그리고 노동자의 사회적 혁명을 절대적 요청으로 간주하도록 정당화하는 과정에서 도입한 소위 과학적 논리들은 모두 진리와 실제의 부분을 절대화하거나 과장함으로써 왜곡한 것들이었다. 약 1세기에 걸친 공산주의 세계관의 실험은 공산주의 세계관의 비현실성 때문에 결국 공산주의 국가 자체의 결정에 의해 수정되거나 포기될 수밖에 없었다.

공산주의 세계관의 문제점들은 기독교 세계관과의 비교에서 명확하게 드러난다. 기독교세계관에서 볼 때 공산주의 세계관이 가진 주요한 문제점들은 다음과 같은 것들이다. 첫째, 공산주의 세계관은 철저한 무신론적 유물론의 근거에서 초월적인 하나님과 인간의 관계인 종교의 의미와 인간의 삶에 있어서의 종교의 기능을 무시하였고, 더 나아가 종교를 기만적인 것으로 간주하여 부정하고 적극적으로 제거하려 하였다((Van Wyk, 1979: 76-77).[15] 공산주의 세계관의 형성 배경이 기독교사회였으므로 공산주의 세계관이 구체적으로 적대시한 종교는 기독교였다. 그리고 공산주의 사회에서 그리스도인들은 신앙 때문에 극심한 박해에 시달렸다.

공산주의자들의 종교 적대적 위협과 박해를 경험하면서, 인간을 하나님의 형상으로 간주하고 삶을 하나님을 섬기며 그 분의 소명과 계명을 이루는 것으로 해석하는 그리스도인들은 자본주의의 도덕적 문

15) 판베이크는 그의 책에서 공산주의자들의 글에서 기독교 적대적인 교육제안의 사례를 보여주었다. 그의 사례를 소개해보면, 1970년 오그리즈코(I. I. Ogryzko)는 학생들의 무신론 의식 증진을 위해 다음 몇 가지 교육방법을 제안했다: (1) 학생에게 무신론의 유익과 신앙의 불이익, 공산주의 "모국(母國)"에 대한 충성심, 그리고 공산주의의 모든 원수들에 대한 증오를 주입하라. (2) 교회의 실수와 잘못을 과대 강조하라. 러시아를 침공했던 파시스트들이 어떻게 "하나님이 우리를 만나주신다"는 글귀를 새겨둔 혁대버클에 차고 다녔는지, 미국 군목이 어떻게 미군에 의한 베트남에서의 "살육"이 성공하도록 기도하는지, 유대인 랍비가 아랍에 대하여 이스라엘이 범하고 있는 "영토약탈"에 대하여 어떻게 하나님의 이름으로 축복하는지를 보여 주라. (3) 종교에 대한 저녁토론회를 열라. 학생으로 하여금 무신론적인 연극을 하게 하라. (4) 학생으로 하여금 실재주의 예술에 적극적으로 몰입하게 하라. 실재주의는 종교의 침투에 대항하는 장애물을 형성한다. (5) 아동들이 신체교육을 통하여 건강을 유지하게 하라. 질병과 신체적 고통은 종교성을 증진시킨다. 건강은 낙천주의와 독립심을 배양한다. (6) 종교에 대하여 과학적 비평을 가하라. 비과학성은 종교를 증진시킨다. 과학적 지식은 종교를 추방시킨다. 종교가 어떻게 압제자들에게 기여했는지 보여 주라. 과학적으로 종교가 무지에서 발생한 것을 증명하라. (7) 학생으로 하여금 무신론적 사실들을 이해하지 못한 채 암기하도록 하지 말라. 그렇게 하면 사람들은 단지 한 신앙을 다른 신앙으로 대체할 뿐이다. 학생으로 하여금 토론을 통하여 확신하도록 영향을 주고 통찰을 얻게 하라. 수 년 동안 학교들은 레닌그라드에서 "무신론적 질의응답시간"을 마련하였다. (8) 물질은 무에서 발생하는 것이 아니라는 것을 실험적으로 증명하라. (9) 학생이 공산주의의 과학적으로 "경이로운 작업"을 시작하게 하라. (10) 기독교종교와 원시우상숭배와의 유사성을 보여 주라. (11) 학생을 무신론적 클럽에 가입시켜라. 학교에 "청년무신론자" 클럽과 무신론적 "청년개척자" 클럽이 있다. (12) 물질주의와 무신론을 증진시키기 위해 영화와 텔레비전을 이용하라. (13) 무신론을 고무시킬 교사를 세뇌시켜라. 그리고 1970년 출판된 책『몰로도이 공산주의자』에서, 크라스노페브체프(E. Krasnopevtsev)와 피메노프(V. Pimenov)는, "무신론자 교육방법"이라는 논문을 통하여 교회의 황금기를 기억하게 하는 건축기념비들은 무신론적 공적들로 치장되어야 한다고 주장하였다. 더 나아가 이 두 사람은 성경의 역사적 파산성을 청소년들에게 보여주라고 명령하고 있다.

제들보다 공산주의 세계관을 더 혐오해왔다. 흥미로운 것은 종교의 의의와 기능을 부정하였던 공산주의 사회에서 지도자들은 신격화되어 숭배되었고, 공산주의 이데올로기는 비판이 불가능한 절대 정통교리가 되었으며, 사회적 공동행사들은 종교의식화 되었다. 종교를 부정한 공산주의 사회가 실상은 하나님과 그 분의 말씀을 인간 지도자와 공산주의 이데올로기로 대체한 절대종교의 사회가 되었다. 공산주의 세계관은 종교의 의의와 기능을 오해하였고 기독교에 대한 극심한 편견을 보였다.

둘째, 공산주의 세계관의 유물론적 관점에서 볼 때 물질이 실재의 영원한 본질이며, 정신이란 물질에서 발생되어 물질에 의존되어 있는 부차적인 것에 불과하고 종종 기만적인 것이기도 하다. 따라서 공산주의자들은 초월적인 하나님의 존재를 부정하였다. 그리고 하나님을 인간의 의식이 만들어낸 산물로 간주하였다. 그러나 기독교 세계관에서 볼 때 세계보다 먼저 영원한 존재인 초월적 하나님이 계시고, 세계는 그 하나님의 창조의 결과이다. 인간이 그의 의식 활동을 통해 우연히 하나님의 개념을 만들어낸 것이 아니라 하나님의 형상으로 창조된 종교적 존재이므로 본질적으로 하나님을 의식하도록 되어 있는 것이라고 본다. 인간은 하나님을 이 세상의 어떤 것으로 종종 대체하고 있을 뿐, 종교적 경향성 자체는 결코 대체되지 않는다고 본다.

기독교 세계관에서 볼 때, 물질은 세계 내 존재의 주요한 기초적인 차원으로서 정신으로 범주화될 수 있는 다른 규범적 차원들의 조건이 되며, 당연히 규범의 차원에도 영향을 준다. 그럼에도 불구하고 정신에 해당하는 규범적 차원들은 여전히 별도의 차원들로 고유한 의의를 가지고 있는 창조의 차원이며, 특히 인간의 인간다움은 물질적 차원에 의해 특징지어지는 것이 아니라 정신적 차원들 곧 규범적 차원들에 의해 특징지어지는 것이다. 공산주의 실재관은 유물론적 결정주의 때문에 규범적 차원들의 의의와 기능을 환원하거나 좁혀버린, 그래서 다양한 차원을 포함하고 있는 창조실재를 기술하는 데 있어서 심각하게 왜곡된 설명체계임을 드러내었다. 공산주의 사회의 편협한 문화가 그 증거이기도 하다.

셋째, 공산주의 세계관은 변증법과 유물론의 결합으로 형성되었다. 마르크스는 소위 과학적 철학을 만들기 위해 유물론을 채택했고, 전통적으로 정적(靜的) 특성으로 표현된 유물론에서 자동적으로 작동하는 역동성을 부여하려는 의도에서 변증법을 도입하였다. 근대의 진화론적 사고는 이 두 가지의 결합에 별다른 의문을 갖게 않게 했다. 그러나 판베이크가 베르디예프(Berdyaev)의 비판을 통해 설명한 것처럼, 이 양자는 사실은 별개의 요소이다. 왜냐하면 변증법은 물질세계에서 작동하는 원리가 아니라 인간의 사고 작용에서만 작동하는 원리이기 때문이다(Van Wyk, 1979: 78). 실제로 물질에 작동하는 물리학적 원리는 정(正)과 반(反)의 대립을 통한 진보와 조화를 이루지 않는다. 그리고 마르크스의 판단처럼 모든 것이 변증법적 원리에 따라 지속적으로 진보해간다면 인위적인 혁명에 호소할 필요가 없다. 그러나 실제에 있어서 성장과 진보가 항상 변증법의 원리에 따라 대립에 의해 이루어지는 것이 아니며, 종종 대립에 의한 진보 대신 퇴행도 일어나고 있다. 변증법은 유물론의 원리에서 발견되는 것이 아니라 불완전한 인간들에 의한 사회문화형성 과정에서 경험하는 하나의 경향성일 뿐이다.

넷째, 공산주의는 유물론적 기초에서 인간은 세계 내의 물질에서 진화하여 공동생활을 영위하는 생물학적 존재이며, 인간의 의식은 자연과 사회적 조건에서 생성되어 발전한 것이고, 인간의 삶과 역할은 사회의 경제적 조건과 관계에서 결정된다고 보았다. 이처럼 사회적 조건에 의해 결정되는 존재인 인간에게 참된 의미와 행복은 이상적인 사회인 공산주의 사회의 실현으로만 가능하다. 그러하다면 결국 인간의 존엄성과 존재의의와 사명은 모두 공산주의 사회이념이 부여해주고 공산주의 사회가 보장해주는 것이 되는 셈이다.

그러나 창조의 원리에서 볼 때 세계와 인간에 대한 설명에는 공동성(사회성)의 원리와 더불어 개별성(개인성)의 원리가 동일하게 작용하고 있다. 인간의 존재의의도 사회적 조건과 더불어 개인적 조건이 모두 중요한 요소들인 셈이다. 그러나 공산주의 세계관은 공동성을 절대화하였고 개별성을 환원시킴으로써 실재에 대한 설명을 왜곡시켰다. 더욱이 기독교세계관에서 볼 때 인간의 존엄성과 소명은 절대화된 공산주의가 부여하는 것이 아니다. 인간의 존엄성은 인간이 창조세계의 다른 생물들과 구별되는 독특하고 고상한 존재인 하나님의 형상으로 창조되었다는 사실에서 오는 것이며, 인간의 소명은 창조세계 안에서 하나님의 뜻을 실현하는 문화를 건설하라는 하나님의 소명에서 오는 것이다. 흥미로운 것은 인간을 위한 이상적 사회로 주장된 공산주의 국가에서 인간에 대한 도구화, 억압, 폭력이 더 극심했다는 것이다.

다섯째, 공산주의 사회관에서 인간은 계급에 의해 단순하게 부르주아지와 프롤레타리아 계급으로 양분화 되었고, 또 그 두 계급 사이의 관계는 필연적인 대립관계로 가정되었다. 이러한 극단적 양분화와 상호대립은 사회의 변화를 위한 혁명적 에너지를 생성시키려는 의도에서 만들어진 것이었으나 자연의 원리처럼 필연적인 것으로 수용되었다. 비록 자본주의 사회에서 기득권을 가진 계급이 스스로 자신의 기득권을 포기하는 것이 거의 불가능하다는 점을 간파한 것은 의미 있는 통찰이었다고 하더라도, 모든 인간관계를 이처럼 경제적인 요건에 의한 소박한 상호대립관계로 상정한 것은 실재와 어울리지 않는 왜곡된 설명이었다. 자본주의 사회에서 중산층이 출현하여 두터워짐으로써 공산주의 세계관의 불충분한 가정은 여지없이 드러났고, 특히 양 계급 관계에서 부르조아지를 악(惡)으로 가정하고 프롤레타리아를 선(善)으로 가정하여 프롤레타리아의 집단적 혁명에 의한 폭력을 정당화한 것은 노동자의 절대선(絶對善)을 믿는 낭만적 신앙으로 드러났다.

부르조아지라는 이유만으로 절대악으로 규정할 수 없을뿐더러, 프롤레타리아라는 이유만으로 절대선도 아니다. 인간 사회는 경제적 조건만으로 양분화 될 수 없을뿐더러 더욱이 대립관계를 형성해야 할 이유도 없다. 흥미로운 것은 계급이 없다고 가정된 공산주의 국가에서 공산당원과 일반 노동자 사이에 새로운 경직된 계급구조가 출현하여 억압은 지속되었고, 차별적 분배도 지속되었다는 사실이다. 프롤레타리아 혁명이 계급을 영원히 철폐한 것이 아니라 기존의 계급이 철폐된 자리에 새로운 계급이 출현하는 현실을 무의식중에 수용해야 했다. 기독교 세계관에서 볼 때, 모든 인간은 모든 인간은 계급을 초월하여 타락한 죄성을 가진 죄인이며, 경제적 소유와 계급을 초월하여 형제자매가 될 수 있다.

여섯째, 공산주의 세계관은 경제적 토대에 의해 사회제도가 결정되기 때문에, 사회의 진보도 경제적 토대의 변혁을 통하여 가능하다고 보았다. 공산주의 사회로의 발전을 위해서는 자본주의의 경제적 조건에 의해 만들어진 두 계급 사이의 대립을 극대화시켜 그 대립에서 만들어진 역동적 에너지인 프롤레타리아 혁명이 요청되었다. 이상적인 공산주의 사회도 자원을 평등하게 공유하면서 상호 교환하는 경제적 조건에 의해 결정된 형태의 사회였다. 그러나 공산주의의 경제적 결정론은 러시아 혁명에서 이미 부정되었다. 러시아 혁명은 마르크스의 경제이론에 맞지 않은 정치혁명이었다. 경제적 결정론은 오직 자본주의 사회체제를 비판하는 도구였을 뿐, 사실상 지난 세기의 공산주의 혁명과 공산주의 국가들은 정치혁명에 의해 그리고 정치적 차원을 통해 결정되어 왔다(Van Wyk, 1979: 78).

기독교세계관에서 볼 때, 경제현상은 물질의 원리가 아니라 인간의 행위에 의해 이루어지는 여러 규범적 차원들 중 하나일 따름이다. 여기에는 경제적 차원뿐만 아니라 신앙, 윤리, 법, 사회, 역사 등 다른 차원들도 포함되며, 이러한 차원들도 역시 사회를 형성하는 주요한 차원들이다. 실제로 역사 안에서 많은 사건들은 경제적 계급 대립관계가 아닌 다른 요인 때문에 발생하기도 했다. 삶과 행위가 경제적 조건에 의해 한정되는 부분들이 많이 있지만, 다른 주요한 차원들이 여전히 있고, 그 모든 차원을 고려하면서 인간은 주체적으로 경제적 요소들도 통제하면서 살아가는 존재이다. 공산주의 세계관은 경제적 차원을 절대화함으로써 다른 차원들의 의미를 축소시켜버린 오류를 범했다.

일곱째, 공산주의 세계관은 사회가 인간과 삶의 모든 것을 설명할 수 있고 동시에 모든 것을 해결할 수 있는 사회만능이론이다. 따라서 공산주의 사회에서는 국가가 절대화되어 모든 것을 규정하고, 분배하고, 조절하고, 통제하는 중심이 되었다. 결과적으로 공산주의 사회는 경직된 획일적 전체주의 사회가 되었고, 국가 외의 다른 사회적 관계들은 국가에 종속되거나 환원되어 버렸다. 삶의 전체 차원이 국가에 의해 통제받는 환경에서 개인의 인격과 자유와 자발성과 창의성은 억제되었다. 구성원들은 국가의 계획에 따라 수동적으로 반응하는 국가의 부분요소 및 부분기능에 한정됨으로써, 개인의 능력발휘는 한정되었고, 자발성과 활력은 식어버렸다. 완벽하게 모든 것을 기획하고 통제하는 계획사회는 체계로는 멋있게 보일지 몰라도 그것은 인간과 사회의 본질적 특성과 실제와 괴리될 수밖에 없는 이론의 한계이다. 그리고 인간과 사회의 다양한 가능성을 속박하는 결과가 될 뿐이었다.

기독교 세계관에서 볼 때 국가는 절대화되어서는 안 된다. 전(全)포괄적인 권세는 오직 하나님만 가지고 있을 뿐이며, 사회관계에서의 권위는 국가, 교회, 가정 등 각 영역이 고유의 기능을 수행하는 한도에 한정되어야 한다(Van Wyk, 1979: 79-80). 이상적인 사회는 사회의 다양한 관계들이 각 영역과 차원의 고유한 기능을 유감없이 수행하면서도 그 모든 관계들이 상호 협력하면서 조화를 이룰 수 있는 사회이다. 개인과 사회관계들의 다차원성이 존중될 때 그 사회는 모든 차원에서 번성할 수 있다.

그리고 공산주의 세계관은 계급 대립에 대한 과도한 집착으로 평등의 가치를 절대화함으로써 개인의 인격과 능력과 은사의 차이, 자유와 창의성 등의 가치들을 상대적으로 억제하는 결과를 초래하였다. 기독교 세계관에서 볼 때 인간은 그 존재의 가치에 있어서 평등하지만 능력과 은사의 차이는 엄연히 존재하는 실제이다. 하나님은 개인에게 다양한 개별적 은사와 능력과 그러한 것들을 발휘하도록 소명을 부여하심으로써 그 은사와 능력의 발휘를 통하여 하나님의 나라와 사회에 기여하기를 원하신다.

여덟째, 공산주의 세계관은 이 땅에서 이상적인 공산주의 사회가 실현될 수 있고, 그 이상 사회는 노동자들에 의해 실현되어야 한다는 신념을 가지고 있었다. 그러나 공산주의 사회는 유토피아, 곧 상상의 세계, 혹은 북한 주민들처럼 공산주의 사상에 깊이 빠져 혹은 강요받아 스스로 지상천국이라고 고백하는 그 고백 속에 존재하는 세계였을 뿐이다. 20세기 공산주의 국가의 현실은 그 이상이 철의 장막 안에서 스스로 정당화한 허상의 이상이었을 뿐, 정대의 현실은 폭력과 억압과 공포와 가난이 지배하는 사회, 또 다른 해방을 부르짖는 고통 받는 사회였을 뿐이다. 인간 본성의 타락을 무시하고 그리스도를 통한 구속을 비웃는, 인간 스스로 자신을 구원하고 이상세계를 건설할 수 있다는 자신감 넘치는 시도의 결과는 더 이상 이 세계 내에서 유토피아를 기대하는 것이 허구임을 생생하게 보여주었을 뿐이다.

아홉째, 공산주의자들은 혁명을 성공적으로 이끌어내기 위해, 또 혁명에 기여하는 모든 것들을 정당화하는 과정에서 심각한 윤리적 문제를 드러내었다. 혁명을 위해 접근하는 모든 것들이 전략적 차원에서 기획되고 정당화되었으므로 러시아 혁명이래로 공산주의 혁명가들이 도모했던 많은 전략들은 기만적이었고, 파괴적이었고, 잔인한 것이었다(Van Wyk, 1979: 68-69, 80-81).[16]

유물론적 신념에서, 그리고 기존 종교와 도덕적 규범들을 부르조아지의 이데올로기로 간주하고 있었으므로 더 이상 고려할 필요를 느끼지 못했을 것이다. 혁명에 참여하도록 노동자의 적개심을 촉발하는 공산주의 의식화의 감성 지향성을 그 한 원인으로 들 수 도 있을 것이다. 혁명을 노동자들을 착취했던 부르조아지에 대한 보복으로 간주하고, 스스로 심판을 집행하는 초법적 심판자로 간주하였기 때문에 테러와 폭력은 더 이상 윤리적 문제가 되지 못했을지도 모른다. 그러나 투쟁의 과정에서 공산주의자들은 보인 비도덕적 특성들은 공산주의를 경험했던 사회에 깊은 상처를 남겼다.

열째, 공산주의 교육이론은 공산주의 세계관을 적극적으로 형성하

16) 판베이크는 공산주의 전략들의 기만성을 보여주는 사례들을 열거하였다. 그 중에 공산주의자들이 활용하는 일반적인 기만적 전략은 자선단체나 교회에 침투하여 전위기구로 삼는 것, 전략적으로 자유주의를 활용하는 것, 무질서를 창출하고 혁명을 선동하며 테러와 게릴라전쟁을 시도하는 것 등이다. 러시아 혁명 2년 후인 1919년 독일에서, 공산주의자들을 통하여 배포된 "혁명을 위한 규칙"으로 이름 붙여진 한 문서는 기존사회의 붕괴를 위해 다음의 내용을 포함하고 있기도 하다: (1) 청년들을 타락시켜라. (2) 그들이 종교를 멀리하게 하라. (3) 성에 대한 그들의 관심을 자극하라. (4) 그들의 도덕적 성격을 무력화시켜라. (5) 모든 출판수단에 대한 통제권을 획득하라. (6) 민주주의를 설교하라. 그러나 무자비한 방법으로 권력을 손에 쥐라. 그리고 가능한 한 신속하게 그렇게 하라. (7) 국민들을 적대적인 그룹으로 나누라. (8) 지도자들에 대한 믿음을 파괴시켜라. (9) 파업을 야기하고, 시민불복종을 독려하라. (10) 무정부상태를 독려하고, 신용거래를 파괴하며, 인플레이션을 조장하라 등등.

고, 공산주의 사회를 건설하는 전사를 양성하고, 공산주의 사회를 건설하는 도구의 기능을 수행했으므로 공산주의 세계관이 내포한 문제점을 고스란히 그대로 안고 있다. 학생은 생물학적 존재이면서 사회적으로 결정되는 존재로 간주되었고, 교육의 목표는 공산주의 이념형성과 공산주의 사회 실현의 도구화였으며, 교육의 내용은 공산주의 이념과 노동과 기술이었고, 교육의 방법은 권위주의적이며 강요된 집단토론이었고, 학교는 공산주의 사회의 학습장이었다. 결과적으로 공산주의 교육은 하나님의 형상으로서의 학생의 존엄성과 하나님이 부여하신 개인적 능력과 은사와 소명을 제대로 고려하지 않는, 그리고 반(反)기독교적 세계관을 교리 주입하는, 특히 절대권위를 가진 국가가 배치하고 명령하는 과업에 수동적으로 순응하도록 요구하는, 배교적인 권위주의적 교육이었다. 이미 결정된 공산주의 국가의 비전을 구현하기 위한 도구의 기능으로 환원된 공산주의 교육은 사실상 학생의 전인적 가능성과 다양성을 심각하게 축소시켰고, 인간의 사고활동의 창의성을 억압함과 동시에 심각하게 왜곡시켰다.

5.5 결론

공산주의 세계관은 기득권계층의 이기적인 특성과 함께, 근대 자본주의 사회체제가 근원적으로 안고 있는 빈부의 격차와 착취와 빈곤의 구조를 드러냄과 동시에, 자본주의 사회에서 약자들이 겪을 수밖에 없는 고통과 한계를 드러내는데 크게 기여하였다. 공산주의 세계관은 자본주의 세계관의 과장된 특성을 지적하기 위해 정반대로 극단적으로 과장된 이데올로기였다. 서구 자본주의 사회는 공산주의의 영향과 위협을 동시에 경험하면서, 극단적인 공산주의를 경계함과 동시에, 개인적 자유의 가치에 사회적 그리고 경제적 평등의 가치를 고려하는 국가체제를 발전시켜왔다. 그리고 20세기 말에는 실재와 괴리된 그 극단적 공산주의 세계관과 공산주의 국가체제도 붕괴되면서 자본주의적 요소들을 수용하는 변화를 꾀하고 있다. 이제야 수명을 다한 이데올로기이지만 이러한 변천의 과정에서 공산주의는 위에서 언급한 기여 못지않게 인류사회에 엄청난 상처와 고통을 주었다. 이러한 시대적 변화에 따라 공산주의 세계관 형성과 공산주의 사회건설을 위한 도구였던 공산주의 교육도 이제는 북한과 같은 사회를 제외하고는 더 이상 그 순전한 형태를 찾아보기 어렵게 되었다.

자본주의와 공산주의 세계관이 보여준 역사적 현실은, 하나님의 말씀의 권위와 균형 잡힌 성경적 세계관을 무시한, 그리고 하나님의 말씀의 자리를 스스로 대체한 인간 이데올로기들의 실상이다. 세계 안에 존재하는 어떠한 이념이나 물질도 초월적인 자리 곧 절대화되어서는 안 된다. 그러나 하나님을 거부하는 인본주의자들은 끊임없이 스스로 부정해버린 하나님의 자리에 채워 넣을 다른 절대화된 이념들을 찾고, 그것을 종교적인 교리처럼 절대화하여 신앙적인 확신을 가지고 선전하며, 스스로의 노력으로 현실세계 안에서 그 이상을 실현해보려고 노력한다.

06
신(新)마르크스주의 교육이론

{ }

Christian Worldview
& Theory of Education

6.1 서론

신좌파(新左派) 혹은 신(新)마르크스주의는 스스로를 공산주의 세계관과 차별화시키면서도 초기 마르크스의 통찰을 발전시켜 현대자본주의 사회의 문제점을 비판하는 일종의 사회비판이론이다.[17] 마르크스주의는 공산주의를 극도로 경계했던 서유럽과 미국, 그리고 제3

---

[17] 신좌파가 현대서구사회에 대한 비판이론이라는 근거에서 판베이크는 칼 포퍼(Karl Popper)의 비판적 합리주의와 프랑크푸르트학파의 비판이론을 신좌파의 범주에 포함시켜 논의하였다. 그러나 칼 포퍼의 비판적 합리주의가 마르크스의 통찰과 방법론을 긍정적으로 재해석하는 것이 아니기 때문에 이 장에서는 프랑크푸르트학파와 그 영향을 받은 신마르크스주의에 주목하고, 그것을 더 명료하게 하기 위해 신좌파라는 명칭보다는 신마르크스주의라는 명칭을 사용한다.

세계의 여러 나라에도 영향을 미쳤다. 마르크스주의에 대한 부정적인 반응으로서 히틀러의 독일 국가사회주의 이데올로기가 초래한 전체주의 국가이데올로기의 파괴성 내면에 깔려 있는 역사철학에 대한 비판에서부터, 긍정적인 반응으로는 현대자본주의 산업사회의 구조가 가진 비인간화문제와, 자본주의 강대국들과의 구조적 관계에서 경험하는 제3세계 국가들의 가난의 문제를 마르크스의 통찰을 통해 비판하고 마르크스의 방법론으로 저항하는, 다양한 시도가 신마르크스주의의 이름으로 이루어졌다.

우선 마르크스를 비판적으로 접근한 사람으로서 칼 포퍼(Karl Popper)를 들 수 있다. 오스트리아 비엔나학파의 칼 포퍼는 그의 주된 관심사인, 전체주의 사회의 독재를 비판하면서 인류사회는 상호교류를 통하여 전체주의 사회에서 점차 개인이 존중받는 민주적 사회로 발전할 것을 예상하면서 민주적 사회로의 지속적 개선을 위한 방법론으로 비판적 합리주의를 제안했다.

포퍼는 그의 저서 『열린사회와 그 적들』을 통하여 플라톤과 헤겔과 마르크스를 전체주의적인 반자유와 독재의 선구자들로 지적했다. 그리고 그의 저서 『역사주의의 빈곤』에서는 헤겔과 마르크스의 영향을 받아 무비판적으로 역사에 진화이론을 적용하는 철학자들에게서 발견되는 역사주의 신앙, 곧 마치 자연법처럼 역사가 확정된 계획에 따라 발전한다고 확신하는 신념을 비판하였다. 그는 비판적 합리주의에 근거한 열린, 그리고 지속적인 비판적 토론을 통하여 이러한 확정적 선입견을 되돌려야 한다고 보았고, 전(全)포괄적이고 혁명적인 변화가 아니라 구체적인 부분에서 조금씩 지속적으로 잘못된 것을 제거해가는 방식(piecemeal engineering)으로 민주적 사회를 실현해 가야 할 것을 주장하였다(Van Wyk, 1979: 128-129). 이러한 의미에서 포퍼는 신마르크스주의자로 분류할 수 없다.

마르크스주의에 대하여 포퍼가 취한 부정적 비판과는 정반대로, 마르크스의 통찰을 현대산업사회의 구조적 문제의 진단과 개선에 긍정적으로 활용하려는 학자들도 많이 있었다. 이 범주에 해당하는 대표적인 학자들이 독일의 프랑크푸르트학파이다. 프랑크푸르트 학파는 1930년대에 독일 프랑크푸르트에서 형성되었고, 히틀러의 국가사회주의에 의해 파상적인 공격을 받아 주로 미국에서 활동했으며, 제2차 세계대전이 종료된 이후 다시 프랑크푸르트에서 재규합한, 철학-사회학자들의 집단이다. 프랑크푸르트학파는 주로 유대인 철학자, 사회학자, 심층심리학자들로 구성된 모임이니, 설립자인 호르크하이머(Max Horkheimer)에 이어, 아도르노(Theodor W. Adorno), 마르쿠제(Herbert Marcuse), 슈미트(A. Schmidt), 프롬(Erich Fromm), 하버마스(Jürgen Habermas) 등의 학자들이 이 학파의 구성원들로서 상당한 영향력을 행사해 왔다. 이들의 영향은 서유럽과 미국에서 1960년대 이후 큰 영향을 미쳤고, 오늘날은 동유럽에서 상당한 영향력을 행사하고 있다(Golverdingen, 1995: 22).

프랑크푸르트학파의 학자들은 자신들이 마르크스주의의 교리적 수용을 비판하기 때문에 스스로 제안하는 명칭인 비판이론가들로 지칭되기는 원하지 마르크스주의자 혹은 신마르크스주의자로 지칭되는 것을 원하지 않는다. 그러나 프랑크푸르트학파의 학자들이 헤겔과 마르크스사상의 영향을 깊이 받았고, 특히 마르크스의 문제설정과 방법론을 진지하게 채택하고 있으므로 많은 학자들은 이들을 신(新)마르크스주의자들로 분류한다(Van der Walt & Postma, 1987: 133).

프랑크푸르트학파의 비판이론을 적용하여 1968년 서베를린에 유치원들이 설립되어 운영되었고, 특히 하버마스의 사상은 비판교육학이라는 이름으로 교육에 상당한 통찰을 제공하였다. 그리고 많은 교육학자들이 비판이론과 교육과의 관계문제를 논의하였고, 비판이론의 방법론을 교육에 직접 적용하는 연구를 시도하였다. 판베이크는 비판이론을 교육이론의 패러다임에 적용한 초기의 학자들로서 호프만(Dietrich Hoffman), 클라프키(Wolfgang Klafki), 샬러(Klaus Schaller)와 같은 학자들의 이름을 그 사례로 들었다(Van Wyk, 1979: 134).[18]

---

18) 판베이크는 신마르크스주의의 특성을 반영하여 비판교육학이라는 명칭대신 해방교육학이라는 명칭을 사용하는 몰렌하우어(Mollenhauer), 블랑케르츠(Blankertz), 렘페르트(Lempert), 롤프(Rolff), 다머(Dahmer), 감(Gamm), 그리고 클라프키(Klafki) 등도 동일한 범주에 포함시켰다.

신마르크스주의는 공산주의 국가가 아닌 제3세계 국가에도 큰 영향을 미쳤다. 특히 남미에서 태동된, 신마르크스주의 정치신학인 해방신학은 기독교 사상과 사회운동에 엄청난 영향을 주었다. 서구와 북미 자본주의 강대국과의 종속적인 관계에서 겪는 제3세계 국가들의 착취문제, 그리고 제3세계 국가 내의 사회지배구조에서 경험하는 독재와 착취와 가난과 차별의 문제를 마르크스 및 신마르크스주의의 통찰로 비판하고 또 마르크스의 방법론을 통해 사회변화를 만들어내려 했던 해방신학은 특히 제3세계 국가에서 독특한 지역신학을 만들어내는 단초가 되었다. 아프리카신학, 한국의 민중신학 등이 그 사례이다. 물론 여성신학도 같은 맥락을 공유하고 있다. 유럽신학에서는 몰트만, 남미에서서 구티에레즈, 한국에서는 서남동과 안병무가 신마르크스주의 신학의 대표적 학자들이다.

신마르크스주의자들은 교육제도 특히 학교교육과 정치, 학교교육과 경제 등 학교와 사회구조의 관계문제를 마르크스주의의 통찰과 틀로 분석하여 비판하였다. 구체적으로 표현한다면 신마르크스주의 교육가들은 학교가 어떻게 기득권 계층을 보호하는 항구적 장치가 되고 있고 가난한 계층의 부적응을 통해 가난의 대물림을 정당화하는 도구가 되고 있다고 비판하였다. 그들은 노동자와 가난한 계층의 정치의식화를 대표적인 교육방법으로 제안하였다. 여기에 해당되는 대표적인 사람들은 프레이어(Paulo Freire), 일리치(Ivan D. Illich), 라이머

(Everett Reimer) 등이다. 한국에서는 민중교육학이라는 이름으로 신마르크스주의 교육학이 소개되었다. 1980년대 이후 우리나라 공교육에 영향을 주어 온 주요한 교원단체인 전교조의 시각과 활동에서 종종 신마르크스주의 세계관이 표현되었다.

6.2 신마르크스주의 세계관

신마르크스주의도 마르크스주의 이론의 기초로부터 발전되었고, 특정 역사적 환경의 영향을 받으면서 형성된, 마르크스 이론의 다양한 측면들의 확장된 결과물이라고 할 수 있으므로 공산주의와 동일한 뿌리를 공유하고 있다. 그래서 공산주의의 위험성을 극도로 경계하고 비판하는 사람들은 종종 신마르크스주의자들도 마르크스추종자들일 뿐이며, 일종의 마르크스스콜라주의자들로 간주한다(Van der Walt & Postma, 1987: 133).

그 이유는 신마르크스주의자들이 비록 마르크스주의를 결정론적 사고방식으로 수용한 공산주의를 비판하는 것이 사실이지만, 여전히 현대서구사회를 분석하는 틀, 그리고 변화를 도모하기 위해 호소하는 방법론에 있어서 마르크스의 통찰을 그대로 가져오고 있다는 인상을 주고 있기 때문이다. 그럼에도 불구하고 엄밀하게 보면 신마르크스주의가 공산주의와 상당한 유사성을 가진 것은 사실이다. 그러나 학자마다 그 정도에 있어서 차이가 크고, 동시에 공산주의와 상당한 차별성도 드러낸다. 이미 공산주의 세계관을 앞 장에서 논의하였으므로 여기서는 그 차별성을 중심으로 부분적인 논의를 해 보는 것이 좋을 것이다.

우선 신마르크스주의 세계관은 마르크스주의의 유물론적 토대에서 출발하고 있기 때문에 초월적인 존재와 초월적인 세계를 인정하지 않는다. 참된 세계는 자연과 인간과 인간사회일 뿐이다. 물론 초기 마르크스의 사상 및 공산주의와 달리 그리스도인인 신마르크스주의자들의 경우 종교로서의 기독교를 수용하는 경우가 있지만 그 경우 그들은 기독교신앙에서 초월적인 것들을 현실 세계 내의 현상으로 재해석하고, 성경을 신마르크스주의의 전제와 방법론을 정당화하는 전거로 삼고, 기독교인들의 공동체를 신마르크스주의의 목표를 성취시키기 위해 도구화한다. 해방신학, 민중신학, 아프리카신학, 여성신학 등은 정도의 차이는 있지만 신마르크스주의적 관점으로 기독교신앙을 재해석한 신학들이다.

이러한 재해석에서 예수님은 초자연적인 하나님의 아들이 아니라 단지 인간 예수이며, 당시 팔레스틴에서 상당히 소외된 지역이었던 갈릴리 지방의 노동자(목수) 출신이었고, 예루살렘 중심 종교사회의 기득권 계층을 신랄하게 비판하고 저항했던 사람(선지자)이었고, 기득권계층의 끊임없는 위협과 압박받다가 결국 죽임을 당했던, 곧 사회경제적인 차원에서 억눌린 사람의 전형으로 해석된다 (Golverdingen, 1995: 28).

그리고 예수님의 부활은 예수님의 실제적인 육체적 부활을 뜻하는 것이 아니라 예수님의 제자들과 예수님을 따르던 가난한 사람들이 예수님의 저항정신으로 분연히 일어나 당시 정치사회제도에 저항하게 되는 사건으로서의 전기(轉機)로 해석된다. 하위계층을 억압하는 기득권자들의 행위와 기득권자들의 이익을 지속시키는 사회구조가 죄의 현실이고 사단과 같이 악한 자는 바로 기득권자들이다. 그래서 구원은 그처럼 정치 경제적으로 억압받던 상황으로부터 하위 계층이 해방되는 것을 뜻한다.

교회는 사회적 소외계층을 대변하여 기존 사회경제적 구조를 변화시키는 전위대이며, 하나님의 나라는 기득권 계층의 사회구조가 붕괴됨으로써 그동안 억압받던 계층이 정치경제적으로 해방되고 자유롭게 살아가는 사회를 뜻한다. 그리고 이러한 해방과 이상적 사회는, 예수의 저항정신을 자신의 것으로 삼은 사람들, 곧 자신이 부활한 예수가 되어 이러한 혁명을 이루어내는 억압받는 계층을 통해 이루어진다. 그리고 소망이라는 용어가 아주 의미 있는 개념으로 수용되는데 그 이유는 기존의 정치경제적 구조가 붕괴되고 새로운 사회가 도래하기를 기대하는 간절한 마음의 태도를 표현하고 있기 때문이다(조성국, 1988; 조성국, 2002).

이처럼 신마르크스주의자들은 이미 그들의 내면에 확정된 신마르크스주의의 틀과 방법론에 적합해 보이는 성경의 사건들을 선택적으로 가져오거나, 아예 성경 자체를 비평적 작업을 통하여 그러한 방향으로 재해석하였다. 그들은 기독교신앙을 자신들의 의도와 행위를 정당화하는 도구로 삼거나, 혹은 그리스도인들을 신마르크스주의의 사회혁명의 목표를 위해 동원하려는 의도에서 이러한 기독교적 버전의 정치운동신학을 만든 것이었다. 이러한 정치경제적 해석에서 성경에 기록된 예수님은 더 이상 하나님의 아들 그리스도가 아니며, 하나님은 더 이상 이 세상을 주관하시는 주권자도 아니다.

신마르크스주의의 인간론은 억압받는 사회에서 자유를 쟁취해야 할 인간이라고 말할 수 있다. 신마르크스주의자들은 마르크스와 프로이드의 이론을 절충적으로 채택하여 인간을 분석한다. 그들에 따르면 인간은 본능(리비도)에 따라 쾌락을 추구하면서 살아가는 생물학적 존재로서 사회적 관계 안에서 살아가는 존재이다. 생물학적 차원에서 볼 때 인간은 외부로부터 혹은 권위로부터 억압받지 않고 자유롭게 자신의 행복을 추구하면서 살 때 가장 이상적이지만, 사회적 차원의 부당한 권위와 억압은 인간의 자유를 탈취하고 오히려 속박하여 병든 인간으로 만든다고 본다. 달리 표현하면 인간을 억압하고 속박하는 사회는 병든 사회인 셈이다.

신마르크스주의자들은 현대 서구산업사회가 이처럼 인간을 억압하고 있다고 본다. 그래서 그들은 기술 관료주의가 인간을 대상화하고, 사물화하고, 도구화하고, 분류하고, 계획하고, 조작한다고 비판한다. 실증주의적 학문과 대중매체들은 현대인들의 의식을 교묘하게 조작하여 닫아버리는 수단이 되고 있다고 본다. 비록 복지제도를 통하여 현대인들이 어느 정도 물질적인 만족을 제공받지만 그것조차도 결국 인간을 기술적으로 조작하는 것이 되고, 광고에 의해 조종되는 소비자가 되게 만든다고 비판한다. 이러한 사회에서 인간은 마르쿠제의 설명처럼 마치 체스 판에서 돌진하는 시시한 역할의 졸(卒), 곧 억압받아 닫히고 평준화 된 인간, 곧 일차원적 인간이 될 수밖에 없다는 것이다(Van Wyk, 1979: 131-132).

신마르크스주의자들은 이러한 서구 현대사회에서 인간은 근본적으로 선택 가능성, 자율적인 자기결정의 자유를 박탈당하고 있다고 진단한다. 따라서 현대사회의 이러한 통제와 속박에서부터 자기결정의 자유를 되찾아야 비로소 인간적인 삶의 의미가 되살아나고 그것이 참된 쾌락(행복)에 이르는 길이라고 본다. 타율적인 통제로부터 벗어나 자율적인 정치결단과 참여가 가능해지고, 각종 규제와 관습과 여론과 실증학문으로부터 벗어나 자신의 욕망을 추구할 수 있어야 한다고 본다. 그럼에도 불구하고 불행하게도 현대산업사회에서, 노동자들의 마르크스주의적 신앙고백의 전의(戰意)와 조직된 혁명의 힘은 많이 상실되었으므로 그들을 통하여 이전과 같은 사회적 혁명을 기대하기란 쉽지 않다고 본다. 비록 비판적이기는 하지만 여전히 사회체제에 아직 편입되지 못한 대학생, 그리고 유색인종 등의 사회적 소수자들의 정치사회적 저항에서 가능성을 찾는다(Van Wyk, 1979: 130, 132). 이러한 배경에서 신마르크스주의자들은 대학생을 비롯한 청년층과, 사회적 소수자들의 의식화에 큰 관심을 갖는다.

신마르크스주의는 비판이론이 병든 현대산업사회를 분석하고 혁명적 변화를 만들어가는 작업이라고 주장한다. 특히 프랑크푸르트학파의 비판이론은 현대사회 안에서의 이루어지는 인간의 모든 사고활동이 필연적으로 그 사회에 속박되어 있다는 사실을 드러내려 한다. 어떤 사람이 설사 순수한 경험적 연구를 시도한다고 하더라도 그는 무의식적으로 기존 사회 안에서 자신의 연구 목적과 개념들을 설정하고 있기 때문에 사실은 이미 기존 사회의 철학적 틀을 차용하고 있는 셈이며, 또한 그 사회로부터 자신의 연구의 결과를 인정받아야 한다는 의미에서 그 기존사회에 속박되어 있다는 것이다. 그래서 비판철학은 개인이 사회의 본질적인 부분이라는 사실을 철저히 인식하도록 한과 동시에, 이처럼 연구자 자신도 자신이 사회에 속박되어 있는 현실에서 오는 위험성을 인식하게 하고, 그 결과 사회의 인간적 개혁을 만들어내어야 한다는 사회철학의 필요성을 갖게 한다는 의도를 갖고 있다.

비판이론에서 사회의 변혁에 이르는 사회에 대한 분석적인 연구는 이론과 경험(실천) 사이의 변증법적 방법으로 진행된다. 하버마스가 비판철학을 실천적 관점에서의 경험적인 역사철학으로 간주한 것처럼 (Van Wyk, 1979: 126), 비판이론에서는 더 이상 이론이 실천 위에 머리처럼 존재하지 않고 오히려 실천적 경험이 이론을 지속적으로 수정하게 만든다. 비록 기존 사회로부터 출발한다는 점에서 이론으로 출발한다고 말할 수 있을지 모르지만 사회에 대한 경험(실천)적 연구를 통하여 사회의 구조를 이해하는 일에 새로운 사실들이 더해지면서 이론은 지속적으로 변화해 간다. 그 맥락에서 마르쿠제는 자신의 비판이론에 있어서도 이론과 실천을 별개로 분리하지 않는다. 그는 이론이란 실천되고 실현되어야 하는 것이라고 보았고, 결국 실천의 한 형태라고 보았기 때문이다.

비판이론은 경험적 실천을 통하여 지속적으로 기존의 이론을 수정해가면서 기존 사회의 근본적인 구조와 경향성을 드러나도록 찾아내어야 할 과제를 갖고 있다고 본다. 비판철학자들은 사회의 그 근본적인 구조와 경향성이 결국 지배집단에 의해 그 동안 필연적인 것으로 간주되어 온 것들이며 그러한 것들로부터 인간을 해방시키는 것이 그들의 과제라고 본 것이다. 그래서 아도르노는 비판이론이 사회에서의 인간의 해방에 영향을 줄 수 있으려면 사회의 비밀스러운 동기를 알아내어야 한다고 주장했다(Van Wyk, 1979: 126).

비판이론가들은 사회의 근본적인 구조와 경향성을 드러내는 방법으로 철학 뿐 아니라 역사, 경제학, 심층심리학 등의 연구를 통하여 인간과 사회 사이의 관계를 결정하는 모든 현상들 곧, 경제, 정치, 법, 종교, 예술, 학문을 분석한다. 국가와 교회와 대학과 직업 등이 주로 현저한 억압적 체제이지만 가족, 성도덕, 교육, 성취 등도 압제의 숨겨진 형태들로 간주된다. 그래서 비판이론가들은 국가처럼 현저한 사회 체제뿐만 아니라 가족이나 성(性)과 같이 숨겨진 구조가 사람들을 어떻게 억압하고 소외시키고 있는지 드러냄으로써 현대인들이 기존의 권위주의 사회에 저항하여 반권위주의적인 자유로운 사회를 만들어 가도록 촉구한다.

비판이론가들의 분석에 따르면 서구사회는 가난한 제3세계에 대하여 과거 식민지 사회에서처럼 여전히 억압을 행사하고 있다. 오늘날의 억압은 경제적인 지배를 통하여 이루어지며 서구식의 교육을 통하여 그러한 지배는 제3세계 사람들에게 정당화되거나 숨겨지고 있다고 본다. 그러므로 비판이론가들은 이러한 권위주의적 지배구조를 드러냄으로써 제3세계 국가들의 해방에 기여해야 한다고 본다. 또 비판이론가들은 서구사회의 복지제도가 노동자 계급의 저항을 거세한다고 비판한다. 복지이데올로기에 젖은 서구 노동자들이 스스로 부르조아 계급의 일원인 듯 스스로를 권위를 가진 자의 편에 세워 기존 사회에 대한 비판에 둔감해지며, 특히 제3세계 사람들과 자신을 차별적인 위치에 두고 제3세계를 착취하는 사람들의 편에 서는 오류를 범한다고 비판한다(Van Wyk, 1979: 127).

마르쿠제는 민주주의의 실천방법으로 간주되어온 의회정치조차도 사회의 약자들에게 억압적인 역할을 한다고 비판했다. 그 이유는 실천보다는 말로 핑계를 일삼기 일쑤이며, 억압에 대한 분노를 말로만 표현하게 강요하고, 기존 체제가 가진 비인간성을 행동으로 저항하는 순간 그 저항을 억누르는 장치가 된다고 생각했기 때문이다. 마르쿠제는 이러한 의회정치의 억압 행위를 억눌린 자에 대한 폭력으로 간주했다. 그는 이러한 폭력에 대하여 약자들도 당연히 폭력으로 저항할 수 있다고 주장했다. 약자들에게 있어서 그러한 폭력적 저항행동은 기존사회체제가 어떤 문제를 가지고 있는지 알도록 그들이 보여줄 수 있는 유일한 언어라고 보았다. 그러므로 약자 및 억눌린 자들의 폭력을 정죄하는 자들은 기존 사회의 주도적 억압 그 자체가 더 큰 폭력이라는 사실을 잊고 있는 것이며, 그가 폭력을 정죄함으로써 주도적 폭력을 스스로 인정하고 동조하는 범죄를 저지르고 있다고 비판했다 (Van Wyk, 1979: 128).

신마르크스주의 비판이론은 사회와 그 사회에 연관된 인간의 문제를 분석하는 것으로 만족하지 않는다. 변증법적 발전의 이론은 인간과 세계를 변화시키려는 의도로 도입된 것이기 때문이다. 마르쿠제는 변화를 위한 전략이 비판이론에서 근본적인 자리를 차지하고 있다는 것을 강조하였고, 기존 사회의 억압성을 수술대 위에 올려 해부용 칼로 인간의 행복과 자유와 합리성을 방해하는 것들을 제거해야 한다고 주장하였다(Van Wyk, 1979: 130). 실천에 강조를 둔 변증법적 방법론은 사회의 압제적 권력을 드러내고, 도려내고, 더욱 인간적인 대안으로 대체하는 과정을 통해 진행된다. 그래서 비판이론은 적극적으로 사회변화의 프로그램을 제안하고, 저항과 혁명을 처방한다.

비판이론은 인간을 억압하는 사회체제에 대하여 비관용적이며 비타협적인 입장을 취한다. 억압적인 사회적 지배체제는 사악한 것이며, 개선의 가능성이 전혀 없는 것으로 간주된다. 그러한 지배체제에 대하여 중립적인 태도를 취하는 것은 부패한 것에 대한 수동적 수용과 묵인일 뿐이며, 결국 비겁한 태도에 불과하다고 단정한다. 그러므로 모든 타협적인 시도를 거부하고, 정(正)과 반(反)의 대립적 갈등관계를 설정한다. 그리고 그 지배체제의 변화를 위한 저항은 전 포괄적인 것이어야 하며, 동시에 그 지배체제를 뿌리 채 뽑아내는, 철저하고 혁명적인 것이어야 한다고 주장한다(Van Wyk, 1979: 131).

6.3 신마르크스주의 교육이론

1) 신마르크스주의 교육적 인간학과 교육의 본질 및 교육목적

신마르크스주의 교육은 공산주의 교육과 상당한 부분에서 강조점의 차이를 보여주었다(Van Wyk, 1979: 137-138).[19] 신마르크스주의 교육의 교육적 인간학은 앞서 논의한 사회주의 및 마르크스의 인간관의 연장선상에 있다. 학생은 생물학적 존재이면서 동시에 사회적인 존재이고, 학생의 타고난 생물학적 본성은 근본적으로 선하다고 본다. 교육이 목표하는 성숙한 인간상은 자율적이고 자유로운 인간으로서 자신의 노동과 삶에서 의미를 만들어가고, 특히 사회적인 관계에서 이러한 가치가 모든 사람들에게도 동등하게 공유되도록 지속적으로 투쟁하면서 살아가는 사람을 뜻한다.

학생에게 발견되는 모든 문제점들은 학생의 본성에서 비롯된 것이 아니라 학생이 무의식적으로 그리고 지속적으로 영향 받으면서 살고 있는 사회, 특히 자본주의 사회체제에서 비롯된 것들로 간주된다. 자본주의적 사회체제는 교육을 비롯한 다양한 기제들을 통하여 학생의 자기의식을 닫아버리고, 자율적 판단을 억압하고, 그 체제의 요구에 맞추어 평준화함으로써, 결국 자본주의사회의 억압적 체제에 적응하

---

19) 판베이크는 신마르크스주의 교육과 공산주의 교육의 차이점을 몇 가지로 정리했다. 요점을 정리하면 다음과 같다: (1) 공산주의는 개인의 해방을 인정하지 않았으나 신마르크스주의는 "해방된 인성"을 교육목표로 강조한다. (2) 신마르크스주의 교육이론은 특히 "비판적 이성"을 통한 "해방된 인성"을 교육을 위한 목표로 간주하지만 공산주의는 공산주의 이데올로기와 공산주의 지도자들에 대한 무비판적인 수용을 요구한다. (3) 공산주의는 교리주입을 통하여 마르크스주의 규범과 "신앙적 확신"을 확고하게 하려한 반면, 신마르크스주의는 사람들을 규범과 신앙적 확신들로부터 자유롭게 하려 한다. (4) 신마르크스주의는 권위적인 교육을 "종속적인 교육"으로 간주하여 거부하지만 공산주의는 권위를 교육을 위해 불가피한 것으로 여기며 교사의 지도역할을 강조한다. (5) 공산주의 교육에서는 "국가의식"이 중심목표인 반면, 신좌파는 국가에 대항하는 입장을 갖도록 교육한다. (6) 공산주의는 청소년의 조숙한 성행위를 비도덕적인 것으로 거부하는 반면, 신좌파는 성의 자유를 호소한다.

는 존재로 만들어 간다. 그래서 신마르크스주의자들은 자본주의 체제 안에서 사람들을 자신의 일과 삶의 의미로부터 소외된 존재가 된다고 본다.

문제는 이러한 불행한 현실에도 불구하고 일반적으로 자본주의 체제 안에 살아가는 학생들은 자신들을 억압하여 학습과 삶과 노동으로부터 소외시키고 있는 기존 체제의 은밀한 의도를 잘 간파하지 못한다. 그러므로 비판이론에 근거한 비판교육, 곧 자신과 자신이 처한 현실사회의 구조 및 경향성을 간파하게 하는 의식화 교육을 통하여 학생은 자율적인 비판적 판단이 가능한 존재가 되어야 하고, 사회적 비판과 저항의 실천을 통하여 인간다운 사회를 만들어 가야 한다고 본다.

그러므로 교육이란 학생들이 스스로 현실 사회체제와 그 대리자들에 의해 억압받고 있다는 의식을 일깨우는 수단이다. 그래서 학생들이 기존사회체제를 비판하고, 그 불의한 권위적 체제에 저항하고, 혁명적 변화를 통하여 억압 없는 사회주의적 사회를 실현시키도록 동기부여하는 비판적 의식화 과정을 교육으로 간주한다.

신마르크스주의 교육의 목표는 사회적 변혁을 지향한 의식과 능력을 길러주는 개인적 차원과, 사회적 변혁의 목표를 달성하기 위한 실천의 사회적 차원을 갖는다. 먼저 개인적 차원의 교육목표는 학생의 합리성, 비판적 능력, 자기결단, 독립성, 자율성, 정의감 등을 일깨우는 것이다. 그래서 특히 지적 차원에서 반성적이고 비판적인 능력을 발달시키는 것이 주요한 목표가 된다. 그리고 사회적 차원의 교육목표는 학생들에게 사회체제의 변혁의 필요성을 절감하고 결단하여 사회체제의 변화를 주도하는 참여자가 되도록 함으로써 소위 억압 없는 인간다운 사회주의적 체제가 실현될 수 있게 하는 것이다.

2) 신마르크스주의 교육의 교육내용과 교육과정

신마르크스주의 교육이론은 교육의 페러다임에 따라 자체의 이론을 체계화하려는 교육이 론이 아니라 비판에 초점을 둔 이론이므로 교육의 내용과 교육과정에 비판적 논의에 집중한다. 그래서 신마르크스주의자들은 자본주의 사회의 학교교육 내용이 해당 사회의 기득권 문화를 다루고, 그 계층의 언어로 전달되는 것이어서 해당계층의 자녀들에게 익숙한 반면, 그 사회의 하위계층과 소수응하기 어렵게 되어 있다고 분석하면서, 결국 학교교육이 기존사회의 빈부 격차가 계승되면서 항구적으로 굳어지게 만드는 역할을 하고, 억압받는 하위계층과 사회적 소수자들을 사회와 노동과 삶으로부터 소외시킴으로써 비인간화 한다 있다고 비판한다.

신마르크스주의자들에게 기존의 문화와 언어의 습득과 전달과 보전이 참다운 지식을 보장하지 못할뿐더러 참다운 문화를 형성하는 작업도 아니다(Freire, 1972: 53). 신마르크스주의자들에게 있어서 가정의 전통, 종교, 조국, 예술품과 문학작품과 같은 문화유산들이 바로 현대사회를 유지하게 만드는 신앙내용, 규범, 기관, 인물들이며 이러한 것들이 인간을 속박하고 있다고 간주하기 때문이다(Van Wyk, 1979: 136). 이러한 것들은 비판받아야 할 혐오스러운 것들이며, 자유로운 인간이 되기 위해서라면 이러한 것들로부터 해방되어야 하기 때문이다.

교육의 내용은 학생의 삶의 현실과 유리(遊離)된 문화를 전달하는 것이 아니라 학생의 삶의 현실을 다루는 것이어야 한다. 왜냐하면 학생들이 자신의 삶의 현실에 대한 반성에서 기존 사회체제와 기득권자들이 바로 자신들을 비인간화의 이유라는 사실을 발견하도록 하는 데 있기 때문이다(Freire, 1972: 25). 신마르크스주의자들은 학생이 자신의 삶의 현실에서 문제를 제기하고 그 문제와 관련된 자료들을 통하여 반성하고 토론하고, 또 그 문제를 해결해가는 실천의 과정에서 학습한다고 본다.

3) 신마르크스주의 교육방법

신마르크스주의 교육은 교육의 방법에 세심한 주의를 기울인다. 학생의 비판의식을 일깨워 사회의 변화를 만들어내는 실천적 행동에 이르도록 하는 과정이 비판이론이 주로 관심을 갖고 있는 것이기 때문이다.

프랑크푸르트 학파의 영향으로 서베를린에 세워졌던 실험적 유아원은 교사와 교육내용에 부여된 모든 권위를 부정하였고, 유아들이 완전한 자유를 누리면서, 자신이 원하는 놀이 활동을 통하여 스스로 자율성을 획득하도록 하는 방법을 실험하였다. 비판이론의 통찰을 교육에 적용하는 비판교육학자들은 기존사회의 동결된 이데올로기적 권력관계를 부정하게 만들려면 기존의 권력관계를 부정하고 기본적으로 학생이 솔직하게 자신을 표현할 수 있는 자유, 그리고 전적으로 학생의 자율적 판단을 신뢰하는 전제 위에서 교육이 이루어져야 한다고 본다(Golverdingen, 1995: 29-30).

그리고 비판이론에서 주장하는 바, 학생이 기존 사회의 역사와 문화와 이데올로기에 속박되지 않고 자기 스스로를 재구성하는 존재가 되도록 하려면 하버마스는 대화의 원리에 따라 상호소통 능력을 높이는 교육방법을 시도해야 한다고 보았다. 하버마스는 상호소통능력이 무의식과 이데올로기에 의해 형성된 왜곡현상을 수정할 수 있다고 확신했다. 그는 교육방법의 전제적 원리로 상호소통의 덕목, 과정적 원리 이해, 상호주관적 학습의 과정을 들었고, 또 자유롭고 평등한 대화 참여, 이상적 역할 채택, 차이에 대한 존중을 강조했다(Won, 2007: 78).

그리고 프레이어는 교사로부터 학생에게로 전달되는 이야기식 방법, 곧 학생의 구체적인 삶과 아무런 상관이 없는 화석화된 지식을, 마치 학생이 그릇이나 되는 것처럼, 장황한 이야기로 학생의 머리에 채우려는 전통적인 교육방법을 "은행적립식(banking)" 방법으로 규정하고 이러한 방법을 신랄하게 비판한다(Freire, 1972: 45-46). 이러한 교육방법은 창의성과 변화를 부정하고, 더욱이 질문과 실천과 무관하므로 비인간적인 방법들이다. 학생은 학습에 있어서 수동적인 존재가 아니다. 학생이 비판적 사고활동을 할 수 있도록 하려면 구체적인 상황에서의 실천과정에서 문제를 제기하고, 대화하고, 반성하고, 능동적으로 행동하는 방법이어야 한다. 따라서 참여적인 "대화(dialogue)"는 가장 바람직한 교육방법이다. 그 대화는 인간과 세계에 대한 심원한 사랑, 상대방 앞에서의 겸손, 인간과 인간의 능력과 소명에 대한 신뢰, 온전함에 대한 희망, 그리고 삶의 실제란 과정적인 것이고 변혁되어야 하는 것이라는 것을 인정하는 비판적 사고를 전제하고 있다(Freire, 1972: 62-65).

따라서 신마르크스주의 교육방법에서 주요한 개념들은 반(反)권위적인 태도, 학생의 자유와 자율성, 상황과 실천의 맥락, 그리고 대화로 정리할 수 있다.

4) 신마르크스주의 교육이론의 교사와 학교

신마르크스주의는 기존 사회의 권위적인 체제와 문화와 이데올로기를 속박으로 간주하기 때문에, 그러한 것들에 관한 지식의 전문성을 가졌다고 판단되는 교사의 권위를 인정하지 않는다. 그리고 교사는 교육과정에서 주도적으로 학생에게 지식을 전달하고 주입하는 사람이 아니다. 오히려 학생이 스스로 자신의 구체적인 삶의 환경에서 비판적 의식을 가져 능동적으로 사회의 변혁에 참여하여, 실천(행동)하는 사람이 되는데 교육목표가 두어져 있으므로 학생이 교육의 중심에 있다고 볼 수 있다.

따라서 교사는 학생 위에 있는 권위를 입은 존재가 아니라, 교사와 학생이 동등하게 사회의 현실들 드러내고 재창조하려는 의도를 공유한 "주체들(Subjects)"임과 동시에 "협력적 탐구자"이다(Freire, 1972: 44, 78). 교사와 학생 모두가 동시에 교사가 되기도 하고 학생이 되기도 한다. 교사는 전통적 권력 관계가 아니라 학생의 파트너로서, 학생의 자유와 자율성을 존중하면서, 학생이 제기하는 문제에 대하여 그리고 그 문제의 해결과정에서 학생과 함께 대화하는 자이다.

신마르크스주의자들은 기존 사회의 학교를 혐오한다. 왜냐하면 그 학교가 사회의 이데올로기를 형성하고, 또 억압적인 기존사회체제를 영속시키는 도구라고 보기 때문이다. 그래서 학교의 이데올로기 형성 기능, 학생을 비인간화하고 억압하는 기능, 실제 삶과 괴리되었고 동시에 비효율적이라는 점 등을 비판하면서 학교의 해체와 죽음을 선언한다. 신마르크스주의자들이 제안하는 대안적인 학교는 신마르크스주의적 원리들을 실천할 수 있는, 학생의 구체적인 삶과 연결된, 소규모의 자율적인 학교이다. 그리고 학교의 기능으로 간주되는 개념을 넓혀 사회 안에서 다양한 학습의 기회를 확장할 것을 강조한다. 이처럼 사회교육에 더 가까운 의미의 비형식적 학교는 학령기의 아동과 청소년에게만 한정되는 것이 아니라 노동자, 농민, 여성, 이민자 등 사회적으로 억압받는 사람들이 있는 곳 어디에서나 작은 집단으로 만들어질 수 있는 것이며, 기독교의 경우 교회가 이러한 학교의 기능을 수행하도록 기대 받고 있기도 하다.

6.4 신마르크스주의 교육이론 평가

신마르크스주의는 자본주의 세계관에 의해 주도되어 온 현대산업사회의 숨겨진 구조적 문제의 근원을 드러내어 비판했다. 신마르크스주의자들의 분석적 작업을 통하여 현대 자본주의적 세계관의 한계와 기만성이 잘 드러나게 되었고, 또 현대산업사회의 구조에 작동하는 이데올로기의 영향력도 드러났다. 무엇보다도 사회적 약자에 대한 그들의 특별한 관심은 인간 정신사에서 기여한 바가 크다.

좀 더 구체적으로 논의해본다면 역사적으로 사회적 관계들을 권력관계의 관점에서 분석해 볼 때 권력을 가진 자는 자신의 이익을 지속적으로 관철해 온 반면, 그 권력관계에서 아래에 있는 자들은 지속적으로 억압받고, 착취당하고, 양보하면서 살아온 것이 사실이기 때문이다. 신분의 권력이 경제적 권력으로 대체된 현대사회에서도 이러한 현상은 없어지지 않았다. 신마르크스주의자들은 거시적으로는 세계체제이론을 근거로 강대국과 제3세계 사이 이러한 억압관계와 그 현실을 드러내었고, 미시적으로는 노동자, 농민, 하층민, 여성, 학생, 이

민노동자 등 그 권력 관계의 약자들이 경험하는 억압의 현실과, 그들의 억압을 영속적인 것으로 만들고 있는 사회구조의 악을 잘 드러내었다.

그리고 사회적 약자들이 억압받지 않고 인간다운 삶을 살 수 있는 사회를 실현하고자 한 그들의 의도와 열망은 정당한 것이었다고 볼 수 있다. 사회적 약자를 위한 신마르크스주의의 비판과 관심과 노력은 자본주의 강대국들의 비윤리적 횡포를 드러냄으로써 그들을 향하여 윤리성을 요구할 수 있게 만들었고, 또 현대산업사회로 하여금 제도적인 차원에서 전통, 관습, 법 등에 반영된 권력관계의 문제점들을 개선하고, 사회적 약자들을 위한 최소한의 보호 장치를 마련하고, 사회적 약자의 계층이동을 인위적으로 돕기 위한 다양한 장치를 마련하는 일에 기여하였다.

교육에 있어서도 신마르크스주의는 국가의 공교육이 기존 사회의 이데올로기를 형성하고 정당화하는 도구가 되고 있고, 그 이데올로기는 사회의 기득권계층의 이해관계가 반영된 것이며, 따라서 교육내용은 사회적 약자에게 불리하고, 결과적으로 학교를 통해 빈부의 격차가 영구화되면서 약자들의 가난이 지속된다는 사실을 잘 보여주었다. 즉 그동안 제대로 검토해보지 못했던, 교육의 정치적-경제적 특성을 보여주는데 크게 기여하였다.

교육이 학생의 현실사회에 대한 냉철한 분석과 비판능력을 키워주는 것이 아니라 기존 사회에 적응하여 사회의 한 기계 부속품처럼 살아가도록 준비시키며, 학생의 자발성과 창의성을 억누르고 있다는 비판도 적절하다. 학생으로 하여금 자신의 현실적 삶에서 문제를 제기하게 하고, 그 문제를 분석하고 해결해 나가는 방법으로서 상호소통의 대화의 능력을 발달시키려 한 시도도 주목할 만하다. 교육을 인지적 차원, 그리고 개인의 인성적 차원에 한정한 것이 아니라 사회를 변혁해가는 일에 실천적 행동으로 참여하는 것으로 확장한 것도 인간과 삶의 통전적 성격을 잘 드러내고 있다.

신마르크스주의가 가진 이러한 매력적인 특성들 때문에 신마르크스주의는 학자들과 진보적 지식인들에게 호소하는 바가 컸던 것이 사실이다. 그래서 신마르크스주의적 관점은 서구와 제3세계를 포괄하여 대학에서, 특히 사회과학분야와 교육학에서 많은 학자들과 학생들에게 상당한 영향력을 행사하여 많은 지지자들을 얻었다. 그리고 진보적 지식인, 매스미디어, 작가들의 작업을 통하여 대중에게도 상당한 영향력을 행사해 왔다.

신마르크스주의자들의 영향은 사회적 정의와 특히 약자에 대한 깊은 관심을 대표하는 기독교에도 상당한 영향을 주어 해방신학, 아프리카신학, 민중신학, 여성신학을 등장시켰다. 그리고 세계교회협의회는 신마르크스적 관점의 교육가였던 프레이어에게 교육관련 업무를 위임하기도 했다. 이러한 신학적 입장에 동의하지 않는 개혁주의 기독교 학자들 중에서도 신마르크스주의의 세계관이 아니라 현대사회에 대한 분석에 동의하여 수용하는 사람들도 있다. 그래서 월터스톨프(Nicholas P. Wolterstorff)는 평화와 정의의 개념을 논의하면서 프레이어의 사회체제론적 비판을 적극적으로 수용하고 있다(소진희, 2006; 신영순, 2004).

그럼에도 불구하고 신마르크스주의 세계관과 교육이론은 그 세계관이 지닌 유물론적 인본주의 신앙, 변증법적 발전에 대한 과신, 이분법적 갈등구조의 단순성, 자본주의를 비판하려는 의도성에서 비롯된 극단적 태도 등의 절대화된 신념들 때문에 실재에 대한 이해가 왜곡되었으므로 그들의 의도와 달리 사회에 대한 이론, 비판이론, 교육이론에서도 많은 오류를 범했다. 이러한 과장과 절대화와 왜곡은 기독교 세계관과의 비교에서 잘 드러난다. 주요한 몇 가지를 지적해보면 다음과 같다.

첫째, 신마르크스주의 세계관은 유물론적 인본주의의 한계성 때문에 하나님의 존재, 하나님의 말씀, 하나님의 섭리와 역사(役事)를 부정하였다. 따라서 마르크스와 공산주의만큼은 아니라고 해도 기독교와 교회에 대한 부정적인 인식은 지배적이다. 신마르크스주의자들에게는, 자연환경과 인간 사회가 유일한 세계이며, 선과 악의 문제는 사회의 문제이고, 해방과 구원과 이상세계는 인간의 주체적인 능력으로 만들어가야 하는 것으로 간주된다. 기독교신학의 형태로 표현되었다고 하더라도, 그리고 비록 정도의 차이, 그리고 학자들 사이의 개인적 차이는 있을 수 있지만, 이론적 차원에서 신마르크스주의의 패러다임은 일반적으로 유지된다. 이러한 문제는 정의와 사회적 약자에 대한 깊은 관심을 가진 개혁주의와 복음주의 그리스도인들로 하여금 신마르크스주의 세계관에 대한 거부감을 갖게 한다.

둘째, 신마르크스주의는 일방적으로 기존사회의 문화와 전통과 구조와 그 사회의 기득권 계층 및 자본가들에게 돌린 반면, 사회적 약자는 일방적 피해자로서 절대적으로 동정심을 받아야 할 선한 존재로 간주함으로써 선과 악의 문제 이해에서 오류를 범했다. 비록 기존사회의 이데올로기와 체제가 기득권 계층의 이기적인 이해관계가 반영된 것으로서 인간의 부패성을 반영하고 있는 것이기도 하지만 하나님의 일반은총의 결과 가치 있는 덕과 지식을 포함하고 있기도 하다.

그리고 기득권자들이 일방적으로 악한 사람들이라고 단정될 수 없고, 동시에 사회적 약자도 절대적으로 선한 자로 간주될 수도 없다. 약자들의 행위도 여전히 타락을 반영하고 있고, 약자들이 작은 집단 안에서도 이기적이며 파괴적인 비인간적 행위가 발생하며, 그것이 제3세계 국가라고 해서 예외가 아니다. 그러므로 타락의 종교적 깊이를 고려하지 않고 세속화함으로써 초래된, 신마르크스주의의 단순한 이분법적 선악구도는 인간과 사회와 문화의 성격을 왜곡한 이해이다.

셋째, 신마르크스주의자들은 변증법적 발전의 대한 신념에 따라 모든 것을 단순한 갈등 도식에 따라 분류하고 대립시키며, 특히 정(正)에 대한 반(反)의 부정과 파괴를 고무하는 혁명사상, 구체적으로 약자들의 집단적인 정치적 혁명을 통한 파괴를 정당화하고 필연적인 것으로 간주하는 방법론은, 비록 공산주의에서만큼 극단적인 것은 아니라고 해도 위험성을 가진 것임에 분명하다. 폭력적이고 혁명적인 저항만이 사회적 약자들의 자기표현이 아닐뿐더러 그러한 것들이 사회의 개혁을 위한 유일한 방법이 아니기 때문이다.

인간에 의한 폭력과 파괴는 많은 경우 또 다른 인간성 파괴와 악한 잔인성의 표현일 뿐이며, 결국 인간과 사회를 황폐하게 만드는 일일 뿐, 이상적 사회의 재건으로 자동적으로 이어진다는 보장이 없다. 이상적인 사회는 인간들의 집단적 파괴행위를 통해 오지 않을뿐더러 인간에 의해 실현되는 것도 아니다. 인간의 집단적인 파괴적 정치사회 혁명을 통한 개선방법의 미화(美化) 현상에 대하여 기독교 세계관은 언제나 부정적이었다.

넷째, 비판이론이 권위를 완전히 해체해버린 주체와 주체의 대화의 가능성과 장점에 대한 일방적 신뢰, 그리고 그러한 대화를 통해 참된 지식에 도달할 수 있다고 확신하는 판단은 인간의 인식가능성을 과장한 판단이다. 판베이크가 잘 지적한 것처럼 비판적 사고조차도 기존문화에서 형성된 것일 수밖에 없다면 결코 독립적인 판단의 도구가 될 수 없다(Van Wyk, 1979: 137). 인간의 비판적 사고능력은 심리적이고 사회문화적인 영향으로부터 독립할 수도 없고, 비판적인 사고활동조차도 또 다른 이데올로기에 예속된 것이어서 공정한 판단의 도구가 되지 못하는 경우가 많다.

그리고 대화가 인간 지식의 이데올로기적 특성과 상대적 성격을 드러낼 수 있는 분명한 장점이 있지만, 모든 진리와 지식을 이처럼 상호 소통적 대화를 통해서 얻거나 그것을 통하여 확인할 수 있는 것도 아니다. 하나님의 말씀처럼 권위 있는 지식이 있는 것이며, 하나님의 말씀과 가치 있는 지식에 관하여는 비판이 아니라 존경과 사랑을 통한 수용의 방법으로도 참된 지식과 성숙에 이를 수 있는 것이다. 비록 교육에 있어서 학생의 문제제기와 자기표현 가능성을 열어주고, 그의 인격을 존중해주어서 주체적 대화의 대상으로 대우해주어야 한다는 것은 정당한 통찰이지만, 학생의 무지와 불완전한 사고능력과 타락의 영향을 고려할 수 있어야 하고, 그것이 사실이라면 교사의 정당한 교육적 권위가 인정되는 대화에서 학생이 효율적으로 교육받을 수 있다는 사실도 인정되어야 하는 것이다. 신마르크스주의의 권위와 자유 개념은 편견에 사로잡혀 있고, 그 결과 교육적 의사소통을 상당히 좁혀버리거나 또 많은 부분을 왜곡시켰다고 보아야 한다.

6.5 결론

신마르크스주의 세계관은 공산주의와 상당한 차별성을 갖고 있다. 그럼에도 불구하고 공산주의의 파괴성을 경험한 사람들과 그리스도인들에게 종종 공산주의와 동일한 범주로 간주되거나, 또 그들에게 공산주의를 상기시키는 것은 마르크스의 통찰과 방법론의 적용에 대한 확신, 그리고 그들이 보인 반기독교적 성향에 있다고 하겠다. 신마르크스주의 세계관은 마르크스 이후, 그리고 공산주의 세계관과 더불어, 반(反)기독교적 영향력을 행사하여 제2차 세계대전 이후 서구사회의 반(反)기독교적 세속화를 크게 촉진시켰다. 그래서 두 플레시스(L. M du Plessis)는 극단적으로 "우리 시대의 이 발광하는 자식들의 어미는 자유로운 곳, 곧 위에 있는 예루살렘이 아니다. 그들은 라멕과 더불어 연애하는 사슬에 붙잡혀 있는 사창가인, 바벨론의 자식들이다"라고 비판하기도 했다(Van der Walt & Postma, 1987: 134).

기독교세계관에서 볼 때 신마르크스주의 세계관은 자본주의가 주도하는 현대산업사회의 문제점을 근원적으로 드러내었다. 그리고 비판이론에 근거한 상호소통적 대화방법 혹은 의식화 교육의 방법이 지닌 효율성도 보여주었다. 그럼에도 불구하고 신마르크스주의 사상과 교육이론은 그 세계관적 기초 때문에 여전히 편견에 따라 극단적으로 판단하거나 혹은 특정 차원들을 절대화하는 방법으로 세계와 인간과 삶과 사회와 교육에 대한 이해를 상당부분 왜곡시켰다. 따라서 비판이론이 제안했던 비판적 사고와 대화의 방법으로 신마르크스주의 자체의 세계관의 기초에 관하여서도 자본주의적 세계관을 비판할 때만큼이나 심도 있게 비판적으로 다룰 수 있을 때 좀 더 나은 기여를 할 수 있을 것이다.

[보론1]
현대 한국민족주의 운동과 기독교교육의 과제

Christian Worldview
& Theory of Education

1. 들어가면서

교육은 소규모로는 가족 집단공동체의 에토스에 해당되는 세계관을 형성하고, 대규모로는 해당 사회공동체의 세계관을 형성하는 적극적인 활동이라고 말할 수 있다. 근세에 초등학교교육으로 대표되는 국민교육제도가 정착된 것은, 근대국가가 국가 내의 다양한 집단들을 하나로 통합하고, 그 통합된 힘으로 국가발전을 이루려는 의도에서, 국가(민족)주의 세계관을 형성하려 했기 때문이다. 교육의 이러한 세계관 형성 기능 때문에 근대나 지금이나, 교육에 있어서 이념성은 교육의 본질적 부분이 되고 있다. 그래서 교육은 해당 국가 혹은 사회의 세계관, 혹은 "화석화된, 굳어진 형태의 세계관"인 이데올로기를 반영한다(Van der Walt, 1994: 46).

근대적 세계관이 도입된 이후 오늘에 이르기까지 한국사회를 주도해 온 세계관은 단연 민족주의라고 말할 수 있다. 물론 정치학자 최장집(2001)은 민족주의, 자본주의, 민주주의가 한국현대사회의 주도적 이데올로기였고, 이 세 가지가 거의 동시적으로 발전하였으면서도, 그 순서대로 한국사회의 주요 과제가 되었다고 규정하였다. 그러나 민족주의가 자본주의로, 그리고 이후에 민주주의로 완전히 대체된 것은 아니었고 지속적인 영향력을 행사해왔다. 역사학자 강만길(2006: 5-7)은 최근의 민족주의 이데올로기에 대한 비판들을 염두에 두면서, 자신을 비롯하여 한국 근현대 사회를 역사적으로 탐구해온 사람들에게 한국사회는 민족문제와 민족주의적 인식에서 한시도 벗어날 수 없었고, 그 밖에서 생활한다고 하는 것은 불가능했다고 말했다. 정치사회학자 신기욱(2009: 6)은 민족주의가 한국사회를 이해하는 가장 중요한 조직 원리이고, 한국 근현대사에서 민족주의는 지속적으로 자본주의와 사회주의와 민주주의 등 다른 이데올로기들을 압도해왔고, 그 다른 이데올로기들이 이데올로기로서의 힘을 발휘할 수 있도록 했다는 점을 논증하면서 21세기 초에도 여전히 민족주의는 한국사회를 움직이는 원리라고 단정하였다.

한국사회에 대한 학자들의 이러한 분석에 기대지 않는다고 해도, 1980년대 이후 새로운 양상을 보인 반미운동, 일본의 독도 소유권 주장에 대한 거친 반응, 월드컵 경기에서 보여준 붉은 악마들의 자발적인 거대한 집단 응원, 한국계 미국인들의 성공신화를 같은 민족이라는 근거에서 동일화하여 자랑스러워하는 언론보도 등은 민족주의 분출 현상들이었다. 김대중, 노무현 정권에서 시도한 북한과의 관계정상화 노력과 통일담론, 종종 우파를 친일파 혹은 친미파라 지칭하면서 반민족적 행위라는 기준에서 단죄하려 했던 좌파 정치운동, 미국소고기를 광우병과 연결하여 수입반대 운동을 불 지핀 촛불집회, 심지어 안티기독교운동에 이르기까지, 민족주의는 한국사회에서 거의 모든 문제들을 평가하고 가치부여 하는 규범이 되어 왔다. 비록 최근에 학문적 논의를 통하여 민족주의에 대한 비판적 평가가 이루어지고 있지만 일상에서 민족주의는 여전히 신성한 이념이어서 공공연한 비판이 불가능한 것이 현실이다. 민족주의에 부정적인 태도를 취한 연예인은 네티즌들에게 공공의 적으로 규정되어 무서운 공격 대상이 되곤 한다.

그 동안 민족주의는 한국의 역사학자들과 정치학자들이 회피하기 어려운 주요 연구주제였으므로 민족주의에 대한 많은 연구가 이루어졌다. 이러한 연구물들에서는 민족주의 및 그 동력에 대한 긍정적 평가뿐 아니라 비판적 평가가 시도되었다. 그러나 적극적인 세계관 형성 활동인 교육연구 분야에 민족주의는 역사학과 정치학에서만큼 주목받지는 못했다. 한국교육사학의 경우 민족주의는 종종 교육문제서술의 기준이 되어왔다. 그리고 민족주의에 대한 연구는 민족교육이라는 주제 하에 주로 구한말과 일본제국주의시대에 집중되었다. 그러나 해방이후 교육적 세계관에 대한 연구에서 한국사회를 주도하는 정치 이데올로기보다 서구철학 혹은 서구교육이론가들의 사상일 경우가 많았다. 따라서 민족주의교육에 대한 반성적, 혹은 비평적 연구는 많지 않았다.

그럼에도 불구하고 1980년대 중반 이후 현재까지 교육 분야에 있어도 전국교직원노동조합의 사회 및 교육운동과 그에 대한 반대 운동, 사립학교법개정 문제와 관련된 종교계의 반대운동, 역사교과서 수정과 관련된 논쟁들은 1980년대 이후 지속되어 온 민족주의 교육의 현실을 보여줌과 동시에 이에 대한 반성적 논의 사건들이라고 말할 수 있다. 한국청소년과 청년들의 북한과 미국과 중국에 대한 인식변화는 실제적으로 진행되어 온 민족주의 교육의 영향을 잘 보여준다.

이처럼 한국사회, 그리고 특히 학교교육에 민족주의의 강한 영향력이 반영하고 있음에도 불구하고 한국기독교(교육)는 민족주의에 대한 논의에 적극적이지 않았다. 한국기독교는 그 동안 한국사회의 주도적인 이데올로기 안에 적극 참여하거나, 혹은 정반대로 한국사회 밖에 있는 것처럼 사회이데올로기에 무관심한 태도를 취해왔다. 그러나 반성되지 않았을 뿐, 기독교교육이 한국사회의 주도적 이데올로기와 무관할 수는 없었다. 학교교육에 대한 반성과 새로운 대안학교운동이 활발하게 논의되고 실험되는 시점을 고려할 때, 한국사회 안에서 이루어져야 할 기독교교육을 위해서라면 민족주의와 교육의 관계 문제 논의를 피해갈 수는 없다.

이러한 배경에서 본 논문에서 연구자는 기독교 세계관에서 한국민족주의를 반성해보고, 기독교교육이 이와 관련하여 어떤 과제를 수행해야 하는지 제안해보고자 한다. 이 연구는 기독교 세계관의 관점에서 이루어지므로 역사학, 정치학적 논의라기보다 기독교 철학적 방법의 논의, 특히 문제-역사적 방법의 논의라고 할 수 있다. 여기서 기독교철학이란 개혁주의적 세계관의 철학을 뜻한다. 본 논문에서 세계관, 이데올로기, 이념은 거의 동일한 의미로 사용된다.

그리고 제목에서 표현된 "현대"라는 표현은, 민족주의가 전형적인 근대 이데올로기이지만 일반적으로 해방이후의 한국사회를 현대라는 시대개념으로 구분한다는 점을 고려한 것이고, 또 21세기를 탈근대(현대) 사회라고 말하지만 근대이데올로기인 민족주의가 여전히 오늘에 이르기까지 강한 영향력을 행사하고 있다는 점을 고려한 것이다. 그리고 본 논문에서 해방이후의 한국민족주의운동의 양태에 더 집중한다는 뜻에서 현대라는 용어를 사용했다.

2. 현대 한국 민족주의 운동과 논의

1) 한국민족주의의 역사적 발전과정

　민족과 민족문화 정체성의 기원을 논의할 때 종종 고대사회에까지 거슬러 올라가 먼 과거에 귀속시키는 경우가 많지만 이데올로기로서의 민족주의의 기원은 근대국가 성립시기와 같다는 견해가 일반적이다. 민족주의는, 민족 내에서는 전통적인 신분차별을 넘어 모든 구성원이 동료의식을 갖는 국민 주권의식과, 다른 민족과의 관계에서는 독립적인 주권국가를 확보하고, 그 영향력을 확대시켜가는 발전을 염두에 둔 것이라는 의미에서 근대적 이념이다. 민족주의는 유럽에서 18-19세기에, 그리고 서구 및 일본제국주의 침략에 직면한 제3세계에서 19-20세기에 각성되었고, 서구제국에서는 국가주의라는 이름으로, 그리고 제3세계에서는 종종 민족주의라는 이름으로 지난 세기에 내내 주도적인 세계관으로 기능하였다.

　민족주의의 발생과정과 구조를 제국주의 지배하에 있었던 신대륙 사례를 통하여 드러내었던 앤더슨(Anderson, 2002)의 경우에서처럼, 우리나라의 민족주의도 일본을 비롯한 외세 침략에 대한 저항의식으로부터 깊이 각성되어 민족운동으로 발전하였고, 점차 민족구성원들이 함께 주권을 가진 민족주권국가 수립의 이상을 발전시켰으며, 해방이후 근대화를 통한 민족국가 발전, 민주화운동, 그리고 통일운동의 동력으로 기능하였다.

민족주의 역사학자 강만길(2008: 17-35)에 따르면 한국민족주의 발전과정은 다음의 네 단계로 구분될 수 있다. 첫째 단계는 구한말 시대로서 개화자강주의와 충군애국주의시대였다. 갑신정변과 동학농민혁명이 주요한 정치적 사건이었으며 종속국에서 독립국으로의 발전을 지향한 시기였다. 아직 국민주권의식이 주요 요건이 아니었으므로 이 시기는 민족주의의 배태기 내지 맹아기로 간주된다.

두 번째 단계는 조선 패망 이후 상해 임시정부 수립 시기로, 공화주의 정부를 수립하려는 이상을 가졌던 시기였다. 3.1운동과 상해임시정부수립이 주요한 정치적 사건이었고, 이 시기에 국민주권사상이 생겨났다. 비록 임시정부 형태이기는 하지만 최초로 국민주권의 공화주의 정부가 수립되었다. 민족주의의 온전한 형태가 이 시기에 분명히 확인되었으므로 근대적 의미의 민족주의는 이 시기에 형성되었다.

세 번째 단계는 1920년대로부터 해방까지의 시기이다. 이 시기에는 기존의 개화파 엘리트 중심의 공화주의 우파운동과 더불어 1925년 조선공산당 조직으로 노동자와 농민계층을 기반으로 한 사회주의 좌파운동이 생겨났고, 이 두 진영사이의 분열, 그리고 독립운동을 위한 연합노력이 시도되던 시기였다. 민족연합노력의 관점에서 볼 때 이 시기의 대표적 운동은 신간회운동이었다. 이 시기에 기대했던 민족국가는 사회주의 제도를 수용한, 곧 민주사회주의공화국이었다.

네 번째 단계는 해방이후 오늘에 이르기까지의 시기로, 이 시기는 이념에 따라 우파와 좌파 사이의 정치투쟁이 치열하였고, 남북이 분단된 후 그 상태가 굳어져버린 시기로서 소위 분단체제로 칭해지는 시대이다. 남북이 민족주의 수사를 동원하여 정통성을 내세우며 권위주의적인 국가체제를 확립하고 국가발전을 위해 경쟁하였다. 비록 간헐적이었지만 4.19운동에서 나타난 것처럼 민족통일을 위한 노력은 분출되었다. 21세기에는 6.15남북공동선언과 다양한 형태의 남북교류 활동을 통해 민족통일의 이상을 좀 더 구체화할 수 있게 되었다.

강만길의 네 단계 시대구분은 일본제국주의시대는 세분화하여 그 양태를 둘로 구분하면서도 해방이후 현재까지의 긴 기간을 한 단계로 구분하였고, 또 이 시기 동안의 민족주의 특징을 하나의 양태로 간주한 것은 문제가 있다. 또 민족주의의 주요 요소로 민족연합노력과 자주적 국가, 국민주권은 정통성을 지닌 이상적인 요소로 고려된 반면, 민족국가의 발전을 위한 노력은 위의 요소들을 억압했다는 이유로 부정적이거나 소극적인 요소로 간주되었다. 그러나 최장집(2001: 20, 30)의 지적처럼 민족국가의 자본주의 발전도 국민주권을 의미하는 민주주의의 충분조건은 아니지만 의심의 여지없는 필요조건이 된다. 이러한 문제점들을 고려하면서 해방이후 한국민족주의의 실제적 양태들과 논의들에 초점을 맞추어 좀 더 세분하여 자세하게 논의할 필요가 있다.

2) 현대 한국민족주의의 양태

해방이후의 현대 한국민족주의의 양태를 다룸에 있어 정치(사회)학자들은 크게 남한 민족주의와 북한 민족주의(박호성, 1997), 남한 민족주의와 북한 민족주의와 중도파의 민족주의(윤민재, 2003), 북한과 우리식 사회주의 및 일민주의와 조국근대화(신기욱, 2009) 등의 이름으로 2구분 혹은 3구분 하였으나, 여기서는 민족주의 양태를 좀 더 구체화하기 위해 북한과 미국에 대한 입장을 고려하면서 크게 우파민족주의, 진보 및 좌파 민족주의, 북한의 민족주의, 그리고 민족주의에 대한 비판적 담론으로 구분하여 간단하게 정리해보고자 한다.

(1) 우파 민족주의

해방이후 좌파, 그리고 우파와 좌파의 연합지향 민족주의자들과의 헤게모니 투쟁에서 결국 미국의 협조 하에 우파 민족주의자인 이승만이 소위 부르주와 민족주의자들과 함께 정권을 장악했다. 이승만에게 있어서 민족주의의 순수성과 민족국가가 지향해야 할 방향성은 좌파 민족주의자들의 이상과 정반대편에 있었다. 그에게 있어 좌파 민족주의자들은 더 이상 민족주의자들이 아니라 공산주의자들이었다. 그리고 공산주의 국가는 민족국가가 결코 빠져서는 안 될 함정으로 간주되었다. 따라서 해방이후 민족국가 설립에 있어 이승만에게 공산주의 내지 사회주의는 일본식민지시대에 타협했던 친일파보다도 더 먼 거리에 있었다.

이승만은 정권의 이념으로 일민민족주의를 '새로운 국가의 국시'로 내세웠다(신기욱, 2009: 162). 일민주의는 오랜 역사를 통해 확인된 단일 민족, 곧 핏줄과 운명에 있어 하나의 민족이며, 따라서 둘이 될 수 없고 항상 하나이어야 한다는 명제에 기초를 둔 정치이념이었다. 그는 일민주의에 근거하여 국민의 단합을 호소함으로써 근대적인 자유민주주의 민족국가를 설립하고자 했고, 그 민족주의 동력으로 민족국가설립과 유지에 위협적인 대상으로 간주된 공산주의에 대응하였다. 이승만이 생각했던 민족국가의 이상은 미국처럼 자유민주주의 국가 모델이었다.

박정희는 민족주의를 근대민족국가의 발전, 곧 '조국근대화'를 위한 이데올로기로 전용하였다. 그가 주장한 근대자본주의 민족국가로의 발전에 있어 민족주의의 위치는 신기욱(2009: 169)의 지적처럼, 마치 서양자본주의발달에 있어 청교도 윤리가 차지했던 위치와 같았다. 박정희는 경제발전을 통해 한국을 강하고 자립적인 민족국가로 발전시키려는 목표를 지속적으로 천명하였다. 박정희의 이러한 비전에는 그의 경험세계 내에 있었던 일본의 근대화 모델이 반영되었음에 분명하다. 그래서 그는 한일국교정상화를 통해서라도 그 계기를 마련하고자 했다. 박정희 정권은 북한과의 체제경쟁과정에서 경제발전의 결과로써 민족주의 정권의 정당성을 확인받으려 했고, 국민의 단합된 힘의 동원을 위해 적극적으로는 민족주의를, 그리고 소극적으로는 반공이데올로기를 강화하였다.

 이승만과 박정희는 근대민족국가의 이익과 발전과제를 위해 외국문명을 전유하는데 주저하지 않았다. 그런 의미에서 그들의 민족주의는 자주에 대한 가치보다 민족이익을 위한 실용적 가치가 더 앞섰고, 성격상 밖을 향하여 열린 민족주의였다. 국제 정세와 정치적 현실을 고려한 실용주의적 태도는 그 이후에도 우파 민족주의자들의 주요한 특징이 되었다. 민족국가의 발전을 위한 실용주의적 태도는 외세인 미국과 일본과의 관계에서 기술도입문제와 시장문제를 해결하려는 시도를 가능하게 만들었다.

 우파 민족주의는 이승만과 박정희 추종자들만의 세계관에 한정된 것이 아니었다. 이승만과 박정희 정권이 비록 독재정권으로 비판받아왔지만 임지현(2001: 44, 54)의 "합의독재" 개념에서처럼, 우파 민족주의는 당 시대에 대중들의 암묵적인 동의를 얻었던, 혹은 대중들과 공유되었던 이념이었다. 6.25로 인한 전국적인 파괴적 상처경험으로 반공이데올로기는 대중에게 오랫동안 정당화되었다. 우파 민족주의가 권위주의적이고 전체주의적 성격을 가진 것은 사실 이 두 정권의 탓만 아니라 민족주의 자체가 가진 근대이념으로서의 성격 때문이기도 하다.

 그 이후 전형적인 우파 민족주의자 중 한 사람인 김영삼은 이승만과 박정희의 전체주의와 독재정권, 그리고 정권유지를 위한 도구로서의 반공이데올로기를 강하게 반대했지만 자유민주주의 이념의 민족국가 우선성과 정체성에 대하여 의심하지는 않았다(박호성, 1997: 13). 그는 민족국가의 발전을 극대화하기 위해 세계화를 기치로 내세웠다. 우파 민족주의자들은 미국과의 동맹관계 혹은 우호적 관계를 강조하는 반면, 북한을 경계하며 불신하기 때문에 종종 친미파로 간주되기도 한다. 그들의 사고는 현실주의적 혹은 실용주의적이고, 민족국가의 정체성을 자유민주주의에 두고 국가의 발전과 선진화를 지향하는, 열린 민족주의를 강조한다.

(2) 좌파 및 진보적 민족주의

좌파 및 진보적 민족주의자들은 해방정국에서 활발하게 활동한 후 이승만과 박정희 정권에서 공산주의자로 지목되어 엄청난 탄압을 받았다. 유신정권 하에서는 학생이념단체와 노동자단체를 통해 지속되다가 1980년대 이후에는 민주화운동, 그리고 시민운동단체들을 통해 사회정치 활동을 시도해왔고, 김대중에 이어 노무현 정권에서는 우파 민족주의자들로부터 상당한 견제를 받으면서도 여론을 주도하였고 정권에 적극적으로 참여하였다.

좌파 민족주의자들은 해방정국의 혼란스러운 상황에서 민중들을 대변하던 좌파민족주의 세력이 부르주와 우파 민족주의자들에 비하여 압도적 헤게모니를 가지고 있었다는 사실을 종종 지적한다. 친일세력을 단호하게 처단하고 사회주의 민족국가를 설립함으로써 평등사회를 실현하려 했던 이상이 상당한 대중적 지지를 얻었음에도 불구하고 미군정의 지원 하에 이승만 정권이 서둘러 단독정권수립을 도모하였고, 친일파와 야합하여 좌파세력을 공산주의자로 낙인찍어 궤멸시킴으로써 민중의 의사에 따른 통일된 사회주의 민족국가 수립이 실패로 끝났다고 주장한다.

진보적(중도파) 민족주의자들은 강만길(2006: 87)의 주장처럼, 김구와 김규식이 비록 자신들의 입장은 우파였으나 좌파 세력과 타협해서라도 통일 민족국가를 세우려했던 것처럼 그 방향을 따랐어야 했다고 주장한다. 진보적 민족주의자들은 해방직후 한반도 주변상황에 비추어볼 때 쉽지는 않았겠지만 그럼에도 불구하고 미국과 이승만의 방해가 없었다면 우파와 좌파가 연합한 통일 민족국가가 수립될 수도 있었다고 본다. 진보적 민족주의자들은 민족주의의 이념적 우선성을 강조하면서 친일파 처단과 더불어 외세를 배제하고 민족이 자주적으로 미래를 결정할 수 있어야 했다고 본다. 그래서 그들은 미국이 철저한 친일청산을 불가능하게 했고 자주적으로 통일된 민족국가를 수립할 수 있는 가능성을 막아버렸다는 점에서 미국을 또 하나의 외세, 곧 제국주의세력이라고 본다.

진보적 민족주의자들은 박정희 정권이 4.19에서 분출된 민족통일의 불씨를 꺼버리고 독재정권 유지를 위해 민족주의자들을 공산주의자로 낙인찍어 탄압했던 사실에 대하여 지울 수 없는 상처를 갖고 있다.

그들은 국가와 민족의 일치라는 민족주의 원칙에 기대어 이승만과 박정희, 그리고 헤게모니를 쥔 우파 민족주의자들이 자주적인 민족통일을 지속적으로 방해하거나 억눌렀다고 간주하여 그들을 반민족적 수구세력이라고 낙인찍었다. 신군부에 의한 광주학살사태는 독재정권과 신군부의 행동을 묵인한 미국에 대한 분노로 발전하였고, 결국 남한사회의 모든 비민주적 불합리와 경제적 왜곡이 결국 분단체제에 기인한다는 확신으로 이어졌다(서중석, 2004; 백낙청, 2007).

남한 사회에서 가장 극단적이었던 좌파 학생민족운동단체 NL(민족해방)은 한국사회의 지배구조 전체를 부정하였고 새로운 대안사회를 건설하려는 이상에 따라 한국사회의 모든 책임을 제국주의 국가 미국에 전가하기에 이르렀고, 이후 철저한 반미민족주의를 발전시켰다. NL은 반미 민족주의를 철저하게 실천했다는 점에서 북한을 긍정적인 실체로 간주하였다(최장집, 2001: 407).

NL, PD(민중민주주의), BD(진보적 민족민주주의) 등을 포괄하는 좌파 및 진보적 민족주의자들은 1980년대 이후 군부독재정권에 저항하면서 한국사회의 반미운동을 주도하였고, 소위 "수구적인 반민족적"이라고 지칭된 우파세력에 대항하였다. 그들은 21세기 최대의 과제를 민족통일로 정하고 통일운동에 앞장서 왔다. 진보 및 좌파 민족주의자들은 6.15남북공동선언에서 흥분을 감추지 못했고, 그 이후 민간차원의 공식적 남북교류활동을 주도하였다(강만길, 2006; 백낙청,

2007).

 그러나 공산권 붕괴, 북한의 경제적 붕괴, 독일의 흡수통일 경험은 진보적 민족주의자들조차도 통일문제에 있어 더 이상 낭만적인 태도가 아닌, 현실적인 태도를 갖게 만들었다. 그들은 흡수통일로 나아갈 수밖에 없는 급속한 통일을 더 이상 원하지 않게 되었고, 북한의 붕괴를 막기 위해 북한체제에 대한 적극적 지원을 확대하면서, 미국의 패권주의가 북한의 붕괴를 가속시킬 수 있다고 보고 북한에 대한 미국의 강경정책을 막고 섰다. 이제 그들은 민족통일이 남한과 북한을 대등하게 아우르는 것이어야 한다고 보고 긴 세월 후로 미룬다. 한반도에서 미국의 영향력을 약화시키고 그 대신 중국과의 관계를 개선함으로써 한국이 중심이 되어 동북아를 평화체제로 만들어가야 한다고 주장한다. 그래서 그들은 우파 민족주의자들로부터 친북, 반미, 친중파로 칭해졌다.

 진보적 민족주의자들도 이제는 열린 민족주의를 주장한다. 민족구성에 있어서도 더 이상 혈연에 집착하지 않고 오직 소속감을 기준으로 열린 민족개념으로 가야한다고 주장한다(강만길, 2006: 41). 그리고 민족주의에 갇히지 않고 동북아지역주의, 환경운동과 평화운동으로 관심을 확장하고 있다(백낙청, 2007).

 (3) 북한의 민족주의

　　신기욱(2009: 128-130)의 지적처럼 해방이전 공산주의는 민족주의, 그리고 식민주의와 대립되는 이데올로기였다. 공산주의자들은, 식민주의는 제국주의 이데올로기이고 민족주의는 부르주아 이데올로기라고 비판했다. 민족주의자들도 공산주의의 계급운동에 반대하였고 계급보다 민족을 앞세웠다. 그러나 반식민주의 노력에 있어서는 연합전선을 형성하기도 했다. 남한사회가 지속적으로 북한의 정체성을 공산주의로 확정하였음에도 불구하고 정치학자들의 분석에 따르면 북한은 공산주의 정체성에서부터 점차 민족주의 정체성을 확립하는 과정으로 나아갔다.

공산주의자들은 레닌의 주장처럼 민족주의는 부르주아 이데올로기이므로 유해한 것이지만 혁명에 도움이 된다면 이용한 후 나중에는 폐기해야 한다고 보았다. 스딸린도 민족주의의 전략적 가치를 인식하여 민족주의자들과의 대중전선 가능성을 인정하였다. 마오쩌둥은 공산주의 국가수립을 위해 외세인 일본과 싸우는 일에 있어 적극적으로 민족주의 세력과 협력하였다. 이러한 의미에서 마오쩌둥은 민족주의적 사회주의자로 분류되기도 한다(신기욱, 2009: 139).

김일성은 해방직후 민족과 민족주의라는 용어를 의도적으로 회피하였으나 1950년대와 1960년대에 자신의 권력기반이 안정되면서, 그리고 소련과 중국의 이데올로기 논쟁에서 양자 중 어느 한편에 서기 어려웠던 상황에서 양자와 어느 정도 거리를 두고 주체적인 이데올로기를 발전시켰다. 그는 1955년에 주체라는 용어를 공식적으로 사용하였고, 공산주의에 민족주의를 전유해 자체의 독자적 이데올로기인 주체사상을 만들어 1967년 이후 북한의 공식적인 이데올로기로 공포하였다. 김정일은 주체사상을 마르크스-레닌주의로부터 독립된, 마치 스탈린주의나 마오쩌둥주의 등과도 대등한 수준에 비길 수 있는, 김일성주의라고 지칭했다(신기욱, 2009: 147). 주체사상은 북한식의 공산주의였다. 북한은 전유한 민족주의에 따라 점차 민족과 민족주의, 혈통이라는 표현들을 적극적으로 사용하기 시작했다.

1980년대 후반, 소련과 동유럽이 붕괴되면서 북한은 그들과 거리두기를 통한 생존전략으로 더욱 민족주의를 추구하였다. 김정일은 소련과 중국의 개방정책을 비판하면서 북한의 독자성을 강조하여 조선민족제일주의, 우리식 사회주의라는 슬로건을 사용하였다. 그 사상은 지도자와 당과 인민 사이의 혈연과, 동일한 운명의 유기적 연대를 강조하는 민족주의 언어로 표현되었다. 한 혈통에서 나와, 하나의 언어와 문화의 공통성에 기초하여 역사적으로 형성된, 공고한 집단으로서의 단일민족을 강조하였다(윤민재, 2003: 62). 민족은 자주성을 드러내는 사회의 기본단위이면서 자주적인 생활을 하게 하는, 혁명과 건설의 투쟁단위로 간주되었다(박호성, 1997: 112).

1992년 4월 북한은 헌법에서 마르크스-레닌주의를 삭제하였고 공식적으로 민족주의국가를 자처하였다. 민족전통과 유산을 강조하였고, 1993년 단군릉을 발견했다고 주장하기도 했고, 유교를 재평가하는 등 적극적으로 민족주의 정책을 펴 나갔다. 그래서 정치학자들은 북한을 "사회주의가 없는 사회주의", 이름은 사회주의지만 내용은 민족주의로 가득한 "국수주의적 민족주의", 형식적으로는 스딸린주의지만 "내용상으로는 민족주의"라는 평가를 하기에 이르렀다(신기욱, 2009:153). 비록 체제 유지를 위해 민족주의를 전용한 것이기는 하지만 그것이 사실이라면 북한의 이데올로기는 닫혀 진 민족주의의 전형적 형태 중 하나라고 볼 수 있다. 그리고 박호성(1997:144)의 지적처럼 북한의 강한 민족주의 호소는, 민족주의 자체가 위기의 이데올로기라는 특성에 비추어 볼 때, 북한사회의 위기를 반증한다.

북한이 주체사상을 통해 김일성을 단군의 현신, 곧 민족의 어버이로 부르는 혈연 가족적 민족국가임을 천명할 때 이미 민족주의적 성격을 반영하였다. 공산주의 사회의 역사적 위기 경험에서 북한은 점차 민족주의에 호소하는 국가가 되었다. 흥미롭게도 이러한 구도는 브루스 커밍스의 지적처럼, 아버지인 천황으로부터 혈연적 유대를 이루는 것으로 믿었던 일본의 근대민족주의 구조와 흡사하였다(신기욱, 2009: 155). 조선시대 국왕에 대한 경외의 숭배경험과 그 이후 일본식민지시대 천황숭배의 경험 직후 지금까지 폐쇄된 사회 안에서 경험된 전체주의 이데올로기 하에서 김일성과 김정일 숭배사상이 나온 것은 전혀 이상한 일이 아니다. 민족주의는 원래 성격상 그처럼 획일적인 집단주의적 이데올로기를 지향한다.

(4) 민족주의 이념에 대한 비판적 담론

앞의 세 가지 양태가 낭만주의적 토대에서 민족주의를 의심할 여지없는, 무조건적인, 생래적 이데올로기로 간주하거나, 혹은 국가적 이상실현을 위해 민족주의의 힘을 적극적으로 전용한 경우들이라면, 여기서는 민족주의에 대한 반성으로서의 비교역사학 및 정치사회학적 논의와 비평들의 요점을 간단하게 정리해 본다. 1980년대 이후 사회현상에 대한 객관적 반성과 해명을 시도하는 정치사회과학과, 국사에 제한되는 것이 아니라 다른 나라 역사와의 비교연구에서 민족주의에 대한 논의는 비교적 활발하게 이루어졌다. 한국민족주의에 대한 반성과 비판의 주요한 문제들은 다음과 같은 것들이었다.

첫째, 민족주의에 대한 많은 연구자들은 앤더슨(Anderson, 2002: 23, 25)의 주장처럼 민족의 개념과 민족주의가 근대적 발명품이라고 본다. 민족을 역사적, 문화적 구성물로서 상상의 공동체로 본 앤더선의 견해나, "대내외의 논쟁적인 정치의 결과 역사적으로 각인되고 구조적으로 우연한 상황에 놓여 있는 사회적이고 역사적인 구조의 산물"로 간주한 신기욱(2009: 25)의 정의는 많은 정치사회과학자들의 견해를 반영하고 있다. 비록 민족이 혈통, 언어, 역사, 문화를 공유한 집단을 의미한다는 이유로 민족주의자들이 그 기원을 원시역사와 신화에, 적어도 역사적으로 근대 이전의 공동체로부터 찾으려함에도 불구하고 정치사회과학자들은 민족주의가 형성된 역사적, 심리적 조건과 그 과정을 분석해 냄으로써 그것이 근대에 만들어진 하나의 이데올로기임을 드러내었다. 이러한 연구의 함의는 민족주의자들의 주장과 달리 민족주의가 생래적이거나 본질적이거나 절대적인 이데올로기로 간주되어서는 안 된다는 것이다.

둘째, 민족주의에 대한 연구자들은 민족주의가 통합을 위해 구성된 이데올로기임에도 불구하고 기대와는 달리 분열의 이데올로기로 기능하는 내면적 특성을 드러내었다. 인종적 의미의 민족적 단일성 주장에도 불구하고 민족을 대표하는 집단이 누군가, 혹은 민족을 대변하는 집단이 누군가 하는 대단히 논쟁적이고 정치적인 정체성 논의는 민족 내부에서 극복하기 어려운 긴장과 갈등을 유발한다.

그래서 특정 정치적 집단에 의해 독점된 민족정체성을 대표하는 사람들은 순결한 사람들이 되는 반면, 그 정체성을 위반하거나 위협한다고 가정된 대상은 소위 "검은 양"(신기욱, 2009:241)으로 간주되어 해당 집단에서 분리되고 가차 없이 반민족이라는 낙인이 찍힌다. 그때 그 검은 양 집단은 민족 외부의 세력보다 더 극단적인, 사악한 위협세력으로 간주되어 심판받는다. 남한 사회에서 우파는 그 검은 양을 공산주의자라고 낙인찍고, 좌파는 그 검은 양을 수구적이고 반민족적인 민중의 적이라고 낙인찍었다. 그리고 국가와 민족 일치라는 원칙에 따라 분단에 대한 책임이 있다고 간주된 대상을 반민족적 행위자로 낙인찍었다. 그리고 신기욱의 지적처럼 남과 북 사이에도 평화로운 공존을 누리지 못하게 했고, 전쟁을 벌여 황폐화시키는 결과를 낳았고, 그 후에도 지속적인 갈등과 긴장을 유지시켰다(신기욱, 2009: 239). 이러한 결과에 비추어 볼 때 민족주의는 사실상 분열과 대립의 기재로 작동했다.

셋째, 민족주의 연구자들은 민족주의가 근본적으로 전체주의적, 권위주의적 근대 이데올로기여서 실제로 개인을 억압하였다고 비판한다. 민족이라는 집단이 실체로 인정되고 개인은 그 실체의 일부이므로 민족주의는 개인에게 강압적으로 강한 결속력을 요구하였고, 개인을 그 상상된 실체로서의 민족 생존과 발전에 헌신해야 할 도구적 존재로 가정한 이데올로기였다. 사실상 민족주의는 정치적 목적을 위해 대중을 동원하는 이데올로기로 기능하였다. 민족주의의 이러한 특성은 전체주의적이고 권위주의적인 독재정권을 낳았고 민족주의는 그 독재정권을 정당화하는 이념적 도구로 사용되었다. 그 결과 소위 민족주의 정권은 모든 사람들에게 그들이 민족의 일원이므로 자신들의 기대와 같이 행동하기를 기대하였다. 만일 어떤 사람이 개인주의적이어서 비협조적이거나 다른 가치를 주장하면 마치 가족 규범에서 탈선한 가족 구성원에게 하는 것처럼 비민족적이거나 심지어 반민족적인 행위를 한다고 비난하였다. 이러한 경향성은 필연적으로 개인의 기본적인 인권과 자유를 억압한다. 그래서 신기욱은 민족주의가 한국사회 안에서 자유주의의 사상적 빈곤을 초래했다고 말한다(신기욱, 2009:

205, 273). 진보적 역사학자인 임지현(1999; 2001)은 민족주의를 기만적인 파시스트적 대중동원 이데올로기라고 비판하면서 좌파가 민족주의에 의존해서는 안 된다고 주장했다. 그에게 민족주의는 그의 책 제목의 일부처럼 "민중에 대한 반역"이었다.

넷째, 민족주의 연구자들은 민족주의의 가능성과 한계를 함께 고려하면서 오늘날 열린 민족주의를 주장한다. 한편으로 민족주의 연구자들은 민족주의가 국민의 통합된 정체성에 근거한 자주적 긍지를 표현해주고, 다양한 이념분파를 수용할 수 있는 통합이념이며, 국가발전과 이익을 지향한 동원력이 있고, 남북통일의 명분이면서 동시에 통일된 민족국가의 공동적 유대 이념이라는 근거로 민족주의는 21세기 한국사회에서 여전히 중요한 이념이어야 한다고 주장한다. 동시에 민족주의 연구자들은 민족주의의 국수적이고, 배타적이고, 인종적이고, 권위적이고, 억압적인 약점들을 극복하여 21세기의 세계화 내지 다원화된 사회에 맞게 포용적이고 개방적인 형태로 나아가야 한다고 본다. 그래서 열린 민족주의 혹은 개방적 민족주의가 대세이다(김동성, 1996: 342). 그 개방성에는 보편적 인류애, 평화로운 공존, 개인의 인권과 자유, 외국인에 대한 포용성, 생태학적 고려, 다양한 이념을 향한 개방성도 포함된다.

3. 한국 민족주의 운동에 대응한 기독교교육의 과제

한국사회의 주도적 정서 및 조직 이념인 민족주의에 대응하여 기독교교육이 수행해야 할 과제는 기독교세계관에서 이데올로기로서의 민족주의를 반성함으로써 민족주의를 정당한 위치에 두도록 하는 기독교세계관 교육의 과제, 그리고 민족 혹은 국가공동체를 위해 기독교적 가치에 따라 적극적으로 기여하는 인간형성을 위한 교육적 과제를 의미한다. 전자는 소극적 차원으로서 민족주의의 왜곡 경향을 피하게 하는 교육이라면, 후자는 적극적 차원으로서 민족주의의 한계를 극복하고 민족 공동체 안에서 바른 방법으로 기여하게 하는 교육이라고 할 수 있다.

1) 민족주의의 종교성과 환원성을 반성하는 세계관 교육

민족주의 혹은 국가주의는 근대 곧 18세기 이후 20세기 전반까지 유럽 국가에서 정통성 을 누린 이데올로기였다. 국가주의 혹은 민족주의는 제국주의 국가팽창의 이데올로기였다. 계몽주의의 영향으로 유럽의 기독교지도자들도 민족주의 창출자이면서 선전자가 되기도 했다. 그럼에도 불구하고 일찍 계몽주의 근대의 정치적 세계관에 대하여 비판적인 안목을 가졌던 네덜란드 칼빈주의자들은 민족주의의 실재에 대한 왜곡성과 종교성을 기독교적 관점에서 비판하였고 자기 나라에서의 민족주의 운동에 저항하면서 개혁주의 세계관을 확립하기 위해 노력하였다. 오늘날 우리나라에서 기독교세계관교육이라고 말할 때 그 내용 중 많은 부분은 그들이 발전시킨 개혁주의 철학의 통찰들을 포함하고 있다. 그 관점에서 볼 때 민족주의는 다음과 같은 문제점들을 제거시킬 수 있어야 한다.

첫째, 민족주의는 민족이라는 개념 혹은 그에 해당되는 특정 국면들을 절대화, 신격화 시킨 우상의 숭배, 곧 종교적 이데올로기이다. 창조세계 내의 생물학적 국면과 역사적 국면에 뿌리를 둔 집단적 관계 개념으로 간주된 민족은 낭만주의의 영향으로, 하나의 조직체로서 간주되지 않고 유기체로 이상화된 개념이며, 그래서 기원적이고, 영원불멸의 성격을 지닌 하나의 유기체로 믿어져온 개념이다. 민족개념이 그 집단의 정신, 절대기준이 되어 모든 구성원에서 규범을 부여하고 행동을 처방하게 됨으로써 하나님의 말씀의 규범적 위치를 망각하고 그것을 대체하였다. 따라서 민족주의는 스피르(Spier, 1979: 120-121)의 표현처럼, 민족의 신격화 현상이다. 종족민족주의에서는 생물학적 국면과 역사적 국면이 절대화되었다.

민족주의 연구자들도 민족주의의 종교적 성격을 지적하였다. 예컨대 임지현(2000: 6-7, 14, 339, 350)은 민족주의가 말하는 민족은 신화적 실체라고 주장했다. 그는 민족주의는 단군숭배에 공통의 접점을 두려고 하고, 민족을 주술로 불러내는 신화적 담론이고, 이데올로기이며, 종교라고 지적하였고, 패쇄적인 민족주의는 우상숭배라고 비판했다. 단군신화는 한국민족주의자들이 민족의 신화적 기원과 근거를 위해 늘 끌어오는 종교적 기원이고, 그것은 쉽게 종교화되어 단군에 대한 숭배행위조차 강요하였다. 19세기 네덜란드 개혁주의자들은 세속적 근대민족국가 형성기에 이미 민족주의의 종교성을 간파했다. 흐룬 판 프린스터러는 계몽주의적 민족주의가 불신앙적 종교라고 단정했고, 그것이 기독교세계관에 큰 해를 끼칠 것을 경고하였다(조성국, 2008).

둘째, 민족주의는 민족 혹은 국가를 절대화함으로써 다른 집단들의 권리와 책임과 과제를 환원시키는 오류를 범한다. 민족주의는 한 민족이 한 국가를 형성한다는 이데올로기로서 민족주의는 결국 저항적인 형태라고 해도 미래의 민족국가형성과 발전을 지향하는 국가 절대 이념이며, 그것으로부터 사회 안의 다른 모든 집단들이 법적 정당성을 부여받게 하는 국가우상숭배이념이다. 스피어(Spier, 1979: 212)는 전체주의 국가는 주권을 가진 다른 사회집단을 약탈하고 노예상태로 밀어붙이는 우상이라고 단정하였다.

하나님은 사회의 나양한 집단들에게 각 해낭영역에서 하나님이 부여하시는 각각의 규범에 따라 존재의 정당성뿐만 아니라 독특하게 수행해야 할 과제를 부여하셨다. 따라서 어느 한 집단이 절대화되어 다른 것들을 그것에 예속시킴으로써 그 다른 집단들의 원래 기능과 과제수행을 환원시켜버려서는 안 된다. 국가는 사회 안의 다른 기관들처럼 제한된 권위로 독특한 과제를 수행하는 하나의 관계집단이다.

개혁주의 세계관에서는 이러한 설명을 아브라함 카이퍼의 표현에 따라 영역주권이론이라 칭한다. 개혁주의자들은 특히 국가가 학교교육을 독점하여 불신앙적 민족주의 형성의 도구로 삼았을 때 이에 항거하여 기독교세계관을 형성할 수 있는 사립학교의 자유를 위해 오랫동안 법적 투쟁을 벌였다. 그리고 민족과 국가는 다른 세계관들을 압제할 권리를 가지고 있지 않으며, 그와 같은 시도는 민족국가를 결코 통합된 상태로 이르게 할 수도 없다. 네덜란드의 역사에서 벨기에의 분립은 민족주의로의 통합이념 강제에서 비롯된 결과였다.

셋째, 개혁주의 기독교세계관의 주요한 특징 중 하나는 반립(antithesis) 상태의 이해이다. 타락이후 창조세계의 모든 영역은 생래적으로 성(聖)과 속(俗) 중 어느 하나일 수 없게 되었다. 모든 영역에서, 하나님의 규범에 순종함으로써 성의 방향으로 나아갈 수 있고, 정반대로 다른 우상숭배에 따른 결과 속의 방향으로 나아갈 수도 있다. 따라서 모든 영역에서 불신앙의 우상숭배방향과 신앙의 하나님 섬김 방향이 반립하고 경쟁한다. 민족과 국가의 경우도 마찬가지이다. 민족 혹은 국가, 혹은 민족국가는 그 자체의 본질이 성 혹은 절대선이 아니다. 민족과 민족공동체 안에서도 종교적인 반립, 곧 신앙적인 방향과 불신앙적 방향이 반립하고 있다. 네덜란드의 개혁주의자 흐룬 판 프린스터러는 19세기 국가에서 이러한 반립을 주목했고, 불신앙적인 계몽주의적 근대 민족주의가 아니라 기독교 세계관에 따른 민족교육을 주장했다(조성국, 2008).

보타(Botha, 1984: 493-503)가 남아프리카공화국 네덜란드계 백인들이 제국주의 세력 영국에 맞서 기독교 민족국가주의를 발전시켜온 역사를 분석하면서, 종교적 성격으로서의 신앙과 불신앙의 반립을 네덜란드계 백인민족과 영국사이의 반립으로 대치함으로써 개혁주의 세계관의 기대방향에서 벗어났고, 그 결과 정치적 반립투쟁을 통한 승리를 얻었음에도 불구하고 사실은 껍데기 승리가 되고 말았으며, 정치와 교육에 있어 오류를 범했다고 지적한 것은 기독교인 한국민족주의자들에게도 의미 있는 지적이다. 민족 그 자체로는 무조건적인 선과 성이 아니다. 동시에 민족에 대립된 대상이 무조건적인 악과 속도 아니다. 민족과 국가는 하나님의 말씀에 복종하여 하나님의 나라의 원리를 실천하는 한도 안에서 비로소 바른 방향으로 나아간다. 기독교인들은 그 방향으로 민족과 국가의 일원이며, 반립을 느끼면서 하나님의 말씀을 순종하는 방향을 선택한다.

근대 민족주의에 대응하여 개혁주의자들은 강제적인 세속적 민속주의 형성교육에서 독립하여 기독교 세계관 형성의 자유를 유지할 수 있는 사립학교설립과 운영의 합법성을, 곧 신앙적 방향으로서 하나님의 말씀의 규범에 따라 민족과 국가에 봉사하는 방향을 선택하였다. 그리고 그들은 기독교세계관교육을 통해 불신앙적 민족주의와의 반립관계 안에서 기독교세계관을 형성하고, 기독교세계관에서 불신앙적 이념들을 비판적으로 반성하는 교육을 시도하였다.

2) 사랑, 정의, 평화를 지향하는 교육

종족으로서의 민족은 기독교인에게 벗어버릴 수 없는 사랑의 대상이다. 모세가 심판에 직면한 자신의 동족을 위해 하나님께 간청하면서, "그러나 이제 그들의 죄를 사하시옵소서. 그렇지 아니하시오면 원하건대 주께서 기록하신 책에서 내 이름을 지워 버려 주옵소서"(출 32:32)라고 말한 것과, 바울이 불신앙적인 동족들의 구원을 열망하면서 "나에게 큰 근심이 있는 것과 마음에 그치지 않는 고통이 있는 것을 … 나의 형제 곧 골육의 친척을 위하여 내 자신이 저주를 받아 그리스도에게서 끊어질지라도 원하는 바로라"(롬9:1-2)라고 고백한 것이 민족을 향한 기독교인들의 마음이다.

혈연적, 역사적, 문화적 조건인 민족은 기독교인들이 벗어날 수 없는 삶의 환경이며 자신의 정체성을 구성하는 현실적 부분들이다. 민족은 친밀성 유대의 생래적 조건이기도 하다. 그럼에도 불구하고 그 사실이 기독교인들에게 민족이 규범이 되어야 한다는 믿음으로 나아가지는 않는다. 민족은 절대규범이 될 수 없다. 오직 하나님만 절대자의 자리에 있고, 법칙과 규범을 부여하신 분이시며, 창조세계 내의 모든 존재는 모두 하나님의 법칙과 규범에 종속된 존재들이고, 규범에 대한 순종과 과제수행으로 의의를 드러내는 존재들이다. 이 원리에 기초하여 생각할 때 민족공동체는 기독교인들에게 하나님의 섭리 하에 존재하게 된 역사적 현실임과 동시에 하나님의 뜻을 그 안에서 실천해야 할 장(場), 곧 과제수행의 장이다. 그러므로 민족은 사랑의 대상이며 소명감을 가지고 일해야 할 일터이다.

한국 근현대사에서 기독교인들은 민족을 사랑의 대상으로 삼고 종종 의미 있는 기여를 해 왔다. 그럼에도 불구하고 현대한국사회에서 많은 한국기독교인들이 견지했던 이원론적 세계관 때문에 민족공동체는 종종 세속의 영역과 동일시되었고, 그 결과 사랑과 봉사가 거룩한 영역인 교회 내로 한정됨으로써 민족공동체에 대하여는 사실상 소극적인 사랑의 태도를 견지한 경우도 많았다. 변혁적인 성격의 개혁주의 세계관은 민족공동체를 적극적인 사랑과 봉사의 대상으로 보게 한다. 따라서 기독교교육은 기독교인들이 민족공동체를 향하여 적극적인 사랑의 열망을 키우고, 적극적인 봉사의 태도와 방법을 가르쳐야 할 과제를 안고 있다. 민족을 규범화하는 민족주의자가 될 때 민족이라는 우상을 숭배하는 오류에 빠지게 되고, 정반대로 민족공동체를 속의 영역으로 간주하여 스스로를 그것으로부터 분리하거나 그에 등진다고 할 때는 변혁의 과제를 버리는 결과가 된다.

기독교공동체가 민족주의자들로부터 반민족적이라는 낙인이 찍힌다면 전도의 기회가 축소되고 심할 경우 박해에 노출된다. 안티기독교운동에 앞장 선 사람들은 종종 민족주의의 이름으로 기독교를 비판하는 사람들이다. 민족공동체의 정치 운동에 있어 기독교인들은 적극적으로 자신들이 민족을 사랑하는 사람들이라는 사실을 변호하고 보여줄 필요가 있다. 민족 사랑의 구체적인 실천들은 민족주의자들의 정치적 수사보다 힘이 있다. 그럼에도 불구하고 기독교인들은 기독교인들의 민족 사랑을 지속적으로 변호하고 홍보해야 한다.

민족 공동체를 향한 사랑이 친 민족적인 태도를 뜻한다면, 민족공동체를 일터로 삼고 그 안에서 구체적으로 구현해야 할 가치인 정의와 평화는 초민족주의적 과제라고 할 수 있다. 하나님의 규범에 따라 민족공동체를 형성하고 발전시켜간다고 할 때 집중해야 할 가치는 하나님 나라의 중심가치인 정의와 평화이다. 예수님의 팔복강의(마5:1-12)는 하나님의 나라의 중심가치가 정의와 평화이며, 그리스도인들을 향해 정의와 평화를 위한 열망과 애통과 수고를 요구한다.

기독교철학자 월터스톨프는 현대사회의 다양한 문제들을 염두에 두면서 정의와 평화를 기독교교육의 주요한 과제로 잘 제안하였다. 그는 정의를 타인의 기본적인 권리를 존중하는 것이라고 정의하였다(Wolterstorff, 2004: 142). 그는 특히 소외된 자들, 압제받는 자들, 고통 받는 자들이 공평하게 대우받도록 노력하는 것이 정의를 실천하는 것이라고 보았다. 그는 사회 안에서 정의를 증진시킬 뿐만 아니라 정의의 경향성을 함양해야 한다고 주장했고, 이를 위해 비판적 사고뿐만 아니라 훈계, 모델링, 공감의 방법을 제안하였다. 정의의 경향성을 함양하기 위해서는 정의롭게 가르치고, 정의롭게 살고, 정의를 위해 투쟁해야 한다고 주장했다(Wolterstorff, 2004: 137, 150-151).

정의의 교육은 평화의 교육으로 이어진다. 월터스톨프(2004: 23)는 평화를 하나님과의 관계, 동료 인간들과의 관계, 자연과의 관계, 그리고 자기 자신과의 관계에서의 정당하고 화목한 관계성을 함의한다고 보았고, 그러한 평화의 관계에는 기쁨과 감사가 있다고 보았다. 평화를 위한 교육은 사회공동체 안에서 가난한 자, 압제당하는 자, 희생된 자, 오염된 자연환경의 애통을 공감하고, 애통하는 마음으로, 그 모든 것이 정당한 관계 안에서의 평화 상태에 이를 수 있도록 노력하게 하는 교육을 뜻한다.

하나님 나라의 통치원리인 정의와 평화를 위한 교육은 현대한국사회에서도 민족주의의 한계를 극복하게 하는 방안이 될 수 있다. 정의의 교육이 전체주의로서의 민족주의가 개인의 인권과 자유를 억압했던 결과들을 치유하게 한다면, 평화의 교육은 민족주의의 폐쇄성, 그리고 정치적 수사와 달리 민족주의가 실제로 만들어낸 분열과 긴장과 갈등을 회복시킨다. 정의의 평화는 민족 공동체를 과거 지향적이 아니라 미래지향적으로, 민족주의 정치적 수사에 감추어진 위선과 권력, 그리고 그에서 초래된 억압과 상처를 드러냄으로써 진리를 지향하게 만든다. 따라서 정의와 평화를 위한 교육은 참다운 의미에서 민족을 위한 교육일 수 있다.

4. 나가면서

민족주의는 한국사회에서 집단무의식 층의 정서를 표현하는 정치이데올로기이다. 거의 신성화된 종교적 이념으로서 민족주의는 그 동안 주로 호소되고 이용되었을 뿐 제대로 반성되지는 못했다. 근대와 현대 한국사회에서 민족주의는 정치이념들을 정당화하고 대중을 동원시키는 일에 쉽게 이용되었다. 정권의 위기 때마다 마지막에 호소되는 이념도 민족주의였다. 민족주의는 국가발전에 기여한 바도 많지만, 민족주의의 발전과 민족주의에 대한 비판적 논의에서 이미 드러난 것처럼 민족주의는 위험성과 한계를 가진 이념이었다.

한국민족주의의 이러한 한계들은 기독교 세계관에서 볼 때 더 명확하다. 민족주의는 민족과 특정 창조국면을 절대화한 종교적 이념이었고, 민족과 국가를 절대화함으로써 공동체 내의 다른 집단들과 개인을 억압했으며, 종종 민족 자체를 성 혹은 절대선으로, 그리고 민족에 위협적인 집단을 악 속은 속으로 단정함으로써 기독교인들로 하여금 민족 내에서의 반립을 이해하고 변혁적 과제를 수행해야 할 과제를 잊게 만들었다.

따라서 민족공동체를 위한 기독교교육은 민족주의의 종교성을 벗겨내고 환원성을 회복시키는 세계관교육의 과제를 가진다. 친민족적 차원에서는, 민족을 사랑의 대상으로 여기는 민족사랑 함양의 교육, 민족 공동체 안에서 봉사하고 민족공동체의 발전에 기여하게 하는 교육의 과제가 있고, 초민족주의적 차원에서는 하나님의 나라의 가치인 정의와 평화를 민족 공동체 안에 실현되도록 하고 그 목표를 위한 효율적인 경향성을 형성하는 교육의 과제를 가진다.

III
개인성의 세계관과 교육

Christian Worldview
& Theory of Education

07
실존주의 교육이론

{ }

Christian Worldview
& Theory of Education

7.1 서론

르네상스 이후 각성된 자연과학적 사고는 자연과학 연구와 그것을 응용한 공학발전을 통하여 19세기로부터 20세기에 이르기까지 서구사회에 엄청난 변화를 가져다주었다. 그와 더불어 과학적 지식에 대한 신뢰감과 기대감은 더욱 팽창하여 자연주의라는 거대한 세계관을 형성하였다. 또 한편으로는 인간의 이성은 존재 인식의 유일한 기반으로 확인하였고, 인간 이성을 통하여 인간과 세계를 논리적으로 규명하고자 했던 합리주의 전통은 헤겔의 이상주의에서 절정에 다 달았다(Van Wyk, 1979: 89). 인간은 이성을 근거로 자신과 세계의 본질에 대한 객관적 지식에 도달할 수 있고, 그 객관적 지식의 교육을 통해 인간의 합리성과 도덕적 능력을 발달시킬 수 있고, 또 그 객관적 지식을 도구로 활용함으로써 이상적인 사회에 도달할 수 있다고 믿었다.

그러나 특히 민감한 사상가들은 점차 이러한 세계관이, 이미 본질로 간주되어버린 인간관과 세계의 비전에 따라 개별적 인간과 삶을 단정적으로 설명하고 규정하고 강요한다고 느꼈다. 그리고 이러한 근대적 세계관이 자기 자신의 고유한 주관성, 곧 개인적 인격, 개인적 자유, 선택의 가능성 등을 일방적으로 무시하는 엄청난 오류를 가지고 있다는 사실을 지각하기 시작하였다. 19세기로부터 20세기 초에 이르기까지 서구사회가 경험한 수많은 전쟁, 부도덕, 전염병, 그리고 급기야 20세기 초에 경험한 제1차 세계대전은, 이러한 근대적 세계관이 가정하고 있는 인간의 합리성과 도덕성의 진보에 대한 신념, 그리고 합리적 이성이 찾아내는 자연과학적 지식으로 고통과 가난과 불안의 근원적인 문제들을 해결함으로써 이상적인 사회로 진보할 것이라는 낙관적 신념을 붕괴시키기 시작했다.

이상주의와 자연주의 세계관이 주장해온 바, 인간과 세계에 대한 신뢰성 있는 지식, 인간의 삶에 대한 보증된 안전의 주장들이 인간의 삶과 세계에 대한 적절한 설명이 되지 못한다는 것을 체감하기 시작했다. 실제 경험된 인간의 삶과 세계는 합리성 대신에 불합리성이, 그리고 안전감 대신에 불안과 절망과 혼란이 주도하고 있다고 느꼈기 때문이다. 고난과 죽음과 고통은 없어지지 않는다는 절망감이 깊이 드리워졌다. 그동안 주창되어 온, 인생과 세계의 의미에 대한 의문과 회의가 깊어져갔다. 인간의 합리성에 대한 신뢰감도 약화되었다.

그 결과 이전까지 익숙했던 사고방식, 곧 인간과 세계 내에서 추론되거나 발견된 근본적 원리에 따라 합리적인 방법으로 거대한 논리 체계적 이론을 구성한 후, 그 이론적 체계가 진리에 일치한다는 확신에 근거하여 인간과 세계의 문제들을 설명하고 규정하고 처방하려는 시도들은 이제 새롭게 등장하는 실존주의자들에게는 거부감을 주는 소위 형이상학적인 사고방식으로 인정되었다. 그래서 새롭게 등장한 실존주의자들은 특히 이상주의와 자연주의 세계관은 실제로 존재하는 것들을 객관화시키고 그들의 다양한 전제에 따라 설명하는 세계관으로서 모두 사실은 허구에 불과한 형이상학적 체계라고 비판하였다(Van Wyk, 1979: 88-89).[20] 그리고 본질에 대한 추상적인 설명 대신,

20) 형이상학은 하나 혹은 몇 가지의 근본적인 원리에서 유추하여 이 세계에 존재하는 모든 것들과 그 모든 존재의 근원을 해명하려는 시도로서 존재론, 실재론, 우주론 등으로 일컬어지는 기초적이고 포괄적인 설명체계이다. 형이상학이라는 용어의 함의는 형이하학인 자연과학이나 물리학처럼 관찰 가능한 세계 현상 이면(裏面)의, 곧 보이지 않는 근본적 본질에 대한 이론이라는 함의를 갖고 있다. 형이상학의 가능성은 존재하는 것들을 통찰하고 판단하며 합리적으로 설명하는 주체인 인간의 이해능력에 있다. 이상주의는 주체(합리적 존재인 인간)와 객체(대상)의 관계에서 합리적으로 사유하는 주체를 출발점으로 삼고, 그 주체를 인식대상에 투사(投射)하고, 그 후 전체 대상(對象) 세계를 이성(理性)인 주체의 유추에 따라 해석하고 설명한다. 그와 정반대로 자연주의는 대상인 객체를 출발점으로 삼고, 그 인식 대상을 인식 주체에 투사하고, 그 후 주체를 객체의 유추에 따라 해석하고 설명한다.

그리고 그 모든 것에 앞서, 현재 여기서의 구체적인 실존을 강조한다. 그 실존은 규정되기 이전의 구체적인 사실임과 동시에 진실 된 모습이 라는 함의를 갖는다.

이처럼 본질과 대립된 실존이라는 표현은 실존주의 철학의 대부인 키에르케고르(Kierkegaard, 1813-1855)의 철학에서 의미 있게 취급되기 시작했다. 키에르케고르는 자기시대의 합리주의 철학자들이 모든 것들이 인간의 지성 혹은 이성으로 설명된다면서도 주장하면서도 정작 개인으로서의 인간의 존재나 그의 실존하는 구체적인 상황을 정당하게 논의하지 않는 점을 비판했다. 그가 보기에는 개인으로서의 인간과 그의 구체적인 실존과 무관한 합리주의자들의 설명들은 그 개인에게 아무런 의미가 없는 것이었다.

키에르케고르는 특히 인간에 대한 이해에서, 과거의 합리주의자들이 시도하였던 냉철한 그리고 순전히 추상적인 사고로부터 초점을 바꾸어 구체적인 상황에서 살아서 행동하고 있는 인간을 주목하게 하였다. 그에게 있어서 실존은, 순전히 추상적인 원리에 따라 이미 결정된 존재가 아니라 그것으로부터 완전히 자유로운 존재, 이미 결정되어 확립된 실재성이 아니라 무엇이든지 될 수 있는 가능성이 그 특징인 존재, 그래서 선택과 과제를 가진 존재, 정지된 존재가 아니라 끊임없이 움직이면서 되어가는 과정 중에 있는 존재, 그래서 "-임(is)"이 아니라 "-됨(word)"이라고 표현될 수 있는 존재이다. 그는 이러한 실존으로서의 인간을 완전한 자유 가운데 단독자로서 하나님 앞에서 서서 결단하는 존재로 간주했다(Van Wyk, 1979: 90).

키에르케고르의 통찰은 20세기 초 수많은 실존주의 철학자들의 논의로 이어지면서, 비록 철학자들마다 현상학과 연결되어 다양성을 보이기도 했으나 실존주의는 하나의 포괄적인 세계관이 되었다. 니체, 야스퍼스, 하이데거, 사르트르, 마르셀, 셰스토브, 베르댜에프, 레온, 부버, 메를로 퐁티 등 많은 철학자들이 실존주의의 통찰을 근거로 서구사회의 정신사적 문제를 진단하고, 근대 정신을 뿌리로부터 비판하였고, 참된 인간이 되기 위해 요청되는, 자유와 선택과 결단과 책임과 인격적 관계 등의 개념들을 강조하였다.

실존주의 철학은 신학자들에게도 공유되었다. 근대 학문 영역에서 이미 대세를 형성하고 있던 이상주의, 자연주의, 실용주의 등의 근대적 세계관에 맞추어 그 동안 합리적 이성과 과학적 사고방법을 신학의 기초로 삼았던 자유주의 신학에 대하여, 이제 그 근대적 세계관의 허구성과 왜곡성을 정면에서 비판한 실존주의 세계관에 맞추어, 많은 신학자들이 자유주의 신학을 정면으로 비판하면서 정통적 신학의 의미를 되살리려 하였다. 이러한 실존주의 신학자들을 신정통주의 신학자들이라고 칭하며, 여기에는 대표적인 신학자 바르트와 함께 그리고 그 이후에, 비록 강조점의 차이가 있고 신학적 다양성이 있으나, 브루너, 불트만, 본훼퍼, 틸리히, 죌러, 로빈슨 등의 신학자들이 신학적 과제를 수행했다. 이 신학자들은 신앙을 하나님과 인간의 만남과 관계로, 그리고 인간의 영적 차원을 인격성으로 재해석하였다.

그리고 미국에서는 자연주의 및 실용주의 세계관과 자유주의신학에 근거한 종교교육학파의 이론에 대한 비판적 대응으로서 기독교교육학파가 새롭게 등장하였다. 기독교교육학파는 신정통주의 신학에 근거하여, 그 동안 초월성과 독특성이 제거되어 일반적인 인성교육 내지 도덕교육처럼 보였던 기독교 교육에서 다시금 말씀과 교회를 강조하기 시작하였다. 그들은 말씀을 통한 하나님과 인간의 만남, 학생의 실존적 인식과 결단을 강조하였고, 교회는 그러한 만남의 사건이 일어나는 공동체임을 강조하였다.

7.2 실존주의 세계관

실존주의는 학자들마다 강조점에서 상당한 차이를 드러내고 있지만 일반적으로 하나의 공통적인 사상적 경향성을 가지고 있는데 그것은, 어떤 선행적 이상이나 본질이 인간의 삶을 지배하는 것이 아니라 정반대로 인간이 먼저 실존하고, 그 다음에 자신의 상황에서 자신과 관련하여 인간이 이상을 창조한다고 본다. 그래서 인간과 세계에 대하여 무엇인가 이미 결정되어 있는 것처럼 단정하는, 단지 논리적인 구성물일 뿐인 소위 보편적 이상과 본질에 대한 설명들의 정당성과 권위를 더 이상 인정하지 않고, 그 결과 그러한 것들이 인간의 현재 실존을 규정하고 제한하려는 시도에 대하여서도 반발한다.

실존주의자들은 실재와 세계를 총체적으로 설명해주는 하나의 추상적이고 논리적인 구성물을 찾지 않는다는 점에서 반(反)합리주의자 혹은 반(反)체계주의자들이라고 말할 수 있다(Van Wyk, 1979: 91). 그들은 거대한 우주와 세계와 인간에 대하여 객관적인 해명을 제시하려는 시도들을 형이상학적 사고방식으로 간주하여 거부하기 때문에 그들의 관심은 인간의 현재 실존과 오직 그 실존에 의미 있는, 가까운 구체적 상황에 두어져 있다.

모든 것의 출발점은 개별적이고 인격적인, 그리고 구체적인 상황 안에서 유동적으로 살아가는 존재로서의 "나"이다. 그 "나"가 만나고 접촉하는, 곧 관련된 모든 구체적인 상황이 그의 세계이다. "나"의 실존이 먼저 있다는 것은, 현재의 구체적인 상황에 이전부터 어떤 방식으로 존재하도록 미리 결정되어 있었던 것이 아니라 순전히 우연히도 현재 여기에 존재하게 된 사실일 뿐이므로, 미리 결정된 것처럼 규정하는 모든 것을 거부하고, 오직 자신의 자유로운 선택과 결단으로 나름대로의 의미를 부여하면서, 한정된 기간 동안, 스스로를 만들어 가는 것만 사실일 뿐이다. 이것이 바로 나의 삶이다. 이렇게 볼 때 세계는 더 이상 나와 무관한 객체나 대상이 아니다. 이렇게 볼 때 실존주의는 실존하는 "나"가 삶과 세계의 중심으로 간주되어야 한다는 철저한 인본주의이다. 그리고 실존주의 세계관은 인간학적 세계관이 된다.

실존주의의 인식론은 근대의 이상주의와 자연주의가 주체와 객체를 엄밀하게 구별하고, 이성을 사용하는 주체가 객관적인 실체인 객체를 객관적인 방법으로 해명할 수 있다고 보았던, 소위 세계에 대하여 관찰자 혹은 구경꾼의 태도를 비판하고, 이제는 개별적이고 인격적인 주체인 "나"가 구체적인 상황과의 분리가 아니라 관계에서, 그리고 객관적인 것이 아니라 개인적이고 인격적인 관계에서 의미를 부여하면서 행동하고 살아가는 주인공이 되어야 한다고 주장한다. 그래서 "실존주의는 관례적이었던, 구경꾼의 입장에서 철학하는 대신에, 배우의 입장에서 철학하려는 시도이다."(Van Wyk, 1979: 91)

따라서 실존주의의 지식론에서는 이전의 생각처럼 소위 과학적인 지식 곧 객관적, 개념적, 논리적, 학문적 지식만이 유일한 그리고 확실한 지식이 아니다. 그러한 성격의 순수한 지식은 존재하지 않는다. 그 대신 더 의미 있는 지식은 실존적 지식이다. 마치 구경꾼처럼 어떤 대상에 대하여 자기 자신과 멀리 거리를 두고서 소위 순전히 지적 능력만으로 찾아낸 객관적 지식이 아니라 자신의 전체 실존으로, 생동적인 만남과 결단과 포기를 통하여, 구체적인 관계에 있는 세계 안에서의 인생길을 따라 순례자로서 살아가면서, 전인적인 존재로서의 자신의 전체 인성으로 체감하면서 얻은 지식이 더 의미가 있다고 주장한다(Van Wyk, 1979: 91).

실존주의 세계관의 핵심은 인간론이다. 그래서 판베이크는 실존주의 전체가 인간학, 곧 사실상 "인간관"이라고 표현했고, 그 이유를 인간과 인간의 실존이 다른 모든 것들을 관련지우는 중심점이 되고 있기 때문이라고 정리했다(Van Wyk, 1979: 91). 실존주의에서 말하는 인간의 실존은 보편적인 인간의 본질로서의 존재라는 의미가 아니라 구체적인 상황 안에 있는 개인의, 자유롭게 선택하고 결단하는 과정 중에 있는 존재의 방식을 의미한다. 따라서 인간에 대한 묘사는 체계적인 정리라기보다는 서로 모순될 수도 있는 다양한 특징으로 설명될 수 있을 뿐이다. 실존주의 인간론의 여러 가지 특징에 대하여 판베이크가 정리한 내용을 존중하고 거기에 필자의 판단을 덧붙이면서 그 특징들을 정리해보면 다음과 같다.

첫째, 인간은 어떠한 개념이나 틀로 정리될 수 없는 자유로운 존재이다. 실존주의자들은 인간을 특정 개념으로 정의하려는 모든 시도들이 사실을 인간을 특정형태로 규정해버림으로써 다른 가능성에 대한 자유를 빼앗아버린다고 판단하기 때문에 거부감을 갖는다. 그래서 인간을 정의하려는 시도를 인간을 동결시켜버린다거나 인간을 책속에 파묻어버린다거나 인간을 특정 개념에 고정시켜버린다고 비판한다.

실존주의자들에 따르면 "나"는 주체일 뿐, 주체로부터 거리를 두고 관찰되는 객체가 될 수 없다. 인간은 객관화될 수 없으므로 객관적인 지식으로 표현될 수 없고, 따라서 그러한 지식으로 소통될 수 없는,

철저히 주관적 존재이다. 그래서 객관적 지식에 대하여 규정되지 않는 존재, 혹은 객관적 시각에 대하여는 감추어진 존재이다. 이러한 의미를 잘 함의하는 표현으로, '감추어진 인간(homo absconditus)'이라는 표현을 사용한다(Van Wyk, 1979: 91-92).

아무 것도 규정되어 있지 않다는 것은 또 다른 한편으로는 인간의 자유의 가능성을 극대화한다. 실존주의자들은 인간이 어떠한 권위에도 얽매여 있지 않아야 한다고 주장하며 조직과 체제는 인간의 자유를 빼앗아가는 것으로 간주한다. 인간은 매 순간 자유롭게 선택하며, 그 선택에 의해서 자신을 만들어가는 자유로운 존재이다. 실존주의자들에게 있어서 인간의 자유는 인간이 되는 가장 근본적인 토대로 간주되고, 언제나 칭송받는 언어이다.

둘째, 인간은 길 위에 있는 존재이다. 실존주의자들에게 있어서 인간은 이미 끝나지도 않았고 또 끝날 수도 없는 존재이다. 왜냐하면 인간은 물건처럼 정지된 존재가 아니라 실존이며, 현재 개별적으로 새로운 상황에 있고, 또 그 상황에 정지하여 정착하지 않고 지속적으로 나아가는, 소위 길 위에 있는 존재(homo viator, 순례하는 인간)라고 보기 때문이다. 인간은 지속적으로 여행하는 존재로서 그가 살아가는 동안 그 여행은 끝이 없는 것이기 때문에 그 여행 자체가 그의 실존적인 삶이다. 그래서 그들은 인간은 "-임" 이 아니라 "-됨"이라고 말한다. 길 위에 있는 인간은 구체적 실존에서 고유한 자신을 창조하고 자기 자신을 실현하는 일에 항상 분주하다. 물론 그 자기실현의 비전도 타인에 의해 규정된 비전이 아니라 항상 열린 가능성을 가지고 있는 비전이다.

실존은 정지되어 있거나 끝마쳐지는 것이 아니기 때문에 확실성 대신에 불확실성이 지배하고 결과적으로 인간의 삶에는 긴장과 불안과 절망이 상존한다. 인간은 불합리성과 투쟁과 죄와 죽음과 무(無)와 고독에 직면할 수밖에 없다. 그래서 실존주의자들은 인간을 비극적 존재로 묘사한다. 불확실하고 불안하고 불합리해 보이는 인생, 곧 무엇인가 결정된 것이 없고, 또 결정되지도 않는 인생에서 인간은 언제나 현재의 순간에 자신이 무엇이 될 것인지 선택하고 결단하면서 새로운 존재의 가능성을 추구한다. 그럼에도 불구하고 만일 자신에게 필연적인 선택과 결단과 그에 따르는 책임을 회피하고자 일상적인 관례를 따른다면 그것은 결국 자신의 실존의 독특성과 가능성을 거부하고 비실제적 실존을 선택하는 불행한 결과가 될 뿐이다. 그리고 그것은 진정한 자기 자신과 자신의 삶이 아니다(Van Wyk, 1979: 92-93).

셋째, 인간은 일시적인 시간에서 살아있는 현세적 존재이다. 이상주의자들과는 정반대로 실존주의자들은 영원의 개념을 비실제적이고 부정적인 개념으로 보는 대신 현재의 일시적인 순간으로서의 시간을 실제적이고 의미 있는 시간으로 본다. 왜냐하면 인간의 실존은 그러한 일시적 현재라는 시간에 살아있는 존재이므로 영원이라는 개념은 이제 모든 것이 결정되어 고정된 것을 뜻한다고 보았기 때문이다. 그것은 실존으로서의 인간이 삶을 영위하는 인생 여행의 최종점, 곧 죽음을 뜻한다. 죽음은 더 이상 감각(의미)이 없는 것, 모든 것이 결정되어 버린 것을 뜻한다고 본다. 이러한 특성은 과거라는 시간개념에도 마찬가지이다. 과거는 이미 결정되어버렸고, 더 이상 어떻게 달리 바꿀 가능성이 없는, 이미 고정된 시간이기 때문이다.

그래서 실존주의자들은 "여기 그리고 지금(hic et nunc)"에 주의를 집중할 것을 요구한다. 과거는 잊어버리고 영원은 생각하지도 말고, 그래서 그러한 시간에 어떠한 책임도 떠넘기지 말고, 오직 현재와 미래에만 집중할 것을 요구한다. 우선적으로 현재를 가장 의미 있게, 곧 자유롭게 선택하며, 결단하며, 책임지면서 살아야 한다. "현재를 즐겨라(carpe diem!)"는 말은 이러한 실존주의적 함의를 가진 표현이다. 또 미래를 붙잡아야 할 이유는 미래는 나에게 다가오고 있는 현재이기 때문이다. 인간은 철저히 여기 그리고 지금에 실존하는 현세적 존재이다(Van Wyk, 1979: 93).

넷째, 인간은 전인적인 존재이다. 실존주의자들에게 있어서 인간은 실존하는 인간이므로 세계 내 구체적인 상황과 관련되어 있는 구체적인 존재이며 따라서 육체성을 주된 특징으로 하는 전인적 인간이다. 인간은 끊임없이 되고, 되어가면서 살아가는 단일한 육체이며, 육체라는 관점에서 볼 때 인간의 육체와 동물의 육체 사이에 차이가 없다.

이상주의자들의 가정처럼 영혼과 육체 두 가지, 혹은 그 이상의 여러 부분들로 구성된 복합체가 아니다. 많은 실존주의자들은 구체적인 세계 이면의 이데아 세계를 가정하지 않기 때문에 그 구도에 맞추어 인간을 영이라든지 육체라든지 혹은 그 둘 사이의 합이라든지 혹은 그 둘 사이의 분리라는 개념이나 사고방식을 인정하지 않는다(Van Wyk, 1979: 93). 실존주의 신학자들은 영이라는 표현을 사용한다. 그러나 그 영의 개념은 인간의 특정 부분이 아니라 중심이며, 고유한 자기의식을 가진 주체를 뜻하며, 인격(person)의 개념과 동일하다.

다섯째, 인간은 타자(他者)를 지향(指向)하는 관계적 존재이다. 구체적인 상황 안에 있는 개인으로서의 인간은 자신을 초월하여 타자를 지향하고 그 타자와 관계맺음으로써 인간이 된다. 그래서 하이데거의 표현처럼 현존재(Dasein)는 '함께한 존재'(Mitsein), 혹은 야스퍼스의 표현처럼 실제적 실존은 함께 한 실존이라고 표현된다. 무신론적 실존주의자들은 이러한 관계맺음을 위해 인간이 타자를 지향하여 수평적으로만 자신을 초월한다고 보지만, 또 기독교실존주의자들은 수직적으로도 자신을 초월한다고 본다.

타자 지향적 관계 맺음에 있어서 인간은 끊임없이 질문하는 자이고, 근원적 타자인 "그 존재"를 향한 끊임없는 질문이 그의 특징이기도 하다. 그래서 실존주의자들은 인간의 "그 존재"와의 관련성 사실을 인정한다. 그러나 "그 존재"가 무엇인지는 실존주의자들에 따라 현격한 차이를 보인다. 사르트르처럼 무신론적 실존주의자에게 "그 존재"는 우연하고 우발적인 세계를 뜻할 뿐이지만, 종교적 실존주의자들에게 "그 존재"는 절대자를 의미하기도 한다(Van Wyk, 1979: 93).

인간과 인간의 관계 지향에서 타자를 인격으로 관계맺음 하지 않는 경우는 피해야할 유형으로서 하이데거는 그것을 "거리둠"(Abstandigkeit)이라고 말했다. 부버는 인간의 관계맺음의 유형을 크게 "나와 그것", "나와 너", 그리고 "나와 당신"[21]로 구분하였고, 특히 "나와 그것"의 관계는 타인을 주체인 인격적 상대(1인칭 혹은 2인칭 대명사)가 아니라 인격으로서의 자신과 거리감이 전제된(3인칭), 마치 대상물처럼 간주하는 저급한 비인격적인 관계이다. 부버는 이 유형의 관계설정이 근대의 이상주의와 자연주의 세계관에서 확립된 전형적 관계 유형으로서 자연과 인간을 이용거리고 삼거나 착취하고 상처를 주는 병적인 관계유형으로 간주하였다. 실존적 인간에게 가장 의미 있는 관계는 주체 대 주체의 인격적인 관계이다.

---

21) 부버의 원래 표현이 문자적으로는 "당신"이지만 그 '당신'이라는 표현은 전통적으로 기도할 때 부르는, 상대방인 하나님을 지칭한 극존칭의 표현이고, 철학자들의 차원에서는 근원/근원자(절대자) 를 인격적 상대방으로 표현하는 용어이므로 우리말 "당신"이라는 표현으로 충분하지 못하다. 성경에서 이 대명사는 "주"로 표현되었다. 그러나 이 표현도 2인칭이 아니어서 인격적 관계의 상대방을 표현하지 못하므로 불충분 한 것은 마찬가지이다.

7.3 실존주의 교육이론

 실존주의 세계관은 이상주의나 자연주의처럼 하나의 전체적 체계를 적극적으로 구성하려는 세계관이 아니라 그러한 것들에 대한 비판임과 동시에 그러한 경향성에 대한 반동이다. 교육문제에 있어서도 마찬가지이므로 실존주의 교육이론이라는 이름으로 체계적 교육이론을 구성하기 어렵고 또 그러한 노력에 소극적일 수밖에 없었다. 그래서 판베이크도 실존주의 교육이론에 해당하는 항목에서 다른 경우와 달리 간단하게 몇 가지의 교육에 대한 함의를 제시하는 것으로 정리했다. 실존주의의 강조점이 교육이론에 주는 통찰을 간단하게 정리하면 다음과 같다.

1) 실존주의의 교육적 인간론, 교육의 본질과 목적

 실존주의 교육학자들은 교육 현장에서 만나는 학생은 미리 객관적으로 규정되어 서술된 보편적이고 일반적인 대상이 아니라 구체적인 학습 상황에 있는 지극히 개인적으로 실존하는 주체인 학생이라고 본다. 그래서 학생은 다수에 파묻힌 평균화된 학급의 기본 단위가 아니라 독특한 존재로서의 개인이다. 그러므로 개인차에 대한 인식은 부차적인 것이 아니라 기본적인 고려사항이 된다.

 또한 학생이 언제나 전인적 존재로 간주되어야 한다고 보기 때문에 육체성을 과소평가하는 반면 정신적이고 지적인 차원을 과대 강조하는 경향을 인정하지 않는다. 따라서 전통적인 교육에서처럼 학생의 지적 차원이 과대 강조되고 결과적으로 학생의 정서적 차원을 무시하거나 제대로 고려하지 않는 교육을 의미 있는 교육으로 간주하지 않는다. 학생이 전인적인 존재인 것처럼 교육도 전인적인 방식으로 이루어진다고 본다. 그리고 교육받은 인간은 지성만이 아니라 성숙하고 건강한 정서와 선하고 굳건한 의지를 갖춘 전인적 인간이다(Van Wyk, 1979: 94).

실존주의자들은 교육의 목적을, 학생에게 지식을 가르치는 것이 아니라 삶을 가르치는 것으로 보기 때문에 학생의 삶이 언제나 우선이고 지식은 학생의 실존적 삶을 위한 도구로 간주된다. 따라서 지식의 획득이 교육의 목표일 수 없다. 교육의 목표는 학생이 자신의 실존적 상황에서 스스로를 자신의 삶의 주체로 인식하고 자유롭게 선택하고 그 선택에 대하여 책임을 지는 인간, 타인과 인격적인 관계를 형성하고 유지하는 따뜻한 인간이 되게 하는데 있다. 학생이 현재를 소중하게 여기면서 자신의 인생에서 자기 자신을 실현해가도록 하는 것이 교육의 과제로 간주된다.

2) 실존주의 교육의 교육내용과 교육과정

일반적으로 교육내용이 되는 미리 준비된 지식들, 곧 과거의 전통과 문화, 특정 분야의 지식, 특히 논리적인 분류와 순서에 따라 단위화된 교육과정, 과목, 세부 주제는 실존주의 교육과정에 적합하지 않다.

그러한 방식은 학생의 구체적인 상황과 삶에 직접 관련되지 않을 뿐만 아니라 상황과 삶의 총체성과 복합성을 제대로 드러내지 못한다고 보기 때문이다.

실존주의 교육내용과 과정에서 중요한 것은 학생의 삶과 구체적인 상황과의 관련성이다. 그래서 적합한 교육내용은 학생의 상황을 구성하고 있는 세계, 학생과 관련된 공동체, 학생이 연관된 다양한 관계들이어야 하고, 특히 학생이 상황에서 가지는 의문, 학생이 관심을 가지고 있는 문제 등이 가장 적합한 교육내용이 된다. 그러므로 교사는 교육과정은 학생과 함께 계획하면서 만들어가야 한다. 그리고 교육내용은 해당 주제를 중심으로 그 배경과 다양한 차원들을 함께 고려하는 융합적인 것이 되어야 하고, 그 교육내용의 목표도 당연히 지식의 획득에만 맞추어져서는 안 되며, 학생의 전인적 특성과 결단을 포함하는 것이어야 한다.

3) 실존주의 교육의 교육방법

실존주의자들이 교육방법에서 가장 혐오스러운 것으로 간주하는 것은 소위 객관화된 시험이다. 실존주의자들은 점수화가 학생을 대상으로 만들어버린다고 비판하고, 학생에게 평균화된 답을 요구함으로써 학생의 개인적 특성을 말살하는 시도로 간주한다. 학생은 처음부터 보편인, 평균인이 아니고 독특한 상황에 있는 고유한 인격으로서의 개인이라고 보기 때문에 평균화된 기준으로 평가할 수 없다고 본다. 그리고 학생은 전인적인 존재로서 지적 차원뿐만 아니라 정서적이며 의지적인 차원들이 동시에 기능하고 있는 존재이어서 지적 측정의 제한적인 도구로 학생을 판단하는 것은 부당하며, 따라서 학생을 정확한 방법으로 측정할 수 있는 방법은 없다고 본다. 그리고 교육이란 측정할 수 없는 것이 측정할 수 있는 것보다 더욱 중요하다고 주장한다. 그래서 실존주의자들은 종종 평가 종이가 종종 학생보다 더 중요한 것처럼 주목받는 일에 대하여 분개한다(Van Wyk, 1979: 95).

실존주의 교육방법에서 피해야 할 것은 교사가 주도하고 학생이 수동적으로 참여하여 수용하도록 강요받는 방법이다. 그 대신 실존주의자들이 적극적으로 제안되는 것들은 학생의 능동적인 참여로 이루어지는 학습계획수립, 학생의 경험과 활동을 매개로 하는 학습방법, 학생의 개별적 학습, 학생들과의 그룹 협력 과제 수행의 방법, 토론의 방법, 지식의 흡수와 암기 대신 탐구와 실험과 연구의 방법과 같은 것들이다(Van Wyk, 1979: 95). 이러한 학습방법이 학생의 주체적 의식, 타인과의 관계, 학생 자신의 삶에 대한 탐구를 효율적으로 도울 수 있다고 보기 때문이다.

4) 실존주의 교육에서의 교사와 학교

실존주의 교육에서 교사는 대단히 중요한 의미를 갖는다. 교사는 학생에게 모범이면서 동시에 학생과 함께 학습활동을 설계하고 작업하는 협력자, 그 과정의 조언자, 안내자, 친구와 같다. 특히 교사는 학생과 전인격적인 관계, 곧 이해관계 없는 사랑과 헌신으로 학생과 인격적 관계를 형성해야 한다. 그리고 자기 자신의 헌신과 신중함과 책임의식과 이타적인 사랑으로 학생들에게 호소하고, 도전과 영감을 줄 수 있어야 한다고 본다(Van Wyk, 1979: 94). 교사의 과제는 학생에게 지식과 기술을 구비시키는 것 이상이다. 교사가 학생을 위해 선택하는 것이 아니라 학생이 자유롭게, 독립적으로, 그리고 책임성 있는 선택을 할 수 있는 주체적 인간이 될 수 있도록 조력하는 자이다.

그리고 학교는 교사와 학생사이에서, 그리고 학생과 학생 사이에서, 그리고 교사와 교사 사이에서 인격적인 관계에 따른 의사소통이 이루어져야 할 장소이다(Van Wyk, 1979: 95). 그리고 학교는 이러한 인격적 관계형성과 학생의 자기실현을 도와주는 과정적 기능을 효율적으로 수행하는 곳이라고 말할 수 있다. 물론 학생의 삶의 실존 상황이라는 것은 학교에만 한정되는 것이 아니고, 또 진실한 인격적 관계가 학교에서만 일어나는 것이 아니기 때문에, 실존주의교육은 형식적 교육기관인 학교교육에 한정되지 않는다. 실존주의자들이 의도하는 교육은 학교교육의 형식성보다 비형식성이 두드러진 상황에서 더 효율적일 수도 있다.

7.4 실존주의 교육이론 평가

　실존주의 세계관은 근대 인본주의 세계관인 이상주의와 자연주의와 실용주의 세계관에 대한 반동의 세계관으로서, 이상주의와 자연주의와 실용주의가 이성과 과학의 축을 극대화하자 그러한 경향성에 억압되어버린 자유와 인격을 되살리려는 노력이었다. 이상주의와 자연주의 세계관과 실용주의 세계관이 자체의 근거와 비전으로 삼는 이성과 과학이, 인간에게 진정한 확실성을 제공할 수 없었을 뿐더러, 인간을 자유롭게 하는 것이 아니라 오히려 억압하는 결과가 되어버렸다는 점을 보여주었다. 실존주의 세계관은, 이상주의와 자연주의와 실용주의 세계관이 인간을 객관화된 존재로 규정해 버림으로써, 진짜 자신이라고 할 수 있는 실존하는 인간, 곧 개별적이고 고유한 인격을 가진 존재로서의 "나"가 인정받지 못하고 상실되는 현실에 대한 신음이다.

　기독교적 관점에서 본다면 실존주의 세계관은, 서양 정신사에서 근대에 들어 인간의 존재 및 삶의 확실성을 보장하고 인생의 의미를 결정해준다고 간주되었던 하나님을 거부하고 세계 내의 원리인 합리성을 하나님의 자리에 두었던 인간에게, 그 동안 기대했던 바, 존재 및 삶의 의미에 제공되던 그 확실성은 더 이상 사실이 아니고 또 그러한 것들은 발견되지도 않는다는 방황의 신음이었다.

　니체나 사르트르와 같은 무신론적 실존주의자들은 우주적 절대원리, 곧 이상주의의 이상, 그리고 자연주의의 자연, 그리고 그러한 세계관 안에서 규정되었던 하나님의 존재 및 그러한 것들이 절대라는 근거를 모두 허구 혹은 죽음이라는 말로 부정하였고, 그 대신 현재 확인할 수 있는 실존만을 붙잡고, 비록 그것이 고독하고 불안하고 불확실하고 불합리하고 일시적이고 유한한 것이지만, 그 동안 인간 자신을 속박하던 그 모든 "절대"들로 더 이상 자신을 규정하지 말고, 완전히 자유로운 선택으로 자기 스스로를 실현시킬 수 있는 가능성을 의미하는 자유가 있다는 점을 찬양하고, 그 자유에 따른 삶이 바로 가장 인간다운 삶이라고 전도하는, 휴머니즘 세계관 전도자들이었다.

그러나 유신론적 실존주의자들은 이상주의와 자연주의와 실용주의에 의해 부정되었던 기독교 신앙의 불합리성과 그 의미가 실존주의에서 제대로 설명되었다는 확신을 갖게 되었다. 실존주의는 합리주의의 문제점을 적나라하게 드러내는 세계관이었으므로 역설적으로 합리주의를 근거로 기독교 신앙을 부정하거나 혹은 기독교 신앙을 합리주의의 한계 안에 제한하거나, 억지로 합리주의 사고방식에 맞추어 표현하려 하였던 시도들의 근거에 근본적인 의문을 제기한 결과이기도 했다. 그래서 유신론적 실존주의자들은 그 동안 일방적이었던 반(反)기독교적 합리주의 세계관의 공세에 대하여 새롭고도 강력한 반격을 시도하였고 기독교신앙의 의미를 되살리는 계기로 삼았다.

물론 실존주의 신학자들은 또한 실존주의 세계관의 틀에 맞추어 기독교 신앙을 해명하려 하였으므로 정통적 기독교 신앙을 고수하는 그리스도인들에게는 여전히 불만족스러운 것이었다. 반대로 실존주의 신학자들은 정통적 신앙을 주장하는 사람들이 근대의 정신사적 흐름을 이해하지 못하고 또 여전히 고대의 이상주의 세계관에 사로잡혀 있다고 간주하고 비판하였다.

실존주의 세계관은 이상주의와 자연주의와 실용주의 등 합리주의 세계관이 가진 문제점을 잘 드러냄으로써 인간의 정신사의 발전에 상당히 큰 기여를 했다. 적극적으로는 개인으로서의 인간, 그의 구체적인 상황, 그리고 인간의 중심이라고 볼 수 있는 "나"의 관계적 인격의 특성을 드러냄으로써, 인간을 이해하는 일에 있어서, 개인으로서의 인간이 자신의 일회적 삶에서 자신의 고유한 의미를 추구하고 결국 자기 자신을 실현하는 일이 중요하다는 가치 있는 통찰을 제공하였다.

교육에 있어서도 실존주의는 학생이 본능의 원리에 따라 일방적으로 결정되는 존재가 아니라 선택과 결단의 가능성을 가진 존재라는 것을 확인시켜 준 것, 학생 개개인의 존재와 그들의 삶과 인격을 모두 가치 있는 것으로 받아들여야 한다는 것, 교사가 학생을 다수의 부분 혹은 도구적 대상으로 간주하는 것이 아니라 자신과 인격적으로 관련되어야 할 주체로 간주해야 한다는 사실을 확인해 준 것, 학생 개인이 국가나 사회를 위한 부속품이나 도구로 간주되어서는 안 되며 자기 자신의 고유한 삶을 추구해갈 수 있는 자유를 보장받아야 한다는 것, 학생은 성장하는 과정 안에 있는 존재이며 그 성장 과정의 매 순간이 모두 의미 있는 것이라는 것 등을 확인해 준 것은 큰 기여임에 분명하다.

그럼에도 불구하고 실존주의 세계관과 교육이론은 절대화된 세계관으로서의 실존주의 그 자체가 가진 문제점 때문에 역시 실재를 잘못 해석하거나 왜곡하는 경우가 많았다. 이러한 것들은 기독교 세계관과의 비교할 때 더 잘 드러난다. 중요한 문제점들 몇 가지만 열거해보면 다음과 같다.

첫째, 실존주의 세계관은 인간의 확실성의 다른 근거들을 모두 부정하면서 실존이라는 사실에서 그 확실성을 찾으려 했다. 그 결과 실존주의자들은 실존을 사실의 차원을 넘어 절대화하는 오류를 범했다(Van Wyk, 1979: 95). "여기와 지금"이라는, 그리고 길 위에 있다는 명백한 사실은 그러나 그 사실을 절대화하여 다른 모든 것들이 그것으로부터 출발해야 하고 그것으로부터 설명되어야 한다는 당위성과는 별개이다. 실존이라는 사실 자체가 이처럼 완전한 개념처럼 절대화될 때 또 다른 분명한 사실들을 무시하는 결과가 초래된다. 개인의 실존적 상황과 실존적 관계를 형성하고 있지 않다고 하여 무시될 수 없는 진리들도 많이 있다. 무신론적 실존주의자들은 실존이라는 그 자체를 절대화하고 다른 모든 권위 있는 것들을 형이상학적인 것으로 포괄하여 무시함으로써 하나님의 존재와 그 분의 영원한 규범조차도 도매금으로 무시하였다. 비록 실존주의자에 따라 존재 혹은 초월자에 대하여 깊이 고려하는 경우도 많이 있기는 하지만 그 개념이 성경의 계시와 그리스도를 통하여 스스로를 드러내신 하나님처럼 명확하지는 않다.

그래서 기독교세계관에서 무신론적 실존주의를 비판하는 사람들은 거침없이 실존주의 철학에 비판의 화살을 날린다. 예컨대, 펜터(E. A. Venter) 교수는 실존주의를 다음과 같이 비판한다: "실존철학은 본질적으로 하나님을 자신의 삶에서 몰아내었으나 여전히 하나님의 손으로부터 뛰쳐나갈 수 없는, 세속화된 사상의 절망적 아우성이다. 실존철학은 불합리한 세계에서 (모든 것을) 세속화 하는 문화인의 거짓 종교이다. 의도적으로 그는(실존철학자) 하나님과 그 분의 법에 대항하여, 본질적인 실존으로 나아가는 입구에 빗장을 걸어 닫아버리려고 시도하였다. 그는 이전에도 있었고, 지금도 있고, 장차 오게 될 세대의 소망과, 영감(靈感)의 결과인 하나님의 말씀에서 벗어나 있다."(Van Wyk, 1979: 98).

그리고 실존이라는 사실 자체가 인간에게 깊이 각성됨으로써 인간의 현재의 삶이 의미 있게 인식되고 더 치열하게 살아가는 일에 도움이 되는 것은 사실이지만 인간은 그처럼 늘 각성하면서 살아가는 존재도 아닐뿐더러, 실존적 인식 그 자체가 의미 있는 인생을 보장해주는 것도 아니다. 기독교세계관에서 볼 때 실존의 사실 및 그 사실의 각성보다 더 중요한 것은 그 실존을 의미 있게 해 줄 수 있는 참된 기원(자)이다. 이러한 문제점을 기독교철학자 스투어커르(H. G. Stoker)는 다음과 같이 잘 지적하고 있다: "단지 '길 위에 있음'이 문제가 아니다. (그러면) 그 길로 어디로 가는데? (더 중요한) 문제는 그 곳으로 말미암아 길 위에 있음의 방향이 확정되는 그 기원(基源)이다. 길 위에 있음(의 사실)을 기원으로 치켜세우는 사람은 갈 바를 알지 못하는 여행자이다."(Stoker, 1970: 12).

둘째, 실존주의는 구체적으로 실존하는 나로부터 출발하고, 세계가 나와 관련되어 수용되고 해명되는 철저한 인본주의 세계관이다. 이 세계관에서 개인으로서의 인간은 비록 완전한 존재는 아니지만 세계의 중심으로 간주되었고, 개인으로서의 인간은 세계 안에서의 자신의 삶과 운명에 대하여 절대적으로 자유롭게 선택하고 결단하는 존재로 간주되었다는 점에서 절대화되었다(Van Wyk, 1979: 95-97). 그래서 모든 권위를 부정하고 스스로 절대 자유를 구가하는 존재라는 의미에서 신격화 된 존재, 곧 하나님을 부정되고, 그 대신 스스로 자신의 운명을 주관하는 하나님이 자리에 앉혀진 인간을 보게 된다.

그러나 이러한 개인 중심적 오리엔테이션은 개인과의 인격적 관계맺음이 어려운 더 큰 규모의 사회, 그리고 자연과 환경에 대한 이해에 있어서 소홀하거나 소극적인 결과를 초래한다. 실존주의가 개인성을 확인시켜주는 차원을 넘어 개인성을 절대화할 때, 사회성 자체의 원리는 소홀해질 수밖에 없다.

셋째, 실존주의가 실존 자체를 절대화시켜 모든 보편적 규범을 부정하고 개인의 완전한 자유를 선언하였다(Golverdingen, 1995: 33).[22] 그러나 비록 경직된 절대규범처럼 간주되어 종종 인간의 다양한 가능성을 구속하는 부작용을 초래하기는 했으나 인간의 문화적 발전을 통하여 어느 정도 확인된 보편적인 규범이 있기 마련인데 그러한 것들의 가치가 한순간에 거부되거나 평가 절하되고, 결과적으로 새로운 도덕적 실험이 고상한 것처럼 간주되는 도덕적 퇴보가 불가피했다(Van Wyk, 1979: 95-97). 예컨대 사르트르는 결혼에 대한 이해에 있어서 제도적인 것, 상대방을 구속하는 것 없는, 자유로운 관계로서의 동거를 실험하기도 했다. 그러나 기독교세계관에서 볼 때 그의 이러한 실험적 시도는 결혼과 가정이라는 고유한 관계의 구조적 법칙에 대한 이해를 무시한 것으로서 결혼과 가정을 풍요하게 만들기보다는 오히려 황폐하게 만드는 결과가 될 뿐이었다.

자유라는 개념이 좋은 것이지만 그것이 절대화되어 과장될 때 그 참 의미가 왜곡된다. 그래서 자신을 둘러싼 모든 것, 자신에게 무엇인가 요구하는 모든 것이 속박으로 간주되는 병적인 과잉 민감성이 생겨난다. 기독교세계관에서 참된 자유는 죄와 오류로부터의 자유이지 참된

---

22) 홀페르딩언은 무신론적 실존주의자들의 이러한 경향을 그들의 주장을 근거로 이렇게 표현했다: "하나님이 존재한다면 인간은 자유롭지 못할 것이다. 그러나 이제 하나님이 더 이상 존재하지 않기 때문에 인간은 어떠한 결정된 규범과 가치에도 종속되지 않는다. 모든 실존은 무의미하고 반합리적이다."

법칙과 규범으로부터의 자유가 아니다. 참된 법칙과 규범은 인간의 생명과 행복을 지켜주는 울타리가 되기도 한다. 동시에 참된 자유는 선을 향한 자유, 가치를 구현하는 일에 있어서의 자유이지 무조건적인 자유는 아닌 것이다. 인간의 자유는 사회 안에서 상대적인 자유일수 밖에 없다. 또 인간의 자유로운 선택에 대하여 책임성을 강조하는 것은 정당하며, 또 멋져 보이는 말이기도 하다. 그러나 인간은 자신의 모든 선택에 대하여 책임질 수 있을 만큼 능력 있는 존재가 아니다. 언제나 모든 정보를 가진 후 선택하는 것도 아니고, 책임의 정도가 자신의 능력의 한계를 훨씬 초월해버리는 경우도 많다. 반동의 세계관으로서의 실존주의는 특히 이상주의 세계관에서 규정된 도덕적, 사회적 규범의 허구성을 반대하면서 등장하다보니 극단적 편향성을 보였다.

넷째, 실존 외의 모든 것의 확실성을 부정해버림으로써 실존주의는 인간의 근본적 불안, 삶의 불합리와 무(無)목적성을 정당화하였다. 인간은 우연히 불합리한 세상 안에 내 던져진 존재가 되어버렸고, 그는 믿을 만한 권위를 가진 신이나 스승이나 안내자도 없이, 잘 알 수도 없는 미래를 향하여, 그러나 선택해야 하는 기로에 선 존재로 간주 되어버렸다. 이러한 실존주의 세계관은 비록 잠시 자유를 즐기고 자신이 주체가 되어 자발적으로 의미를 부여하고 또 변화된 삶을 결단하는 치열한 순간들이 있겠지만 필연적으로 허무적이고 염세적인 수렁에 빠져들게 만드는 어두운 세계관이다. 그래서 실존주의에서 사람들은 불안, 죽음, 좌절, 불행, 절망, 혐오, 죄 등 캄캄한 것들에 대하여 지속적으로 듣는다(Van Wyk, 1979: 95-97). 여기에는 자신의 존재에 대한 행복한 인정이 없고, 소명을 수행하는 이유에서 오는 충성심과 보람이 없고, 미래의 구원을 소망하는데서 기쁨이 없고, 구원받은 공동체에의 소속감과 사랑과 헌신적 교제에서 오는 기쁨이 없다.

다섯째, 실존주의 세계관이 인간의 주관성을 드러낸 것은 적절한 통찰이었지만 주관주의 그리고 순간주의에 빠져 실재에 대한 객관적이고 합리적인 지식과 규범의 가능성에 대하여 회의적이었고 모든 것을 일시적인 것들을 간주하는 오해 혹은 오류를 범했다(Van Wyk, 1979: 95-97). 그러나 기독교 세계관에 따르면 하나님의 말씀으로 창조된 창조세계는 객관적인 법칙성을 가지고 있다. 인간은 다양한 지식추구의 방법으로 비록 현세적인 한계가 있지만 그러한 법칙들을 발견할 수 있고 또 활용할 수도 있다. 종종 인간이 그 법칙들을 기술하는데 있어서의 한계, 해석하는 데 있어서의 왜곡과 오류가 있지만 그러한 인간의 한계성이 실재 자체의 법칙성을 부정하는 근거가 될 수는 없다. 따라서 근대적 세계관이 과학적 방법으로 발견한 많은 지식들이 인간의 지식의 한계에서 오는 부분성, 인간의 종교적 경향성에서 오는 해석의 과장성과 왜곡성의 문제가 있는 것은 사실이지만 그것 때문에 객관적 지식 자체나 합리적 설명의 노력 자체를 부정할 필요는 없다.

여섯째, 실존주의는 교육이론으로 체계화시키기 어렵다. 교육적 인간론, 교육의 목적, 교육적 관계에 대하여 많은 통찰을 제시한 것은 사실이지만 교육이론이 요구하는 전체를 세세하게 설명하면서 체계화하기 어렵다. 교육의 결과를 통해서 달성 가능한 구체적 목표 설정도 어렵고, 그 점진적인 달성과정도 일정한 것이 아니어서 확인하기 어렵고, 더욱이 객관적인 평가는 불가능하다. 교육방법에 있어서도 방법을 어떻게 효율적으로 개발할 수 있는지 방법론이 약하다. 학생의 삶에 있어 깊은 차원의 의식이 가능한 삶의 위기에서 더욱 효율적이지만 일상적인 경우 그 효과도 의심스럽다.

그리고 교육적 인간학에서 필연적인 발달이론의 법칙성에 대한 불충분한 이해도 지적될 수 있다. 유아시기에서 청소년기 이전까지는 일정한 인지적 발달의 법칙성이 규명되고 있지만 실존주의자들은 이러한 공통적 발달특성을 고려하는 일에 소홀하다. 실존적 인식이 불충분한 아동에게 실존주의적 통찰들이 어느 정도 적합하게 적용될 수 있을지 의문이고, 자기 정체성을 형성하는 과정에서 청소년들에게 필요이상으로 더 깊은 불안과 절망을 요구할 수도 있다. 실존주의가 청년과 성인 지식인들에게 호소력이 강했던 것처럼 실존주의 교육도 청년과 성인, 그것도 스스로에 대한 반성적 능력을 가진 지식인에게 더 적합한 것이라고 보아야 할 것이다. 실존주의 교육의 적용성은 자체의 교육이론 구성보다 이상주의와 자연주의 교육의 문제점을 수정하도록 요구하는 비판적 통찰에서 찾아져야 할 것이다.

7.5 결론

실존주의 세계관은 인본주의 근대 세계관의 문제점을 적나라하게 드러냄으로써 견고했던, 인간의 이성에 근거한 합리주의에 대한 신앙을 무너뜨렸다. 그리고 합리주의 세계관 하에서 객관주의에 매몰된 개인, 법칙성에 속박된 자유, 대상성에 상실된 인격의 의미를 되살리는 데 큰 기여를 했다. 그리고 의도적인 것은 아니었지만 그 동안 인간 이성의 합리성을 근거로 기독교신앙을 붕괴시키거나 왜곡시켰던 근대적 사고방식의 허구성을 드러냄으로써 기독교신학의 발전을 자극하였다. 실존주의 세계관은 교육이론에 있어서도 학생 개인의 가치와 인격과 주관성을 조명함으로써 지식중심교육과 집단적 교육과 권위주의 교육에서 종종 초래되는 비인간화의 문제를 잘 드러내었다.

그러나 합리주의에 대한 실존주의의 공격은 너무 극단적이어서 객관적 지식의 가능성, 보편적 규범의 가능성조차도 부정하는 오류를 범했다. 무신론적 실존주의자들은 인간의 합리적 이성의 산물이 될 수 없는 하나님의 존재, 하나님의 말씀, 하나님이 창조세계에 부여하는 법칙성도 부정하는 오류를 범했다. 그리고 한편으로는 인간을 절대화하면서도 또 다른 한편으로는 인간을 우연과 불안과 무의미와 불확실성 가운데 던져버리는 무책임한 일을 마치 신앙인처럼 확신 있게 감행했다. 그리고 실존주의 교육의 통찰들은 비형식적이고 비연속적이어서 일관성 있게 실행되어야 할 학교교육이론으로 발전시키는 데에는 한계가 많다.

08
인간주의 교육이론

Christian Worldview
& Theory of Education

8.1 서론

인간주의 교육은 1960년대와 1970년대 초에 미국에서 큰 영향을 미쳤던 반합리주의적(irrationalistic) 운동으로 간주된다. 인간주의 교육은, 사실상 인간의 합리적-인지적-논리적 측면들의 능력을 향상시키는데 주의를 집중하고 있었던 학교교육의 일반적 경향에 대항하여, 인간의 반합리적-'비'논리적-정서적 측면들을 강조함으로써 인간의 전인성을 추구하였다. 인간주의 교육은 넓은 의미에서 볼 때 인간주의 철학(humanistic philosophy)에 근거해 있으나, 금세기에 그 자체의 역사적 철학적 배경에서 새롭게 발생한 교육운동이므로 그 자체의 새로운 명칭에 따라 "신인간주의교육" 혹은 "인간주의교육"으로 칭해질 수 있다. 인간주의 교육의 전인성에 대한 접근은 금세기에 있어 다른 교육철학들보다 교육적 인간학에 있어서 더 발전적이고 균형 잡힌 시각을 보여주었다고 할 수 있다.

8.2 인간주의 세계관

인간주의 교육운동은 인간의 가치와 자유를 위협하는 과대-과밀도시화, 비인간적 관료주의, 산업 사회적 경향에 대항하여 개인주의, 자유롭고 인간다운 통합적 퍼스날리티, 동등한 인간상호관계와 인간다운 사회를 강조하는 새로운 인간주의적 이념형성에 기여하였다. 반합리주의 철학에 근거한 인간주의 교육은 휴머니즘의 종교적 근본동인에 있어서 자유의 극단에 기울고 있다. 인간주의 교육은 진보주의, 실존주의, 인간주의 심리학, 낭만주의, 신마르크스주의와 동양종교운동과 같은 반합리주의적 철학 사조와 연관되어 발전하였다.

현대 서양교육사에 있어서 중요한 교육사조의 하나인 인간주의교육에 대한 논의는 1980년대에도 계속되었다. 뿐만 아니라 인간주의의 반합리적 성향은 1980년대와 1990년대에 뉴에이지운동과 후기현대주의의 형태로 여전히 지속되고 있다. 인간주의의 본질적 요소들은 교육의 조직에 상존하므로 인간의 지적 측면이 지나치게 과대 강조될 때마다 다시금 표면에 등장한다.

"인간주의 교육"이라는 용어는, 인간주의교육운동이 마치 우산 형태로 다양한 접근들을 포함하고 있고, 다양한 사람들이 그 개념을 정의하지 않은 채 사용하고 있기 때문에 다소 애매하여 용어를 정의하는데 어려움이 있다. 판델발트에 따르면 인간주의교육운동은 다음의 몇 가지 신조들을 가지고 있다(Van der Walt & Postma, 1987: 24).

(1) 인간의 자유, 가치, 개인적 자율성, 개인주의를 강조하는, 다소 넓고 산만한 개념으로서의 인간이해

(2) 인간을 한 가지 내지 몇 가지의 제한된 정신적 요소들로 환원하는 이론들에 대한 거부

(3) 인간에 대한 과학적-공학적 객관화에 대응하여 인간의 주관적이고 내적인 측면들을 강조함

(4) 인간의 합리적이고 인지적인 능력에 대한 과대강조에 대응하여 인간의 정서, 열망, 감정을 강조하고, 자유롭고 대안적이며 개방적이고 비형식적인 학교, 교육이론, 행정규칙 등을 선호함.

인간주의 교육에 있어서 주된 관심은 두 방향으로 표현되고 있다. 한 방향은 기존의 교수과목들을 좀 더 인간적인 방식으로 가르치도록 유도하는 것이고, 또 다른 한 방향은 적극적으로 학생의 정서적 측면을 교육하는 문제에 집중되어 있다. 이러한 이유로 인간주의 교육

이론가들은 종종 두 집단, 곧 낭만적 학교비판이론가들과, 교육의 장에서 인간의 정서적 문제를 강조하고 그 발달을 도모하려는 인간주의 심리학자들로 분류된다.

　인간주의 교육의 일반적 인간관을 개관하기 위해 위의 두 집단을 대표하고, 인간주의 운동의 초기부터 교육가들을 자극하고 그들에게 영향을 주었던 네 사람의 교육이론가들을 선택하여 분석하면 공통적인 특성을 추론할 수 있다. 그 네 사람의 인간주의 인간관은 홀트(John Holt)의 "가치와 위엄을 지닌 자유인(free man of value and dignity)", 굳만(Paul Goodman)의 "자기규제의 자유 시민(self-regulating free citizen)", 로저스(Carl R. Rogers)의 "완전 작동하는 인간(fully-functioning person)", 그리고 마슬로우(Abraham H. Maslow)의 "자기실현해가는 사람(self-actualizing people)"이다. 이 네 사람의 인간됨의 의미를 분석하여 그 특징들을 종합하면 다음과 같다.

　(1) 인간의 기원과 발달은 진화론을 근거로 설명된다. 인간은 생물학적-심리학적 유기체이다. 인간은 본성적으로 선하고 적극적인 성장경향성을 지니고 있고, 무한한 긍정적인 잠재력을 소유하고 있다. 자기실현은 인간의 삶과 발달의 궁극적인 목표이다. 인간은 모든 부정적인 사회적 영향으로부터 자유로워야 한다. 인간은 자율적인 존재로서 어떠한 외적인 규범으로부터도 자유롭고, 오직 자신의 내면적 본성의

법과 동기부여에 복종할 때 건강한 퍼스낼리티를 유지한다. 결과적으로 인간의 자기 충족성, 자율성, 자기실현 등이 인간주의 인간관의 가장 근본적인 특징이다.

(2) 굳만은 자아를 유기체와 환경사이의 접촉을 통합하는 체제 혹은 통합과 행위의 대행자라고 간주하였다. 그리고 로저스는 자아를 지각의 장(perceptual field)으로 간주하였다. 그러나 로저스는 유기체의 자기 실현해 가는 과정에 있어서, 자아의 부정적 기능에 대하여 주로 논의하였다. 자아의 긍정적인 역할은 그 자기개념이 생물학적 유기체의 경험과 얼마나 조화되는가에 의존되어 있다. 따라서 진정한 의미에서의 자기는 생물학적인 내적 본성, 혹은 생물학적-심리학적 본성을 의미한다. 인간의 생물학적인 내적 본성은 인간의 본질이면서 중핵이다. 그 생물학적 본성이 인간의 행동과 발달과 자기실현에 동기를 부여하고 그 과정을 지도한다. 또한 유기체의 모든 기능과 필요를 통합시킨다. 따라서 자기는 종종 인간의 생물학적(-심리학적) 기능들과 동일시된다.

(3) 인간은 통합된 전인적 통일체가 되어야 한다. 이상적인 인간(가치와 위엄을 지닌 자유인, 자기규제의 자유시민, 완전기능인 혹은 자아실현인)이란 잘 통합된 퍼스낼리티를 보여준다. 인간의 모든 행동은 인간 유기체의 모든 기능들에 연관되어 있는 만큼 인간은 언제나 전인적이다. 전인성이란 단지 인간 개체에만 한정되는 것이 아니라 때

로는 세상의 모든 영역에도 확장되어 적용된다. 인간의 전인성이 포함하는 바, 인간의 다양한 기능적 측면들의 수는 인간주의자들에게 있어서 차이가 있지만, 인간주의 이론가들은 언제나 그 다양한 측면들을 통합하려 한다. 주로 인간의 논리적 측면과 정서적 측면의 통합이 시도된다. 그러나 인간의 생물학적 측면이 가장 중요하고 단연 우세하다. 그 생물학적 측면은 때때로 심리적 측면과, 다른 '비'논리적(a-logical) 측면들을 포괄하고 있다. 그런데 인간의 사회적 측면은 종종 부정적인 것으로 간주된다. 인간주의자들은 인간의 다양한 측면들을 전체적으로는 논리적 측면과 '비'논리적 측면(생물학적-정서적)으로 이원화한다. 물론 그 둘 중에서도 인간의 생물학적-정서적 측면이 인간의 모든 논리적 활동의 절대적인 전제조건이다.

8.3 인간주의 교육이론

8.3.1 교육의 목적

인간주의 교육의 주된 목적은 인간의 전인적 발달이다. 많은 인간주의 교육이론가들은 전통적 교육이론과 실상이 인간의 정서적 발달을 희생하면서 지적 발달을 과중하게 강조해왔으므로 교육과정에 있어서나 교실의 환경에 있어서 아동의 심리적 적합성을 상실하고 있다고 비판한다. 따라서 인간통합(전인성)의 문제는 인간주의 교육에 있어서 근본적인 인간학적 문제가 된다. 인간주의 교육을 특징지우는 중요한 용어들인, "전인", "전인적 발달", "합류적 교육", "자기실현" 등은 직접 간접으로 (신)인간주의 교육이론가들의 인간통합 내지 이상적 통합을 지향한 노력을 보여주고 있다.

8.3.2 교육과정과 교육방법

미국 교육학계에서 제안된 대표적인 네 가지의 인간주의교육과정, 곧 콤스(Authur W. Combs)의 정의적 교육(Affective Education), 와인스타인(Gerald Weinstein)의 자기탐구교육(Self-science Education), 브라운(George I. Brown)의 합류적 교육(Confluent Education), 그리고 발레트(Robert E. Valett)의 인간주의 교육(Humanistic Education)을 정리해본다.

1) 콤스의 정의적 교육

콤스(A. W. Combs)는 인간주의심리학과 교육의 대표적인 학자로서 인간주의교육을 위한 "장학과 교육과정개발 1962년 위원회(ASCD)"의 위원장이었고, 『지각과 행동과 존재: 교육의 새로운 초점』(1962)과 『인간주의교육: 목표와 평가』(1978)의 편집자였다.

그는 자신의 인간주의심리학을 지각심리학이라 칭했고, 자신의 심리학은 인간주의운동과 성장에 대한 자극의 산물이라고 설명했으며, 인간의 행동보다 인간의 내적 지각을 더 강조하였다. 그는 인간의 자신과 세계에 대한 지각이 행동을 결정하므로 인간의 행동은 지각의 표현이라고 보았다. 인간의 지각은 개인적 의미, 현상적 경험, 자기개념과 관련된다고 주장했다.

콤스는, 인간은 진화론적 가정에서의 생물학적이고 심리학적인 존재이므로 본성상 선과 악의 도덕적 관점에서 이해되어서는 안 된다고 보았다. 그리고 인간은 그 자신 안에 무한한 잠재능력을 가지고 있고, 건강, 자기실현, 개인정체성, 자유와 자율성을 지향하는 추동력을 가지고 있다고 보았다.

콤스에게 있어서 이상적인 인간은 자기 실현하는 인간을 뜻한다. 자기실현한 인간은 잘 통합된 퍼스날리티의 특성을 보인다. 구체적인 특성으로는 자기에 대한 본질적으로 긍정적인 관점, 타자와의 깊은 동일감, 자신의 경험에 대하여 무한히 열린 그리고 수용적인 지각적 장(field), 풍부하고 활용가능한 지각적 장의 특성 등이다.

콤스는 이러한 기초 위에서 지적 측면과 정의적 측면을 통합시키는 정의적 교육(Affective Education)을 주장하였다. 그가 주장한 정의적 교육의 특성은 다음과 같다.

(1) 교육의 통전적 특성

콤스는 지각적 접근 자체가 통전성을 가지고 있으므로, 인간과 학습은 본질적으로 통전적 특성을 가지고 있어서 교육은 본질상 통전적이어야 한다고 보았다. 그는 지적 영역과 구별되는 정의적 영역이라는 것 자체도 없다고 주장했다. 왜냐하면 인지와 감정은 구별될 수 없다고 보았기 때문이다. 따라서 정의적 요소가 소홀하게 취급당하는 교육은 교육이 아니며 모든 교육은 정의적이어야 한다고 말하기도 했다. 학생의 내면적 활동이 통전적이고 정의적인 것이므로 교육목표는 감정, 태도, 신념, 가치, 이해, 개인적 의미, 자기와 타인의 지각 문제를 포함해야 한다고 보았다. 그리고 교육의 행동적 목표들조차도 정의적 본성과 무관하게 다루어져서는 안 된다고 했다.

(2) 교육과정에서 정의적 측면의 기능: 개인적 의미

콤스가 정의적이라고 표현한 것들은 그의 주장에 따르면 인간을 진짜 인간답게 만드는 것들로서 신념, 태도, 감정, 이해, 관심 등을 뜻한다. 그에 따르면, 교육의 목표들은 긍정적인 자기개념, 동일감, 책임, 경험에 대한 열림, 적응, 창의성, 효율적인 인간관계 등이어야 하고, 이러한 특성들은 개인적 의미의 결과물들이다. 그래서 정의적 교육의 주된 목표는 학생이 개인적 의미를 발견하는 것을 돕는데 맞추어져야 하고, 교육가는 교육과정과 평가에서 개인적 의미 문제를 다루어야 한다고 보았다. 학생의 개인적 의미에 관심을 가진 교사는 교육의 과정에서 학생과 따뜻하고 인간적인 관계를 만들어야 하고 이러한 정의적 측면들을 추구하고 적극적으로 활용해야 한다고 했다.

(3) 학습에서 고려해야 할 정의적 특성

콤스에 따르면 학습은 정의적인 동시에 인지적인 경험으로서 성격상 통전적이다. 그래서 학습은 첫 단계인 새로운 정보와 경험의 습득이라는 인지적 측면에서, 더 심화된 단계인 그 정보의 의미를 발견하는 정의적 측면으로 진행된다. 심화된 학습이 이처럼 개인적 의미의 발견 과정이라면 학습은 매우 개인적인 경험이라고 할 수 있다. 따라서 콤스는 교육이 정의적인 것이 아니라면, 학습이라는 것은 없다고 주장했다. 콤스는 정의적 관점에 따라 학교학습에, 정보와 객관성 강조의 축소, 의미 가치추구, 의미 감수성 개발, 학생 수용, 개인적 탐구 격려, 의미에 대한 평가, 교사 평가를 요구하였다.

콤스는 정의적 교육에서 정의적 요소들 중 다음의 것들을 상세하게 설명하였다.

① 자기개념: 자기개념은 행동과 학습 모두에 영향을 주고, 학교생활의 성공과 실패에 있어 결정적인 요소가 된다. 자기개념은 경험되는 것이므로 학교에서 성취를 통해 긍정적 자기개념이 형성되게 해야 한다. 교사는 성취경험과 긍정적 피드백으로 긍정적 자기개념을 증진시켜야 한다.

② 도전과 위협: 개인적 의미발견은 도전과 위협에 깊은 영향을 받는다. 학생이 관심을 갖고 있는 문제, 성취 가능한 문제에서는 도전을 받고 심화된 학습으로 나아가지만, 정반대로 위협당할 때는

시각이 축소되고 자기 방어적이 되어 문제를 효율적으로 다룰 수 없게 된다.

③ 가치: 학생의 선택에 있어 기본적 지침이 되는 종합적 신념으로서의 가치는 개인적 직면, 실험, 선택을 통해 획득되므로, 학교에서 가치탐구과정이 적극적으로 고려되어야 한다.

④ 소속감과 돌봄: 소속감과 돌봄의 감정은 효과적인 학습에 깊은 영향을 준다. 교사는 교실수업에서 이러한 감정을 유발하는 조건을 형성하는 일에 신경을 써야 한다.

⑤ 개인적 필요: 기본적 필요는 동기부여의 조건이 된다. 필요가 만족되지 않을 때 지각의 구성은 축소되고 경직되지만, 필요의 만족은 더 높은 개인적 목표성취를 추구하게 만든다. 콤스는 가장 효과적인 학습은 개인적 필요와 관련되어 있다고 말했고, 학생은 자신이 필요로 하는 것을 배울 때 가장 잘 배우고 열심히 배우므로 학교의 학습은 학생의 필요와 경험에 적실성이 있어야 한다고 주장했다.

2) 와인스타인의 자기탐구교육

와인스타인(G. Weinstein)은 인간주의 교육의 선구자 중 한 사람으로서 포드재단의 초등학교교육프로젝트(1964-1968) 책임자였다. 그의 주도로 이루어진 프로젝트는 소수인종 학생의 교육실패가 부적절한 교육과정, 인지적으로 정향된 자료와 수업에서 유발된다고 보고 정의적 영역의 탐색, 대안적인, 정의적이고 통합적인 교육과정개발을 제안했다. 1970-1973년에는 포드재단의 후원으로 인간주의교육센터를 운영하면서 자기탐구교육프로그램을 개발했다.

(1) 정의의 교육과정

와인스타인은 교육이란 개인적 그리고 상호 관계적 기초에 서 있으면서 학생의 관심사들을 다루는 목표들을 가진, 폭넓은 인간적 초점을 가져야 한다고 주장하였다. 그러나 현실적으로 현대교육은 학생과 접촉점도 갖지 못하고 있고 적실성도 없다고 보았다. 그 이유는 교육이 학생에게 개인적이며 의미 있는 내용이 되지 못하고 있고, 학생의 학습스타일, 경험, 감정과 관심사와 무관하기 때문이라고 보았다. 특히 학생의 감정과 관심사는 정의적 영역이며, 이러한 정의적 영역이 인지적 자료들의 출발 고리로서 학생과 학습내용을 의미 있게 접촉하도록 만드는 것이라고 했다. 와인스타인에 따르면 정서와 기본적 관심사가 정의적 영역의 주된 요소이며, 그 안에 자기개념, 자기정체성, 능력감, 관계감 등이 두드러진 요소들이다. 이러한 정의적 측면들이 인지적 학습을 활성화하는데 기여한다.

와인스타인에 따르면, 교육적 적실성은 정의적 영역과 인지적 측면의 조화로운 관련성이 있을 때 비로소 성취된다. 그는 인지적 측면과 정의적 측면이 서로 반대되는 것이 아니라 상보적인 것이라고 했다. 그의 주장에 따르면 현대교육은 인지적 측면을 과대강조하거나 인지적 측면으로부터 정의적 측면을 분리시키는 오류를 범하였다. 따라서 교육적 적실성을 회복하기 위해 정의적 측면과 관심사들이 인지적 교육과정과 융합되는 "정의의 교육과정(a curriculum of affect)" 혹은 "관심사의 교육과정(a curriculum of concerns)"이 되어야 한다고 주장했다.

이 교육과정모델은 다음과 같은 단계로 진행된다: ① 학습집단 진단 - ② 공유된 관심사 진단 - ③ 사회 심리적 요소 진단 - ④ 목표구성 - ⑤ 내용 도구 - ⑥ 학습 기술 - ⑦ 수업절차 - ⑧ 결과평가. 단계들의 전반에서 학생의 관심과 학습경험에 대한 느낌, 사회적 맥락에서의 경험, 학생의 자기 내지 타인 인식 기술, 학생의 학습스타일이 고려되어야 한다.

(2) 자기탐구교육

와인스타인은 정의의 교육과정 방법으로써 과학의 탐구적 개념을 끌어왔다. 마치 과학방법이 관찰, 가설설정, 재관찰, 실험, 평가의 과정을 거치면서 가설을 점검하고 더욱 현실에 일치한 결과를 얻어가는 것처럼, 교육은 학생이 자기 자신과 타인에 대한 가설들로 구성되어 있는 자기개념을 검토해가도록 의도하였다. 학생이 마치 자연과학자인 것처럼 자신의 내적 자기와 행동을 관찰하고 가설을 검토하면서 건강하고 실제적인 자기개념을 갖게 하고, 학생이 자신과 타인과 세계와의 관계를 정확하게 파악하도록 하려 했다. 그는 자기탐구교육을 심리 치료 과정으로 간주하지 않았고 일반화하여 예방적이고 발달적인 과정이 되게 하려는 의도를 가졌다.

(3) 통합을 지향한 트럼펫 모델

와인스타인은 통합과정을 도식화하기 위해 트럼펫 모형을 활용하였다. 그는 자기인식이 트럼펫 모양으로 확장되도록 하고, 그 안에서 개인의 반응패턴을 확장시키기 위해 정의적 활동들을 선택하고 계열화했는데, 주로 세 가지의 기본적 관심사인 자기정체성, 관계감과 능력감이 사고와 행동과 통합되도록 했다. 그래서 이 도식에서 관심사, 추상적 사고, 의식적 행동의 세 국면을 엮어 통합시키는 과정을 묘사했다.

트럼펫 모델은 개정되었는데, 1967년 모델은 5단계로 이루어져 있었다: ① 목록작성 – ② 구별 – ③ 추상화 – ④ 실험 – ⑤ 행동선택. 1971년, 자기탐구교육을 위해 개정된 모델은 8단계로 확장되었다. 개정된 트럼펫 모델의 진행은 다음 단계로 진행된다(Weinstein, 1971).

① 경험대면: 학생이 연습과 실제 경험을 통하여 자기 자신과 대면한다. (질문: 나는 정보를 일반화하는 상황과 상호작용한다).

② 반응목록: 감정과 감각, 사고, 행동의 영역을 나누어 관찰하고, 학생의 일반적 반응과 고유한 반응을 기록한다. (질문: 나는 어떻

게 반응했는가? 무엇이 일반적이고 무엇이 고유한 반응인가?)

③ 형식구별: 이전단계의 자료를 분류하여 고유한 패턴 윤곽을 그린다. (질문: 나에게 무엇이 전형적인 것인가?)

④ 자신패턴: 학생이 자기 자신의 어떠한 측면도 부정하지 않고 모든 패턴을 인식하고 수용하도록 돕는다. (질문: 이 패턴은 나에게 어떤 기능을 수행하는가?)

⑤ 결과검토: 학생이 자신의 패턴의 효율성을 점검하여 패턴목록을 확장한다. (질문: 이 패턴 때문에 나의 인생에 어떤 일이 일어나고, 또 일어날 수 있는가?)

⑥ 대안허용: 학생이 확장된 패턴목록에서 대안을 선택하고 실험하게 한다. (질문: 스스로 다른 부가적인 반응 패턴을 허용하겠는가?)

⑦ 평가하기: 학생이 위험을 무릅쓰고 시도한 실험적 반응을 결과에 따라 세심한 수준에서 평가한다. (질문: 내가 스스로 새로운 행동을 허용한 결과 어떤 일이 일어났는가?)

⑧ 선택: 새로운 반응을 모두 혹은 부분적으로 선택하여 지속하기로 결정한다. 물론 평가에 따라 모두를 거부할 수도 있다. (질문: 내가 사용하고자 하는 행동을 이제 선택해도 되는가?)

트럼펫 모델은 개인의 인격적, 지적, 정서적 측면들이 복잡하게 상호작용하는 일련의 과정이다. 개인적 관심사에서 출발하여, 그 관심사에 대한 반응패턴들에 대한 지적 작업을 거친 이후, 자기인식을 확장하고 행동변화에 이르도록 한다. 와인스타인은 여기서 지적 작업도 정의적 결과를 위한 수단이며, 행동의 변화도 정의적 영역의 통합과정에서 이루어진다고 보았다.

3) 브라운의 합류적 교육

브라운(G. I. Brown)은 펄(Fritz Perls)과 함께 게슈탈트 심리치료의 창시자로 간주될 정도로 잘 알려진, 선구적인 게슈탈트 심리치료가이다. 그는 교사교육과 정의적 교육과정 개발을 위해 그의 심리학적 신념의 기초에서 1967년 통합교육과정인 합류적 교육과정(Confluent Education)을 개발했다. 포드재단의 후원을 받아 인간주의심리학의 교육에의 적용방법에 대하여 연구하여 그 보고서를 1971년 『인간학습을 위한 인간교수: 합류적 교육입문』이라는 제목으로 출간했다.

(1) 퍼스낼리티의 통합성

브라운은 인간의 독특성과 잠재능력에 대한 신념을 가진 인간주의 학자였다. 그는 인간의 잠재능력 중 두 가지 측면, 곧 인지적인 측면과 정의적인 측면에 주목하여 이 양자의 관심사를 정신사를 통해 분석하였다. 그에 따르면 이 두 측면은 역사적 흐름에서 한편이 과대강조되면 그에 대한 정반대의 반응을 보였다. 그 결과 인간본성에 있어서 인지적 측면과 정의적 측면의 통합에 실패했다.

브라운에 따르면 인지적인 측면은 대상을 이해하려는 정신의 활동, 지적 기능으로 이해되었고, 정의적 측면은 감정 혹은 경험과 학습의 정서적 측면으로 간주되었다. 정의적 영역은 포괄적이어서 관심, 불안, 관심사, 감수성, 적응, 동기, 개인의 적실성, 개인적 의미, 자기개념, 도덕적 신념, 직관, 비지적 활동, 의지, 태도 가치, 창의성 등을 포괄한다. 그는 모든 주요한 진전과 혁신은 문제에 대한 인지적 접근의 결과가 아니라 정의적 기능의 결과라고 보았다.

브라운은 인지적 측면과 정의적 측면은 실제로는 나눌 수 없는 공생적 관계에 있다고 보았다. 그래서 실제에 있어서는 서로 상대를 배제하거나 분리할 수 없다. 그럼에도 불구하고 상대를 배제하거나 분리시키면 실재에 대한 거짓된 묘사일 수밖에 없고, 이 둘을 대립시키면 인간의 잠재능력은 비극적으로 허비된다고 보았다. 특히 정의적 측면을 분리하거나 부인하면 인간됨에 병리적인 결과를 초래한다고 했다. 두드러진 병리적 증후는 진실한 감정을 거짓 감정으로 대체하는 것, 변화를 두려워하는 것, 그리고 실재를 환상과 환영으로 대체하는 것이다. 그 결과는 자기개념에 부정적인 영향을 주고 인간다움을 위축되게 만든다. 브라운에 따르면 특히 정의적 측면이 지성과 감성의 관계에서 주도적인 역할을 한다. 그래서 정의적 측면이 지식과 진리추구조차도 동기부여하며 지속되게 한다고 주장했다.

브라운에 따르면 이상적인 인간은 인지적 측면과 정의적 측면이 조화롭게 통합된 인간이다. 그 이상적인 인간은 건강한 사람으로서 지적 잠재력을 잘 활용하고 자신의 감정을 수용하고 구별하며 통제할 수 있는 사람이다. 양 측면 사이의 건강한 통합이 이루어지면 개인적인 실존적 책임감과 독립적 창의성이 산출되므로 진정한 성숙에 이른다고 보았다.

(2) 합류적 교육

브라운은 학습에 있어서 정의적 영역과 인지적 영역을 모두 포괄하고, 적실한 학습을 위해 이러한 통합을 촉진시키려고 통합적 교육과정과 기법들을 개발하였다. 교육에 있어 그는 통합이라는 말을 나중에 "합류(confluence)"라는 말로 바꾸어 표현했다. 합류적 교육이란 지성과 감성의 양극을 통합시키려는 교육적 시도였다. 합류라는 말이 의도하는 바는 두 물줄기가 더 큰 강으로 이어지면서 합류되듯이 더 큰 전체 안에서 고유한 경계를 상실하게 되는 상태를 뜻한다.

브라운은 합류적 교육이 인생의 방향에 적합한 교육이라고 주장했다. 그것이 바로 교육 그 자체라고 표현하기도 했다. 학습에서 지성과 감성을 통합하려는 시도가 교육을 학생에게 의미 있고 적실하게 만든다고 보았다. 이 경우에라야 교수와 학습이 더 인간적이고 더 생산적일 수 있다고 말하기도 했다.

브라운에 따르면, 현대 학교교육은 지적 측면을 정서적인 측면에서 떼어내고 분리시켜 배타적으로 지적 인식과정과 객관적 사고에 과도하게 의존했다. 그 결과 교육의 과정에서 정서적 요소를 부정하거나 억압함으로써 병리적인 결과를 초래했고, 그 이유 때문에 인지적 학습 자체에조차도 부정적 결과를 초래했다. 수업분위기가 죽어버려 학습이 기계적이고 지루한 것이 되어버리고, 교사는 로봇처럼 되며, 학생은 그릇처럼 간주되었다. 그 결과 학교는 수많은 중퇴자들, 학습부진아들을 양산되고 있다. 이러한 결과에 비추어 볼 때 지적 측면에 대한 과도한 확신에 사로잡힌 교육은 교육적 현학성의 환상이며 탈선이라는 것이 브라운의 판단이다.

브라운에 따르면, 실제로는 감정이 없는 지적 학습이란 없으며, 정신이 개입하지 않는 감정도 없다. 정의적 요소는 인지적 학습에 긍정적인 영향을 줄 뿐만 아니라 합리성 그 자체에조차도 영향을 준다. 그러므로 교사는 정의적 요소를 부정하거나 억압할 것이 아니라 적극적으로 활용해야 한다. 그래서 학습 안에 정의적 요소를 적극적으로 통합시키려는 노력을 시도함으로써 학생이 인격적으로 참여하고, 학생의 행동이 그 경험을 통해 변화되도록 해야 한다. 한걸음 더 나아가 정의적 측면이 학교활동에서 중요한 역할을 수행할 수 있도록 해야 한다.

이러한 시도의 맥락에서 브라운은 교실수업에서 게슈탈트 치료 기법을 활용한다. 실재인식을 위해 "여기에 그리고 지금"의 기법과 자기책임성의 강조 방법을 적용한다. 그는 "훌륭한 교사는 지금 일어나는 일이 무엇인지 안다. 그는 학생이 지금 어떻게 반응하는지 안다. 그리고 그는 지금 무엇을 하고 있는지 안다. … 지금을 경험하고 지금을 위해 책임을 지는 것은 합류적 교육에서 성공적 가르침을 위해 필수적이다"고 말했다(Brown, 1971).

이처럼 정의적 요소를 인습적 내용의 인지적 학습에 통합함으로써 그 내용이 지금과 접촉점을 갖게 하고, 학생을 지금에 있는 개인으로 만나고, 학생들이 진짜 실재를 인식하게 한다. 브라운은 참된 성장과 변화는 언제나 이러한 실재에 대한 경험을 통해 일어난다고 주장했다. 따라서 합류적 교육의 목표는 학생이 자신의 학습에서 더욱 책임 있는 존재가 되도록 하는 것이다. 그것이 민주사회의 시민에게 요구되는 것이라고 보았다. 책임성도 학생이 실재와 접촉하면서 학습된다고 보았다. 학생이 자신의 학습과 행동에 가능한 한 더 많은 책임을 질수록 학생은 진정한 의미에서 인간이 된다고 주장했다.

그러나 브라운은 합류적 교육의 필요성과 방향에 대한 주장을 넘어 그 통합적 과정을 구체화한 모델을 개발하지는 못했다.

4) 발레트의 인간주의교육

발레트(R. E. Valett)는 특수교육심리학자였으나, 1970년대에 마슬로우와 융의 심리학 구도에서 인간주의 심리학과 교육을 적극적으로 연구했고, 1977년 『전인적 인간을 개발하는 인간주의교육』을 출간했다. 그는 행동치료가 주도적인 특수교육 프로그램에서 정의적 교육과정을 개발하였다.

(1) 자기실현

발레트는 인간을 생물학적이고 심리학적인 유기체로 간주했고, 인간 존재의 중심인 자기는 행동과 생활스타일의 개별적 패턴을 만들어내는 심리적 에너지의 원천으로 보았다. 그는 자기가 그 고유한 가치를 근거로 수용되어야 하고 또 존중받아야 한다고 보았으므로 자기 존중과 자기 확신을 중요한 가치로 여겼고, 긍정적인 자기개념을 발달시켜야 한다고 강조했다. 그리고 자기실현에 있어 신념, 열망, 이상과 목적 등과 같은 정의적 요소들이 방향을 결정한다고 주장했다.

발레트는 내적 자기는 실현되기를 기다리고 있다고 주장했다. 그에 따르면 인간 성숙의 목표인 자기실현으로 개성, 가능성, 잠재능력이 실현된다. 자기 실현된 인간이 참된 존재로 간주된다. 그는 자기 실현된 인간이 되도록 하기 위해 자기 자신에 대한 인식, 수용과 적극적 신뢰, 삶의 가치와 열망과 구체적 목표의 형성, 삶의 에너지의 집중을 요구했다.

발레트에 따르면 자기 실현된 사람은 전인적으로 발달된 사람으로서 균형 잡힌, 인간적인, 성숙한, 교육받은, 책임성 있는 사람을 뜻한다. 그리고 전인성은 정의적 측면(감정), 인지적 측면(사고), 심리 운동적 측면(행동)이 균형 있게 통합된 상태를 의미한다. 이 세 가지 측면은 발달적이고 위계적인데, 곧 가장 낮은 단계가 심리 운동적 측면이고, 그 다음이 인지적 영역이며, 최상의 단계는 정의적 측면이다. 정의적 단계는 인지적 단계와 운동적 단계보다 더 중요하다. 이 정의적 단계에서 개인은 감정, 직관, 자기정체성, 표현, 개인적 초월성을 발달시킨다. 이러한 정의적 특성들이 인간의 행동을 결정하고 경험의 운동적, 인지적 투입물들을 걸러낸다.

(2) 인간주의 교육

발레트는 전인적 인간발달을 도모하는 교육이 인간주의 교육이라고 했다. 그래서 인간주의 교육은 학생이 최대한 자신들의 잠재능력을 개발하도록 돕는 학습경험을 제공하고, 모든 학습이 의미 있는 방식으로 총체적 삶을 창출하도록 통합시키며, 성장과 행동변화를 촉진시켜 학생들이 자기 주도적이고, 건전하고, 균형 있고, 자기 실현되고, 책임성 있고, 사회적인 존재가 되게 하는 교육이라고 설명했다.

인간주의 교육은 인간의 모든 기능과 균형 잡힌 통합에 관심을 갖기 때문에 교육에서 인지적이고 심리운동적인 수준과 더불어, 초월적이고 이타적인 특성을 갖는 더 내적이고 높은, 정의적 수준을 고려한다. 그러나 사실상 인간주의교육은 인지적 측면과 행동의 운동적 측면보다 정의적 발달을 우선시 하므로 인간주의교육은 정의적 형태의 교육이 된다. 그래서 교사는 학생의 개인적 필요, 열망, 감정에 깊은 관심을 갖고, 정서적 능력의 발달, 정의적 열망의 형성, 미적 자질의 표현, 자기주도성과 통제의 증진을 도모한다. 그리고 자기인식, 통찰, 자기이해를 위한 프로그램을 제공한다.

발레트가 제시하는 인간주의 교육의 원리는 다음과 같다:

① 인성은 자기인식과 존재의 높은 수준으로 성장하는 계속적 과정에 있다.

② 인간의 능력과 기술과 잠재력은 적절한 교육을 통하여 실현되고 발달될 수 있다.

③ 인간은 좋은 잠재력을 개발하는 방법, 효과적인 지원적 사회체제를 개발하는 방법을 학습할 수 있다.

④ 인간은 더 균형 있고, 완전하고, 효율적이고, 행복한 인간이 되는 방법을 배울 수 있다.

⑤ 교육의 최종목표는 자기발달과 사회적 책임성이다.

⑥ 인간에게 가장 중요한 것은 사랑하고 창조하고 초월하는 정신이다.

⑦ 인간은 가치, 꿈, 열망에 따라 행동한다.

⑧ 인간은 개인적이면서 사회적인 목표와 가치를 발달시킬 필요가 있다.

⑨ 인지적 학습은 효과적인 정시적 상태, 자기 확신, 존중감에 의존해 있다.

⑩ 기본적인 자기지식은 모든 인간이 학습해야 할 기본적 지식이다.

⑪ 인간주의교육체계는 학생의 개별목표와 프로그램제공으로 학생의 자기발달정도에 맞춘 학습을 제공한다.

⑫ 인간주의교사는 학생이 고유한 존재가 되도록 인도하고 지원하

는 촉진자이다.

이상의 원리를 기초로, 그리고 그 원리를 구현하기 위한 인간주의 교육모델에서 발레트는 5가지의 강령을 단계화했다.

① 1단계: 기본적 필요의 이해
학생은 인간의 기본적 필요와 그 필요를 충족시키려는 시도가 어떤 것인지 이해한다.

② 2단계: 감정의 표현
학생은 삶의 주요 관심사에 대한 감정을 이해하고 표현해야 한다. 정서적 잠재능력의 발달을 위한 학습경험을 제공한다.

③ 3단계: 자기인식과 통제
학생이 자기 자신, 타인과의 관계를 더 잘 알고 자기 통제력을 발달시킨다.

④ 4단계: 인간 가치의 인식
학생이 개인적 태도, 사회적 기술, 다양한 가치를 인식한다.

⑤ 5단계: 사회적, 개인적 성숙성의 발달(자기실현)
학생이 자기 행동의 결과를 인식하고 점차적으로 사회적 책임을 수용하며 자기중심적 관심을 초월하면서 자기를 새롭게 한다.

이상의 네 가지 모델은 인간주의 심리학적 전제에서 발전한 심리상담 원리의 관점에서 교육과정에서의 통합을 시도하거나 방향제안 한 것들로서 주로 인간의 의미와 인간의 정의적 특성을 중심에 놓고 지적 특성을 지도하거나 통합하려 하였다.

8.4 인간주의교육이론 평가

인간주의의 교육이론은 인간개념과 근본 동인에 있어서의 이원론, 결국 정의적 교육으로 드러나게 됨으로써 참된 의미의 전인교육이 아니라 정의적 측면의 과대강조를 초래하였다는 점, 신 마르크스주의와 구조주의에서 비판하는 바, 인간의 전인성에 있어서의 개인 중심적 개념이었다는 점, 인간과 사회의 악의 기원과 존재에 대한 불만족스러운 설명 등의 근본적 문제점이 있다. 기독교교육의 관점에서 교육적 인간학, 그리고 교육과정 및 수업에 관하여 좀더 비평해보면 다음과 같다.

1) 교육적 인간학과 관련하여

인간주의교육이 인간의 전인성을 목표하고 있으므로 기독교인간학의 통합원리인 종교, 하나님의 형상, 살아있는 존재, 마음에 비추어 평가해보면 다음과 같다.

첫째, 인간주의 교육은 '종교'와 연관하여 다음의 특징들을 가지고 있다. (1) 인간의 기원에 대한 진화론적 가정에 따라 인간존재에 대한 논의에 있어서 인간의 창조주인 참 하나님을 완전히 배제하고 있다. (2) 인간주의는 인간을 자충족적인 존재로 보는 낙관적 시각을 가지고 있다. 인간은 자기성취를 지향한 긍정적인 경향성을 가지고 있을 뿐만 아니라 자기 성취를 위해 필요한 잠재력을 충분히 소유하고 있다. (3) 인간은 언제나 자신의 내적 필요의 만족을 추구하는 생물학적-심리학적 유기체이다. (4) 인간은 모든 부정적인 사회적 영향으로부터 자유스러워야 한다. (5) 인간은 자율적인 존재이다. 인간이 따라야 할 절대적 규범은 그 자신의 내면적 법칙과 필요이다. (6) 자기실현은 인간 유기체의 궁극적인 목표이다. 동시에 자기실현은 중요한 통합원리이기도 하다.

이러한 인간주의 인간관의 특징들은 인간주의의 철저한 인간 중심적 특성을 명백하게 보여준다. 인간주의는 철저하게 하나님을 배제하고 인간 자신을 하나님의 위치에 대치시킨다. 하나님과의 관계성을 의미하는 '종교'의 관점에서 볼 때 (신)인간주의에서는 인간 자신이 우상이 되고 있다. 따라서 (신)인간주의 인간론의 종교적 방향은 반역적이다. 인간의 통합성이 퍼스날리티와 인간교육에 있어서 바람직한 특징이 되고 있기는 하지만, 하나님과의 관계에 있어서 반역적 방향을 지향하고 있는 인간주의의 인간통합의 시도는 완전한 통합의 이상에 도달될 수 없도록 한다. 진정한 통합이란 모든 피조물들이 삼위 하나님과의 통합적 관계를 형성하는 것을 의미하므로 하나님과의 분리를 통하여 진정한 통합은 이루어질 수 없다. 인간의 잠재력이 은사와 소명으로 간주되는 상향적 방향(하나님 중심적 방향)에서 비로소 통합적 상태로서의 인간의 자아실현은 정당화될 수 있다.

둘째, 하나님의 형상의 관점에서 볼 때 인간주의의 통합성은 다음의 특징을 가지고 있다.

(1) 개인은 자신의 진화적 종의 역사(genetic history)와 다양한 개인적 경험에 근거하여 독특하다고 말해질 수 있다. (2) 하나님과의 관계는 완전히 배제되고 오직 인간중심주의적 특성을 가지고 있다. (3) 인간의 사회적 기능은 종종 미온적이거나 부정적으로 고려되고 있다. 인간주의는 기본적으로 개인주의적이고 주관주의적 성격을 지니고 있다. (4) 인간은 세상의 산물이다. 세상은 인간이 태어나 매일 살아가고 있는 모태와 같은 것일 뿐이다.

이러한 특징들을 통하여 기독교적 통합원리인 '하나님의 형상'과 비교해 볼 때, 인간주의의 인간통합성은 인간의 근본적인 세 가지의 관계 곧 하나님과 동료 인간과 자연 세계와의 관계들의 조화로운 통합에 있어서, 혹은 각각 개별적으로도 인간됨의 진정한 통합에 있어서 목표를 달성하지 못하였다.

셋째, 인간주의의 인간통합성을 '마음'에 비추어 비교할 때 다음의 특징들을 확인할 수 있다. (1) 인간의 삶과 행위의 유도자, 인도자, 통합자는 인간의 생물학적-심리학적 본성이다. 자아(마음)는 그 뒤에 감추어져 있거나 아니면 그 생물학적-정서적 기능들과 동일시된다. (2) 개념적 게슈탈트로서의 자기개념은 긍정적으로 혹은 부정적으로 취급된다. 긍정적 의미에서의 자기개념은 인간의 통합성에 기여한다. 그러나 그 때조차도 진정한 의미에서의 통합원리는 자기가 아니라 인간의 정서적 기능인 '자기개념'일 뿐이다.

(신)인간주의 교육이론가들은 인간의 현세적 양상의 제 측면들 중 어느 것과도 동일시될 수 없고, 오히려 모든 양상들을 하나님을 섬기는 방향으로 응집 결합시키는 진정한 통합원리인 실제의 마음을 발견하지도 못했고 인정하지도 않았다.

넷째, '살아있는 존재'와 관련하여 비교해 볼 때, 인간주의의 인간론은 다음과 같은 특성을 지니고 있다. (1) 인간주의는 항상 인간에 대하여 인지적(논리적) 영역과 정서적('비'논리적) 영역으로 나누는 이원론적 이해를 가정하고 있다. (2) 인간의 생물학적 혹은 정서적 측면이 인간의 지각, 학습, 행동과 생활을 유도하고 지도한다. 그 생물학적 혹은 정서적 기능이야말로 인간의 학습과 모든 활동을 의미 있고 적합하게 만들어준다. 인간주의 교육이론가들은 인간의 정서적 기능이 교육에 있어서 가장 중요한 통합원리라고 주장한다. (3) 인간의 생물학적, 정서적 측면 외의 다른 모든 측면들은 생물학적 혹은 정서적 측면에 환원되었다. (4) 인간의 인지적 측면과 정서적 측면 사이의 관계는 서로 분리할 수 없을 정도로 연결되어 있으므로 공생적이라고 주장하기도 한다. 그러나 정서적 측면의 지배적 강조 때문에 인지적 측면은 학교교육에서조차 정당한 가치를 인정받지 못하는 경우가 많다.

(5) 인간의 제 기능적 측면들은 과대강조 내지는 환원되어 개혁주의 인간학에서 말하는 바의 그 자체의 가치와 법칙에 의하여 설명되지 못하였다. (6) 인간의 제 측면들의 내적 발전과 위계적 관계는 인정되지만, 그 위계의 우선성은 개혁주의 양상이론의 인간관과 비교할 때 종종 역방향을 이루고 있다. (7) 인간주의 교육은 교육에 대한 일종의 정서적 접근이라고 할 수 있다. 따라서 인간주의 교육은 그 출발점과 종착점이 모두 정서(Affect)인 정서적 교육(Affective education)이므로 엄밀한 의미에서 전인적인 형태의 교육이라고 말할 수 없다.

인간 퍼스낼리티를 통합하려는 인간주의 교육이론가들의 모든 시도에도 불구하고 인간주의 교육은 휴머니즘의 종교적 근본동인에 있어서 자유의 극단으로 기울었고, 인간의 제 측면들의 관계에 있어서 절대화 내지 환원주의적 특성을 지니고 있다. 환원주의는 실재에 대한 왜곡된 이론적 추정의 결과일 뿐, 실제로는 통합적 특성을 지니고 있는 실재(reality)로 간주될 수 없다.

2) 교육과정과 수업과 관련하여

인간주의 교육학자들은 심리학적 통찰에 의존하여, 현대의 지나친 인지 중심적 교육과정과 수업을 비판하면서 정의적 교육과정 모델들을 제안했다. 이러한 모델들은 정의적 측면을 중심에 둔 양자 사이의 통합시도였고, 교육과정 수정과 보완에 큰 영향을 미쳤다. 그럼에도 불구하고 이러한 모델들은 실제에 있어서는 상담 원리와 기법들을 교육과정과 수업에 도입하거나 적용하려는 시도에 머물렀다. 그래서 실제 교육과정 모델과 수업기법에서의 구체적인 모형과 그 전개과정보다는 방향 제안에 머무는 경우가 많았다.

기독교적 교육과정과 비교해볼 때, 인간주의 교육과정은 여전히 단순화된 이원적 영역의 통합에만 몰두하였다. 그 이유는 실재와 인간 기능의 다차원을 충분하게 이해하지 못했기 때문이다. 도예베르트의 양상이론에 비추어 볼 때, 창조세계는 15가지의 다양한 개별양상이 존재하며, 실재는 이 양상들의 조화로운 통합을 반영하고 있다. 따라서 지식으로서의 교육과정은 이 다양한 차원들을 담을 수 있어야 한다. 동시에 학생은 수업에서도 이 다양한 양상에서 학습에 참여하므로 다양한 기능들의 통합을 유도하는 협력학습이 요청된다. 그리고 그 통합의 원리는 정의적 차원의 기능이 아니라, 그것과 구별되는 마음이며, 마음은 종교적으로 기능한다고 할 때, 인간주의교육과정과 수업은 이 사실을 제대로 고려하지 못했다고 평가할 수 있다.

8.5 결론

인간주의 교육이론은 앞선 교육이론보다는 인간의 전인성 이해와 추구에 있어서 더 발전적이었다. 인간주의 교육은 특히 논리적 측면 중심의 전통적 교육이 지닌 약점을 극복하기 위해 노력하였고, 그 논리적 측면을 인간의 '비'논리적(a-logical or non-logical) 측면들과 통합시키기 위해 노력하였다. 그러나 인간주의 교육은 인간에 대한 이원론적 이해 때문에 기대하던 바의 균형 잡힌 통합에 이르지 못하였다. 인간의 논리적 측면에 대한 과대강조에 대응하여, 또 다시 인간의 '비'논리적인 측면을 과대 강조하였다.

더욱이 기독교교육과 비교할 때, 인간주의 교육의 인간통합의 개념과 인간통합을 위한 교육적 노력은, 인간 퍼스날리티 내지 교육과정에 있어서 왜곡, 불균형을 초래할 수밖에 없어 통합 대신 해체(disintegration) 혹은 부적합한 통합으로 평가된다. 따라서 인간주의 교육은 퍼스날리티의 통합을 기술하는 데 있어서, 또한 진정한 인간통합을 성취하는 데 있어서 성공하지 못하였다.

인간과 인간통합성의 개념은 인간 개인적 차원에서뿐만 아니라 이 세상에서의 모든 관계들, 곧 하나님과 다른 인간들과 자연 세계와의 관계에서, 그리고 그의 삶의 모든 활동과 연관하여 고려되어야만 한다. 인간의 제 측면과 그 측면들 사이의 관계에서도 인간의 전인적 개념을 파악할 수 있어야 한다. 따라서 조화롭게 균형 잡힌 인간통합의 개념을 얻기 위해서 특정한 측면을 절대화하는 환원주의는 배격되어야 한다. 인간의 전인성을 보여주는 진정한 원리들은 인간의 현세적 양상들의 기능들 중에서 발견되는 것이 아니라 성경적 인간학의 관점에서 비로소 발견될 수 있다.

09
포스트모더니즘
(Postmodernism)
교육이론

Christian Worldview
& Theory of Education

9.1 서론

포스트모더니즘(Postmodernism)은 현재 우리가 살고 있는 이 시대를 주도하는 이념, 혹은 시대정신(Zeitgeist)이라 할 수 있다. 이것을 우리말로 "탈 근대주의" 혹은 "후기 근대주의"라고 부르기도 했으나 지금은 영어식 표현 그대로 "포스트모더니즘"이라고 표기하는 것이 일반적이다. 포스트모더니즘은 서양의 '근대주의'(Modernism)에 반발하여 일어난 다양한 주장과 사상들을 포괄하여 지칭하는 용어이다. "후기" 혹은 "탈" 근대주의라는 용어는 "이제 모더니즘은 끝났다" 또는 "더 이상 모더니즘을 신봉할 수 없다"는 견해를 가진 모든 이념들을 포괄한다. 그러므로 포스트모더니즘의 본질과 성격을 간략하게 일의적으로 파악하기는 쉽지 않다. 포스트모더니즘이란 용어 속에 포함된 다양한 사상들의 유일한 공통점이 "모더니즘에 대한 반발"이라면, 이 사상이 무엇인지 제대로 알기 위해서는 그 이전에 서양 사회를 지배했던 '모더니즘'에 대한 배경적인 지식을 가지고 있어야 한다.

'모더니즘'은 '현재', '지금'이란 뜻을 가진 라틴어 '모도'(modo)에서 유래된 말로 "현재의 정신"란 뜻을 가지고 있으며 "근대주의"라고 번역된다.[23] 이 말을 고안하여 쓴 사람들은 자신들이 살고 있는 시대가 이전 시대와 확연하게 다르며 특별하다고 생각하였다. "현대적"(modern)이라는 말은 과거 어느 때보다도 자신들이 살고 있던 (그들에게 "현재") 시대가 진보적이고 발전적이며 우월하다는 의미를 담고 있었다. 학자들 간에 견해가 다소 엇갈리지만 서양에서 근대의 시기는 르네상스가 끝난 후부터 20세기 초반까지라고 볼 수 있다. 특히 프랑스 혁명(1789)과 계몽주의 시대로부터 20세기 초반까지 모더니즘은 서양의 지배적인 정신, 이념으로 작용하였다. 모더니즘의 사상적 정초를 놓은 사람은 프랑스 철학자 르네 데카르트(René Descartes)이며, 그 후에 로크(John Locke)와 칸트(Immanuel Kant)가 모더니

---

23) 모더니즘, 포스트모더니즘은 예술, 문학, 건축 등의 영역에서 각각 의미가 다르게 형성되어 있다. 여기서는 철학의 영역에서 통용되는 의미로 이런 용어들은 다룬다. 이 글에서 '근대주의'와 '모더니즘'은 동일한 의미를 가진 말로서 문맥에 따라 교호적으로 사용된다.

즘의 대표 사상가로서 활약하였다. 이들은 각자 자기만의 독특한 철학적 사상 체계를 구축하였다. 그러나 이들 모두는 공히 데카르트가 애초에 설정한 인식론적 틀 안에서 사유하였고 그가 설정한 근대적 기획을 이루는 일에 봉사하였다.

 데카르트의 학문적 목적은 '객관적 지식', 즉 모든 사람에게 진리가 되는 "명석 판명하여 의심할 수 없는 지식"에 이르는 방법을 찾는 것이었다. 그는 사람들이 이런 확실한 지식, 진리에 이르지 못하는 것은 인간 이성 자체의 결함이 아니라 이성을 잘못 사용하기 때문이라고 보았다. 따라서 인간이 가진 이성적 능력을 올바르게 사용한다면 객관적 지식을 얻을 수 있다고 믿었다. 데카르트는 이성을 올바르게 사용하는 방법은 수학, 특별히 기하학의 연역적 방법을 적용하는 것이라고 믿었다. 연역적 추론은 하나의 공리로부터 출발하여 지식을 체계적으로 쌓아나가는 방식으로 사유한다. 이 방법을 사용하여 전적으로 신뢰할 수 있는 지식을 구축하기 위해서는 사유의 출발점이자 모든 지식의 확실한 토대가 될 자명한 공리(제1원리)가 필요했다. 그는 오랜 숙고 끝에 그것을 "Cogito, ergo sum"(코기토 에르고 숨, 나는 생각한다, 그러므로 존재한다)이라는 명제로 표현하였다. 인식의 대상이 되는 모든 사물은 그 존재의 여부를 의심할 수 있다. 그렇지만 그렇게 의심하는(즉, 생각하는) '나 자신'은 확실히 존재한다는 것이 그가 내린 결론이었다. 그렇게 데카르트에 의해서 '사유하는 인간 존재'

가 객관적이고 명석 판명한 지식의 출발점이 되었다. 그런데 나는 '완전'이라는 개념을 가지고 있다. 나는 완전한 존재가 아님에도 불구하고 '완전'이라는 개념을 아는 것은 나의 외부에 '완전자'가 존재하기에 가능한 일이다. 그 완전자는 바로 신이다. 그렇다면 신이 존재하는 것이 확실하며 신이 창조한 이 세계의 존재도 확신할 수 있다. 그는 "생각하는 '나'가 존재한다"는 이 첫 번째 공리를 출발점으로 삼아 연역적 추론을 통해서 신이 존재하는 것과 이 세계가 존재하는 것을 증명해내었다. 그는 자신이 고안한 인식의 방법이 모든 학문에 적용가능하며 이를 통해 세상의 모든 지식을 얻을 수 있다고 믿었다.

데카르트 이후 서양에서는 인식의 출발점이자 가장 중요한 요소는 세계와 대면하는 자아(이성을 가진 인간)가 되었으며, 이 자아, 혹은 인식의 주체는 지식의 확실성을 담보하는 최종적인 기반이 되었다(강영안, 2002: 29-53). 데카르트는 모든 인간은 사유의 재료가 되는 관념(idea)을 태어날 때부터 본유적으로 가지고 있다고 보았다. 그러나 로크는 본유관념을 부정하고 모든 관념은 경험을 통해 인간 내면으로 들어온다고 믿었다. 이 견해의 차이로 인해 로크를 데카르트와 대립하는 '경험론'의 대표 사상가로 거론하지만 로크도 데카르트가 설정한 인식의 큰 틀을 그대로 따른다. 칸트는 '범주'라고 불리는, 인간 내면에 본유적으로 가지고 있는 경험과 사유의 선험적 틀을 제안하여 합리론과 경험론이 가진 이론적의 한계를 극복하고자 하였다. 칸트는 이전 철학자들과 차원이 다른 사상을 주창하였지만 그 역시 데카르트가 설정한 인식의 틀 안에서 자신의 사상을 발전시켰다. 그런 점에서 서양의 근대주의는 데카르트주의라고 규정할 수 있다. 포스트모더니즘은 '반(反) 데카르트적 성격' 혹은 '후기 데카르트적 성격'을 띠고 있다고 할 수 있다. 데카르트의 사상에 기반을 둔 모더니즘은 이성, 자아, 의식, 명증성, 기초, 일원성을 추구하는 반면, 포스트모더니즘은 반(反)이성, 타자, 무의식, 모호성, 무(無)기초, 다원성을 추구한다. 주체와 관련해서 모더니즘과 포스트모더니즘을 비유하자면 '주체의 탄생'과 '주체의 죽음'이라고 말할 수 있다(강영안, 1996: 97-102; 강영안, 2002: 47-48).

몇 세기 동안 강력한 시대정신으로 서양 세계를 이끌었던 근대주의는 19세기 후반에 들어서면서 점차 그 영향력을 잃어가기 시작하였다. 모더니즘에서 포스트모더니즘으로 이행하는데 큰 역할을 한 사상가는 독일의 프리드리히 니체(Friedrich Nietzsche)와 마르틴 하이데거(Martin Heidegger)이다. 흥미롭게도 이들의 영향을 빌어 포스트모더니즘을 본격적으로 주창한 사상가들을 주로 프랑스의 현대 철학자들이다. 대표적인 사상가로 자크 라캉(Jacques Lacan), 미셀 푸코(Michel Foucault), 자크 데리다(Jacques Derrida), 장-프랑수아 리오타르(Jean-François Lyotard), 장 보드리야르(Jean Baudrillard) 등을 거명할 수 있다. 그 외에도 철학적 해석학 분야에서는 한스 게

오르그 가다머(Hans-Georg Gadamer), 폴 리쾨르(Paul Ricœur), 과학철학 분야에서는 마이클 폴라니(Michael Polanyi), 토마스 쿤(Thomas Kuhn), 임레 라카토스(Imre Lakatos), 파울 파이어아벤트(Paul Feyerabend), 영미권의 포스트 분석철학자인 리처드 로티(Richard Rorty), 힐러리 퍼트넘(Hilary Putnam)도 포스트모던 사상가로 분류된다. 포스트모던 사상에 근거한 교육학자로는 앙리 지루(Henry Giroux), 패티 래더(Patti Lather), 윌리엄 돌 주니어(William Doll, Jr.), 스티븐 볼(Stephen Ball), 나이젤 블레이크(Nigel Blake), 폴 스마이어스(Paul Smeyers), 리처드 스미스(Richard Smith), 폴 스탠디시(Paul Standish) 등이 있다.

9.2 포스트모더니즘 세계관

1) 세계에 대한 관점

포스트모던 사상가들은 이 세계가 형이상학적으로 설명할 수 있는 불변하는 진리나 본질을 가지고 있다거나, 인간은 그것을 정확하게 인식하여 객관적인 지식을 얻을 수 있다는 근대적 이념을 부정한다. 이 세계는 사람에 의해서 발견되어야 할 고유한 본성이나 본질, 절대적 법칙 같은 것을 가지고 있지 않다. 설사 그런 것이 있다하더라도 인간은 그것을 알 수 없다. 세계를 신체적 윤곽의 경계 안에 제한된 한 인간을 둘러싼 나머지 부분이라고 할 때 세계가 한 개별 인간의 바깥에 존재하는 것은 분명하다. 그 세계는 우리의 감각 기관에 영향을 미쳐 경험을 가능하게 하는 원인이 되고 신념을 가질 수 있도록 만드는 것은 확실하다. 하지만 그 경험과 신념이 객관적이어서 모든 사람에게 동일한지는 아무도 장담할 수 없다. 어떤 사람도 자기 밖에 존재하는 세계를 "있는 그대로" 직접 대면하여 알 수 없다. 우리는 언제나 감각 기관에 포착된 세계에 대해서만 뭔가를 알 수 있고 신념을 가질 수 있다. 우리가 지각하지 못한 세계, 우리 바깥에 있는 그 자체로서의 세계가 어떤지 우리는 알 수 없다. 그런데 우리의 지각과 경험은 언제나 구체적인 상황 속에서 선입견이나 특정한 신념(편견)에 의해 왜곡된다. 세계는 언제나 특정한 관점에 의거하여 지각된 세계이다. 따라서, 있는 그대로의 세계, 객관적인 세계를 인식하는 것은 불가능하다.

인간 인식의 범위가 감각 경험의 체계 속에 포착된 세계로 좁혀진 것에 더해 포스트모던 사상가들은 인간이 세계를 인식할 때 언어적인 조건이 전제된다는 점을 깊이 인식하고 강조한다. 인간의 인식 활동은 언제나 언어적이다. 세계에 대한 사유와 인식은 특정한 언어를 습득한 후에야 가능하다. 우리의 사고 활동은 특정한 언어 체계 속에서 이루어진다. 우리는 특정한 언어의 한계를 넘어서, 혹은 언어를 배제한 상태에서 세계를 직접 인식하거나 사유할 수 없다. 니체의 주장에 따르면 세계는 불변하는 고정적인 실재가 아니라 끊임없이 변화하는 중에 있으며, 있는 그대로의 정확한 사실 같은 것은 없다. 세계에 대한 모든 인식은 인간의 편의나 필요를 위해 언어를 사용해 이름을 붙이고 인과관계를 설정한 해석일 뿐이다. 대부분의 포스트모던 사상가들은 세계를 인식하는데 인간 언어가 필수적이라는 주장에 동조한다. 한 예로서 로티는 "언어를 사용하지 않고 세계나 목적을 생각할 수 있는 길이란 없다"고 말하면서, "세계는 말하지 않는다. 오직 우리가 말할 뿐이다. 일단 우리가 어떤 언어로 프로그램되고 나면, 세계는 우리가 신념들을 갖도록 하는 원인일 수 있다"고 주장한다(Rorty, 1996a: 31; 1996b: 34). 우리가 가진 세계에 대한 경험과 지식은 언어적 해석일 뿐이며 사람은 그런 언어적 해석들 중에 어떤 것이 더 정확한지 판단하기 위해 언어의 한계 밖에서 세계를 직접 대면할 수 없다. 달리 말해 세계에 대한 다양한 해석들 중에 어떤 것이 더 정확하고 객관적인지 판단할 근거나 기준은 어디에도 없다. 그러므로 있는 그대로의 '사실'(fact) 같은 것도 없다. 로티는 저 바깥에 존재하면서 인간의 탐구를 기다리는 세계, 객관적 지식으로 표현될 수 있는 불변의 법칙과 본질을 가지고 있는 실재론적 전통의 철학이 상정해 온 세계는 없다고 주장하면서 그런 근대 이전에 사람들이 상정했던 세계를 차라리 '잘 잃어버린 세계'(the world well lost)라고 표현하였다(Rorty, 1996a: 77-101). 포스트모더니즘에서 변함없이 존재하는 객관적 실체로서의 세계란 있을 수 없는 허상이다.

2) 인간에 대한 관점

　근대주의 사상가들은 인간 내면에 불변하는 실체로서 본질적인 자아가 있다고 생각하였다. 데카르트는 참과 거짓을 구별하고 세상을 판단하는 능력인 이성이 모든 사람에게 공평하게 부여되었다고 주장하였다. 그는 인간이 육체와 정신으로 이루어져 있지만 인간의 본질은 정신, 즉 이성적으로 사유하는 실체(생각하는 자아)라고 보았다. 로크도 인간은 내면에 '마음'이라는 공간을 가진 존재라고 생각한다. 이 마음에서 인간은 감각 경험을 통해 관념을 만들어내고 그 관념을 가지고 이성적인 추론을 통해 지식을 얻을 수 있다고 생각했다. 칸트는 인간은 내면의 정신에 세계를 경험하고 사유하는 보편적인 '인식의 틀(형식)'을 가지고 있다고 주장하였다. 사람은 이 인식의 틀을 통해서 무질서한 세계를 질서가 부여된 세계로 경험하고 이해하고 해석한다. 이 인식의 틀은 모든 인간에게 보편적으로 주어져 있다. 따라서 각각의 인간이 개별적으로 세계를 경험하고 사유할지라도 이 보편적인 인식의 틀로 인해 세계에 대한 인간의 지식은 보편적이고 객관적일 수 있다. 인간은 이제 세계에 질서를 부여하는 법 제정자로서 초월적 자아를 가진 존재가 되고 칸트에 의해서 근대적 인간관이 완성되었다. 이상에서 개략적으로 보듯이 모더니즘은 인간 내면에 세계를 대면하여 그것을 알아가는 본질적인 부분, 혹은 주체로서의 자아가 있다고 본다. 그 자아는 세계를 대면하는 존재이기에 '주체'이며, 세계의 본질을 알아가는 존재이기에 이성적이다.

그러나 포스트모더니즘은 이런 근대적 인간관에 반대한다. 세계가 고유한 본질을 가지고 있지 않다면 그 세계 속에 존재하면서 그것의 일부로 살아가는 인간도 '본질' 같은 것을 가질 리 없다. 포스트모던 사상가들은 날 때부터 선천적으로 주어진 자아(pre-given self)나 인간의 본성 같은 것은 없다고 본다. '이성', '양심'과 같은 말로 표현되는, 모든 인간이 공통적으로 가지고 있는 본질이나 속성도 없다. 본질이 없으므로 푸코의 말대로 인간은 '비어있는 실체'(empty entity)이고 '담론의 교차점'일 뿐이다. 인간은 내면에 자아가 있어서 그 자아가 신념을 가지고 인식하며 의지를 행사하는 존재가 아니다. 오히려 인간은 아무런 본성 없이 태어나지만 자신이 속한 특정한 사회 속에서 성장하면서 그 사회가 공유하는 신념과 언어를 내면화하여 자아정체성이라는 것을 만들어 낸다. 그러므로 자아란 그저 특정한 시대에 특정한 사회가 공유하는 신념들이 뭉쳐진 덩어리일 뿐이다. 그렇다면 모든 개별 인간들은 자신이 속한 특정한 시대와 특정한 사회에 의해 정체성이 만들어지는 우연한 존재이다. 이 자아는 고정된 것이 아니라 신체 외부의 환경과 신체 내의 인과적 영향에 따라 늘 변화하는 존재이다. 상황에 따라 끊임없이 형성과 재형성을 반복하는 유동적인 존재일 뿐 본질을 가진 고정된 존재가 아니다.

포스트모던적 인간관은 근대적 인간관이 가진 편협성을 인식하고 그것을 극복하고자 한다. 근대주의는 인간을 합리적으로 사유하는 존재로 보았다. 인간이 가지고 있는 이성적 측면만을 과도하게 강조하고 인간이 가진 또 다른 측면들을 무시하거나 부차적인 것으로 간주하였다. 이에 반해 포스트모더니즘은 이성적 측면 외에 인간이 가진 다양한 국면을 인정하고 드러내고자 한다. 인간은 감정을 가진 존재이기에 마냥 합리적이지 않다. 인간은 의지를 가진 존재이다. 인간은 언어를 사용하며, 사회적인 관계 안에서 상호 영향을 주고받는 존재이다. 인간은 자신의 존재를 넘어서 초월적인 의미를 추구하는 존재이다. 인간은 육체를 가지고 있으며 욕망하는 존재이다. 인간의 시간 속에서 변화해가는 역사적인 존재이다. 인간은 세계와 분리되어 있지 않고 언제나 세계 내에서 구체적인 상황 속에서 주변 환경과 밀접하게 관련을 맺으며 살아가는 존재이다(세계-내-존재). 그러므로 세계에 대한 객관적 관찰자가 될 수 없다. 이처럼 포스트모던 인간관은 근대적 인간관이 무시한 인간성의 다양한 측면들을 긍정함으로써 보다 균형 잡힌 전체적인 인간관을 회복하려는 시도라고 볼 수 있다. 인간의 이성이나 합리성도 인간성의 여러 다른 측면들과의 관계 속에서 그 의미를 새롭게 규정하려고 한다(Van der Walt, 1997: 114-131).

3) 지식에 대한 관점

세계와 인간에 대한 관점이 달라지면 지식에 대한 관점도 달라진다. 포스트모더니즘은 지식에 있어서도 근대주의와 다를 수밖에 없다. 근대주의 인식론은 데카르트가 설정한 틀 안에서 이론이 구축되고 발전되어 왔다. 그의 인식론적 틀에서 인식의 대상인 세계(사물)와 인식의 주체인 이성적 존재로서 인간은 서로 분리된 채 마주보고 있다. 세계는 고정 불변의 법칙에 따라 움직이며 합리적으로 이해가능한 인식의 대상으로서 외부에 존재한다. 인간의 자아는 모든 사물(세계)과 분리되어 있으면서 그것을 인식하는 주체이다. 지식이란 인식의 주체(자아)와 대상(세계) 사이에서 일어나는 표상과 재현, 대응, 일치라는 관계를 통해 설명된다. 지식은 인간이 외부 세계를 자신의 내면 안에 재현한 표상으로서 마치 거울이 사물을 비추듯이 외부의 세계가 마음에 투영되어 나타난 것이다. 마음 속에 비춰진 표상은 불변하는 사물의 본질을 반영하고 있으며, 외부의 사물 그 자체와 1:1로 대응된다고 볼 수 있다. 근대주의자들은 소위 과학혁명의 시대인 17세기를 지나는 동안 자연과학의 영역에서 놀라운 성과를 얻으면서 인간 이성이 가진 능력을 더욱 신뢰하고 낙관하였다. 당장은 인간에게 인식의 오류가 있지만 그것은 장래에 극복될 것이며 언젠가는 인간 이성을 통해 이 세계의 모든 것을 알 수 있을 것이라고 믿었다. 그들은 지식을 얻는 방법을 정교하게 발전시키고 그것을 적용함으로써 외부 세계에 대한 더욱 정확한 표상을 얻을 수 있다고 보았다. 그렇게 외부 세계와 대응되는 지식은 데카르트의 희망처럼 "명석판명하고 의심할 수 없는" 확실한 지식일 수 있으며 그래야 했다. 근대주의자들은 모든 사람에게 진리가 될 수 있는 보편적이고 객관적인 지식이 가능하다고 믿었다.

데카르트로부터 시작된 보편적이고 객관적인 지식의 획득이란 근대의 기획은 19세기 후반에 접어들면서 다방면에서 의문시되고 도전을 받으며 거부된다. 특히 과학철학의 영역에서 근대적 지식의 한계에 대한 논의가 활발하게 이루어졌다. 먼저 포스트모던주의자들은 과학자들의 탐구가 지극히 주관적인 이유로 시작된다는 사실을 깨닫는다. 카를 포퍼(Karl Popper)와 같은 과학철학자들은 과학자들의 탐구가 기존의 축적된 지식에서 논리적으로 도출된 문제를 두고 이루어지기 보다는 현실의 당면한 문제를 해결하기 위해서 착수된다고 주장한다. 현실의 당면한 문제는 구체적인 상황 속에서 개인 혹은 사회마다 다르기 때문에 개인적이고 주관적이다. 그러므로 과학적 지식이 현실 문제를 해결하기 위해 추구된다는 자각은 근대 과학적 지식의 엄밀한 객관성과 보편성이라는 관념에 대한 회의로 이어지게 되었다. 또한 토마스 쿤(Thomas Kuhn)에 의해서 객관적이라고 여겨지는 과학적인 탐구 활동 및 지식의 축적과 유통이 소위 '패러다임'이라고 불리는 암묵적인 전-과학적 신념 체계 속에서 이루어진다는 것도 인식하게 된다. 근대주의자들이 추구한 지식도 실은 한 시대의 특정한 인식의 체계 혹은 패러다임 안에서 유효할 뿐이지 시공을 초월하여 보편적이고 객관적일 수 없다는 것을 인정하게 되었다. 패러다임이 바뀌면 지식의 전체 체계가 완전히 달라지며 서로 다른 패러다임에 속한 지식들은 공유하거나 대화가 불가능하다는 주장이 사람들의 지지를 얻게 되었다. 다른 한편으로 포스트모던주의자들은 인간의 사유와 인식에 언어가 필수적인 역할을 한다는 사실을 자각하게 된다. 인간의 언어는 본질을 내재하고 있는 실체가 아니라 시대와 장소에 따라 변화를 거듭하는 우연한 것이다. 인간은 이 세상에서 생존을 위해서 혹은 더 나은 삶을 위해서 필요에 따라 어휘를 만들어 사용한다. 따라서 생활환경의 변화에 따라 인간의 언어는 늘상 변화하는 중에 있다. 이런 우연한 속성을 가진 언어를 매개로 일어나는 인식과 사유는 객관적이고 보편적인 것이 될 수 없다.

포스트모던주의자들은 인간의 마음 속에 외부 세계가 투영되어 나타난 것이 지식이라는 근대의 표상주의적 지식관을 거부한다. 인간의 내면에는 자아로 규정할 만한 본질이 없으며 마음이나 정신과 같은 것은 실체가 아니라 근대 철학이 만들어 낸 허구로서 심리현상일 뿐이므로 외부 세계를 거울처럼 비춰내는 것은 가능하지 않다. 또한 포스트모던주의자들은 지식이 세계의 본질을 기술한 것이라는 근대의 본질주의적 지식관도 반대한다. 세계 안의 모든 실재(사물과 인간)는 본질 혹은 불변하는 특성 같은 것을 가지고 있지 않다. 세계와 자아,

언어가 우연적인 것이라면 지식도 세계의 본질적인 특성을 알아내어 기술한 것이 아니다. 그저 필요에 따라 만들어낸 신념 혹은 세계에 대한 해석일 뿐이다. 포스트모던주의자들은 절대 확실한 하나의 기초적인 인식을 토대로 지식의 체계를 구축할 수 있다는 근대의 토대주의 신념도 부정한다. 근대주의자들은 이른바 아르키메데스의 기점이라고 할 수 있는 절대적이고 초월적이며 확실한 지식의 근거가 있으며 모든 지식은 그 기초 위에 세워야 한다고 믿었다. 포스트모던주의자들은 세계의 어떤 것도 본질이나 본성을 가지고 있지 않으므로 인식의 확고한 토대가 될 만한 것은 없으며 지식은 그저 사회적으로 합의된 신념일 뿐이라고 주장한다.

포스트모던주의자들에게 지식은 어떤 특정한 문제를 다루기 위해서 특정한 공동체가 만들어낸 세계에 대한 언어적 기술(description), 혹은 해석(interpretation)이다. 지식은 실재를 있는 그대로 표상하지 않고 자명한 인식론적 기초에 근거해 있지도 않으며 불변하는 본질을 포착하지도 않는다. 오히려 지식은 사회의 당면한 문제에 효과적으로 작동하는 어휘이며 더 효과적인 어휘를 창안함으로써 바꿀 수 있다. 지식이 근대주의자들이 생각했던 것처럼 외부 세계에 대한 객관적 기술이 아니라면 지식의 신빙성을 판단하는 기준이 될 수 있는 것은 크게 두 가지다. 하나는 지식이 실생활에서 생존과 더 나은 삶을 살아가는데 유용한지의 여부이다. 포스트모더니즘에서 지식이란 그저 현재 상황에서 '현금가치'(cash value)를 가진 신념, 생각, 인식일 뿐이다. 만약 시대와 장소가 바뀌어 삶의 조건이 변화된다면 현실 사태에 더 잘 대처하는 신념을 만들어야 하며 따라서 지식도 거기에 맞춰 변화해야 한다. 지식을 판단하는, 혹은 지식의 자격을 갖추는 또 다른 기준은 사회구성원으로부터 얼마나 많은 인정을 받는지의 여부, 즉 연대성(solidarity)이다. 외부 세계를 얼마나 정확하게 반영하는지를 판단할 수 없다면 지식은 여러 지식 주장들(knowledge claims) 중에서 그 사회 구성원 다수의 지지를 받은 것이 될 수밖에 없다. 그런 의미에서 지식은 특정한 사회가 진리라고 받아들이는 신념의 총합이다. 지식의 견실성이 사회 구성원들의 지지에 근거한다면 지식의 정확성이나 객관성 보다는 동료의 인정과 지지를 얻어내는 설득력이 더욱 중요하게 된다.

9.3 포스트모더니즘의 교육이론

1) 포스트모더니즘의 교육적 인간론, 교육의 본질과 목적

근대주의적 관점에서 학생은 지속적이며, 단일하고, 일관된 정체성을 가진 존재이다. 교육은 학생 개인의 궁극적이고 고정된 이상적인 정체성을 이루어 가는 과정이며, 이를 위해 학생의 정체성은 조사되고, 평가되며, 조정될 수 있는 대상물이다. 그러나 포스트모던 관점에서 학생의 정체성은 언제나 잠정적이고 임시적일 뿐이다. 학생은 보편적으로 규정된 본질이나 규정에 갇혀 있지 않고 어떠한 변화의 가능성에도 개방되어 있으며 늘 미완의 존재로서 만들어지고 있는 존재로 간주된다. 학생은 과거와 달리 자신의 인격과 성격, 정체성을 형성하는데 필요한 확고부동한 보편적 기준이나 원칙을 전수받거나 제공받지 않는다. 학생의 정체성은 보편적이고 객관적인 기준이 아니라 자신이 처해있는 지역적이고 특수한 사회문화적 상황 속에서 형성되어 간다. 최종적으로 달성해야 할 이상적인 정체성은 없다. 중요한 것은 현재의 구체적인 상황 속에서 이전보다 좀 더 나은 정체성을 형성하면 그것으로 만족스럽게 여긴다. 교육은 학생에게 자신이 처한 상황에 맞춰 스스로 정체성을 조정할 수 있는 능력을 길러주는 과정이다. 그러므로 학생은 좀 더 나은 자아를 구성하기 위하여 주변 환경과 계속적으로 상호작용하며 자신과 함께 한 사회 구성원들과 중단 없는 대화를 이어가도록 요청받는다. 또한 자아를 개선해가는 과정이 타율적이기 보다는 자기 스스로 주도하는 것을 바람직하게 여기는 까닭에 일상생활이나 학습 상황 속에서 개인의 자율성과 선택권이 중요한 가치로 부각된다.

데카르트 이후 서양 문명에서 주된 흐름이 되어온 이성 중심의 인간관을 해체하는 포스트모더니즘의 관점에서 학생은 단지 사유하는 존재가 아니다. 학생은 신체를 가지고 욕망하며, 느끼고, 의지하며, 구체적인 생활세계 속에서 타자와 끊임없이 교류하는 인간이다. 따라서 포스트모더니즘 세계관에 근거한 교육은 절대적 진리나 객관적 지식을 가르치고 배우는 활동이 아니다. 학생들을 인류의 지적인 유산에 입문시키거나 진선미를 추구하도록 이끄는 활동도 아니다. 가르치고 배우는 내용이 어떤 종류의 어떤 수준이든 간에 이를 전수하고 습득하는 과정에서 체험되는 한 단계 높은 성장감을 존중하는 활동이다(엄태동, 1999: 51). 그것은 반드시 학문이나 예술, 도덕 또는 종교에서 지금 현재 최선의 것으로 간주되는 내용을 다루지 않고서도 가능한 활동이다. 통상적인 담론이나 정상과학의 결과만을 가르치고 배우는 일이 아니라, 비통상적인 담론을 통해서도 자아를 성장시키고 삶을 다르게 볼 수 있는 안목을 길러줄 수 있다. 중요한 것은 자기 삶을 이전보다 개선된 방향으로 조정하고 변화시키는 것이다. 교육은 학생의 인간됨을 총체적으로 고려하면서 다양한 경험과 삶의 다양한 국면들을 학습내용에 포함하려고 하며 무엇보다 실용적 목적에 유용한 것을 가치있는 내용으로 간주한다.

포스트모던 인간론에 의거하여 학생은 '진정한 자아'라고 불리는 어떤 내적인 본성이나 본질을 가지고 있는 존재가 아니라, '중심이 없는 신념들의 그물망'(a centerless network of beliefs)이라고 한다면 교육은 두 가지 상호 모순되는 목적을 가진다고 볼 수 있다. 이 점을 리처드 로티가 잘 간파하여 설명하고 있다. 만약 포스트모던 인간론의 관점대로 학생이 자아나 양심, 마음과 같은 생래적 본성이 없는 존재라면, 교육의 목적은 무엇보다도 먼저 학생 개인의 자아를 형성하는 것이다. 포스트모던 사상가들에 따르면 인간은 자신이 속한 사회의 언어, 관습, 문화에 의해 자아를 형성한다. 교육은 특정 공동체가 미성년자들을 그 사회의 일원으로 만들며 개별적인 자아를 형성하는 과정이라 할 수 있다. 언어를 전수하고 그 사회의 표준적 도덕규칙과 공통의 신념을 가르쳐서 본질이 없는 동물과 다를 바 없는 미성년자를 특정한 신념 체계와 자아를 가진 인간이 되게 하고 소속한 사회의 일원으로 만드는 것이 교육의 첫 번째 목적이라 할 수 있다. 로티는 학생이 속한 특정한 사회의 어휘를 통해 내면의 의식과 신념체계를 형성하는 교육의 과정을 '사회화'(socialization)라고 부른다. 이 사회화로서의 교육은 주로 초등교육과 중등교육을 통해 이루어진다. 그러나 교육은 사회화에 그쳐서는 안된다. 자신의 자아를 기존 사회의 어휘에 의거하여 형성하는 것은 평범하고 진부한 것이다. 그것은 남이 형성해준 자아에 갇혀 있는 것으로서 통상적인 담론의 수준에 머물러 있는 정체된 삶이다. 본질이 없고 절대적 진리, 객관적 지식이 없는 세계에서 중요한 것은 한 단계 고양되는 것, 세계를 참신하게 해석하며 좀 더 개선된 삶을 사는 것이다. 그러기 위해서 필요한 것은 새로운 지식과 관점, 신념을 창안하여 학생 스스로 자신을 독특하게 규정하면서 주체적인 삶을 사는 것이다. 이런 교육은 학생에게 자신의 내면을 형성해 온 사회의 기존 신념과 어휘, 지식에 대해서 의심하게 하고 그것을 대체할 수 있는 참신한 신념, 어휘, 지식을 창안해 내는 것을 목적으로 한다. 남이 형성해준 내면의 신념체계, 관점, 의식의 틀, 자아를 넘어서 자신 만의 독특한 어휘로 세계를 새롭게 해석하여 주체적인 삶을 사는 것이 인간이 이룰 수 있는 최상의 성취라고 할 수 있다. 로티는 자아와 세계를 새롭게 해석하는 어휘를 창안하여 자신만의 삶을 살아가는 것을 '자기창조'(self-creation) 혹은 '개인화'(individuation)라고 부르며, 이것이 교육의 궁극적인 목적이라고 보았다. 그는 자아의 개별화, 혹은 자아 창조를 목적으로 하는 교육은 사회화 단계를 먼저 거친 후에 고등교육 수준에서 이루어질 수 있다고 보았다. 그러므로 로티에게서 교육은 두 가지 상반되는 과정을 포함한다. 먼저 초등과 중등학교에서 교육은 학생들로 하여금 어른들이 진리라고 간주하는 것을 익숙하게 만드는 과정이 될 것이다. 반대로 고등교육은 기존 사회의 통념에 대해서 의구심을 조장하고, 상상력을 자극하여서 자신이 지금까지 받아온 교육에 대해서 비판적 자세로 문제를 제기하게 만드는 과정이 될 것이다.

인간이 생래적 본성, 본질, 자아와 같은 것이 없다고 보는 포스트모더니즘에 근거한 교육은 결국 인간 내면의 중심이라고 할 수 있는 것을 만들어내는 기획이다. 그렇지만 인간 내면의 형성은 단일한 교육적 기획을 통해 이룰 수 없는 상반되는 두 가지 교육의 목적을 추구한다고 볼 수 있다. 로티는 기존의 교육 개념을 넘어서는 새로운 교육이념을 제시하려고 했다. 그는 인류가 오랜 역사를 통해서 객관적 지식과 절대적 진리를 얻으려는 기획에 사용되었던 "교육"이란 말은 진부해져서 자아의 개별화를 추구하는 자아창조의 개념을 담아내지 못한다고 보았다. 그러므로 궁극적으로 새로운 자아상을 스스로 창조하도록 조장하는 교육이란 의미를 제대로 드러내기 위해서 기존의 '교육'(education)이란 말을 '교화'(edification)라는 말로 교체하자고 주장한다. '교화'란 새로운 어휘, 신념체계, 메타포를 창안하여 새로운 자아를 만들어가는 과정으로서 이것은 최종적인 도착점을 가진 활동이 아니다. 새로운 자아를 창조하는 것은 인생의 어느 단계에서 완성될 수 있는 것이 아니다. 현재의 자아를 기술하는 최종적인 어휘에 안주하지 않고 이것으로부터 벗어나 또 다른 어휘를 지속적으로 창안해냄으로써 자아의 변화를 추구하는 것을 의미한다. 그러므로 교육 혹은 '교화'는 자신의 현재 상태를 벗고 끊임없이 새로운 자아를 추구하는 사람으로 만드는 활동이라 할 수 있다(Lee, 2007: 91-110).

2) 포스트모더니즘 교육의 내용과 방법

하나의 실재에 대한 절대적인 해석이나 정의는 없으며 다양한 관점과 입장이 존재할 수 있다는 포스트모더니즘의 전제는 교육과정 이론들에도 영향을 미친다. 포스트모더니즘은 전통적인 교육과정 개발 모형이 추구해 온 보편적인 원리와 모형을 거부하고 다양한 교육적 상황에 대한 해석과 해방, 해체가 반영되는 탈실증주의적 교육과정 개발 패러다임을 확산시키고 있다. 포스트모던 관점에 따른 교육과정은 오랜 역사를 통해 보편적이고 객관적이며 절대적인 가치를 가지고 있는 것으로 간주되어 온 교과목의 주요 내용들을 의심한다. 포스트모더니즘을 지지하는 학자들은 지금까지 학교에서 가르쳐왔던 지식이 보편적이고 객관적이기 보다는 서구의 중산층 백인 남성의 입장에서 의미있고 가치있는 지식이라고 비판한다. 이들은 학생의 진정한 성장을 돕기 위한 교육 내용은 소위 보편적이고 객관적인 지식이 아니라, 학생이 처한 구체적인 상황이 반영된 맥락적 지식이어야 한다고 주장한다. 따라서 교육 내용은 지역, 인종, 성, 문화, 철학, 정치적 혹은 종교적 신념에 따라 달라야 한다.

포스트모더니즘 교육은 분절된 학과의 전문적 접근보다는 일상적이고 자연스러운 삶과 경험이 반영된 생활세계를 중심으로 이루어지는 통합적인 교육을 지향한다. 학생들의 일상경험과 세계체험이 통합적이듯이 교육은 인간과 인간 삶의 실존성에 근거하여 통합적으로 이루어져야 한다. 교육 활동과 학습은 단절적이고 독립된 영역으로 구분되는 것이 아니라 하나의 연속된 흐름으로 이루어져야 한다. 이전의 교과나 분과학문 중심의 교육내용이 아니라 주제나 문제 상황을 중심으로 통합적이고 종합적인 교육내용으로 조직된다. 또한 교육내용은 모든 학생들에게 동일한 의미로 전달되는 닫힌 텍스트가 아니라 개별 학생의 경험과 이해의 지평에 따라 다양한 이해와 해석이 가능한 열린 텍스트가 되어야 한다. 근대주의 교육에서는 인류의 진보에 대한 이상을 근거로 교육과정 구성자가 선정한 교육내용이 교사와 학생에게 일반적으로 강요되었다. 하지만 포스트모더니즘 아래에서 교육내용은 교사와 학생의 개별 주체의 해석에 따라 다르게 구성되고 재현되어야 한다. 학생들의 구체적인 경험세계와 동떨어진 추상적 지식은 더 이상 환영받지 못한다. 자신의 절실한 문제의식과 관련되는 것이라면 어떤 것이든 교육내용으로서 채택 가능하고, 고정된 하나의 의미 해석이 아닌 학생 개개인이 다양하게 반응하고 의미를 부여할 수 있는 다소 모호하고 결말을 완전히 갖추지 않은 제재를 활용하려고 한다. 포스트모던 관점에서는 획일적, 항구적, 보편적, 내재적 가치 등을 전제로 규정되는 교육내용을 근본적으로 거부하며 그 타당성을 의심한다. 교육내용은 외부에서 일방적으로 주어지는 것이 아니라 교사와 학생의 상호작용을 통해 재구성되는 것으로 본다. 사전에 정형화된 교육내용은 교육이 실천되는 과정에서 지역사회, 학교, 학급, 교사와 학생의 수준에서 재조직되고 재구성된다. 그 결과 학습이 종료되었을 때 고정된 하나의 지식이 전달되기 보다는 주체적으로 다양한 해석과 개별적인 의미 부여, 의미 창조를 통해 개별화된 지식이 각 학생의 내면에 구성된다(김영천, 주재홍, 2011: 150-168).

 지식이란 개별 인간 혹은 개별 공동체가 자신의 생존과 더 나은 삶을 위해 세계를 해석한 것으로서 임시적이고 가변적이라는 포스트모던 인식론을 받아들이면 교육내용도 실용적인 효용 가치를 기준으로 선정된다. 지식은 모두에게 보편적이고 객관적인 진리를 진술한 것이 아니라 현재 내 삶을 영위하는데 유용하게 작동하는 신념체계이고 "세상사에 잘 대처하게 해주는 사회적 실천"의 집합이라면 교육내용도 사회의 요구와 개인의 필요에 따라 다양하게 구성될 수 있다. 학생의 미래에 실용적인 가치를 창출해줄 수 있는, 즉 '현금가치'가 있는 기술 또는 전문적 지식이라고 판단되면 그것이 무엇이든 교육내용으로 채택할 수 있다. 교사와 학생 모두 사회가 필요로 하는 인재 양성을 위해 강조되는 지식이나 기술의 습득을 위해 적극적으로 노력하며, 시류의 흐름을 민감하게 감지하려고 한다. 항구적인 가치를 지닌 본질적 지식이라는 전통적인 지식관을 폐기하고 쓸모있고 유용한 지식, 시장 가치를 창출할 수 있는 것이라면 무엇이든지 교육적 의미를 지닌다고 본다. 따라서 한번 제정된 교육과정은 일정 기간 안정된 상태로 운영되고, 공동체 전체의 합의를 도출하는 공식적인 논의 절차를 거쳐서 변경되는 정적이고 닫힌 체계는 더 이상 유지되기 어렵다. 포스트모더니즘 교육에서는 교육 당사자들이 자유롭게 해석할 여지를 허락하면서 개인과 사회의 필요를 수시로 반영할 수 있도록 항상 변화하는 유동적인 상태의 교육과정, 소위 '열린 체계'의 교육과정이 선호된다.

포스트모더니즘의 도래는 교육의 방법에도 변화를 가져왔다. 불변하는 실재와 객관적이고 보편적인 진리의 전달을 목적으로 학습자의 기억과 이해 능력을 통한 '추상적 지식의 전달 과정'이라는 전통적인 수업 방식은 더 이상 유효하지 않다. 학생들은 이미 생산되어 있는 의미를 단순히 반영하는 존재가 아니라 주체적 행위자로서 성찰과 비판을 통하여 스스로 의미를 만들어가는 존재가 된다. 학생은 자신의 정체성을 만들어가거나 학습을 하는 과정에서 주도적인 역할을 해야 하며 학습의 과정을 자신이 스스로 통제할 수 있어야 한다. 의미있는 성장은 학습자의 적극적인 참여와 개입을 통해서 일어난다고 간주된다. 따라서 개인의 다양한 욕구와 반응을 허용하면서 학습자의 주도성을 존중하고, 학습자의 행위에 초점을 맞춘 다양한 교육방법들이 장려된다. 또한 개인의 정체성이나 세계에 대한 이해는 사회적 관계 속에서 일어난다고 간주되기 때문에 교육적 활동은 항상 관계적 맥락을 고려하여 기획되고 실천된다. 교사와 학생 간의 관계, 학생들 상호간의 관계, 교실 안과 밖의 상황들 간의 관계 속에서 유의미한 성장을 도모하는 다양한 학습 활동이 시도된다. 자유로운 탐구조사, 토론과 토의, 실습과 견학, 자원 인사의 활용, 첨단 의사소통 도구의 활용을 포함하여 학생의 주도적인 학습을 촉진하는 참신한 방법들을 적극적으로 고안하고 적용하려고 한다(이현민, 강기수, 2008: 179-198).

3) 포스트모더니즘 교육의 교사와 학교

근대의 합리주의적 관점에서 볼 때 교사는 관리자의 역할을 맡는다. 관리자는 사전에 결정된 목적들을 달성하기 위하여 경제적인 효율성을 추구하며, 관료주의적 합리성을 구체적으로 실현하는 사람이다. 관리자는 있는 그대로의 현실을 정밀하게 조사하고 평가하여 목적 달성에 방해가 되는 요소들을 진단하여 최종적인 행동 계획을 마련한다. 관리자의 성격을 가진 근대주의적 교사는 학습자의 행동을 예상하고 통제하며 수정하는 방식을 통해서 학습을 촉진시키려고 한다. 교사는 교육 활동 중에 학습자의 수행을 미리 예측하고 그에 따른 전략을 마련하며, 학습자를 분류하여 학습이 빠른 그룹과 느린 그룹으로 나누어 각각을 달리 취급한다. 근대주의적 관점에서 교사는 전체 학습과정을 통제하고 엄격한 기준에 따라 학습자의 행위를 교정하는 것을 교육의 중심 활동으로 삼는다. 교사의 역할은 상호간 동등한 '대화'라기보다는 일방적인 '독백'의 성격을 가진다고 할 수 있다. 교사는 객관적인 관찰자이자 평가자이며 분명한 의도를 관철하는 행위자이다. 교사를 관리자, 평가자, 분석가, 행동을 수정하는 자로 보는 근대적 관점은 교사에게 우월적이고 지배적인 지위를 부여하였고 이것이 교사가 교육의 과정에서 주도적 역할을 하는 이유였다.

  포스트모더니즘에 따르면 학습과정을 질서정연하고 논리적으로 기획하고 통제하는 것은 교사의 역할이 될 수 없다. 학습이 사전에 계획된 질서정연하고 논리적 원칙에 의거하여 진행되는 활동이 아니라, 구체적인 맥락 안에서 마치 대화를 나누듯이 다양한 해석과 반응이 교차하는 가운데 이루어지는 것이라고 한다면, 교사는 교육의 현장에서

협상과 조정, 중재의 역할을 수행해야 한다. 교사는 정보를 제공하기보다는 학생들의 자율적인 학습활동을 보조하며 그들이 주체적으로 의미를 창출하는 것을 도와주는 역할을 한다(이현민, 강기수, 2008: 192-193). 지식의 불완전성을 인정하는 포스트모던 관점에서 볼 때, 교육활동이 일어나는 공간은 교사와 학생들의 다양한 경험세계가 조우하고 갈등하는 가운데 각기 자신에게 맞는 관점을 생성하는 과정으로 간주된다. 그렇다면 교사는 외부에서 주어진 교육내용의 전달자가 아니라, 교육내용을 통한 다양한 담화의 갈등 속에서 학생들이 자기반성적 학습경험을 조직할 수 있도록 도와주고 학생들과 함께 지식의 재구성과 의미 창출에 참여하는 동반자 역할을 수행해야 한다.

교사의 역할이 이렇게 전환되었다고 해서 교사의 중요성이 약화되는 것은 아니다. 동일한 교육내용이라도 교사의 특성에 따라 전혀 다르게 해석되고 재현될 수 있다. 특히, 교육내용의 매개자로서 권위를 가진 교사가 그것을 어떻게 규정하고 다루는지는 중요하다. 교사 개인의 세계관, 가치관, 해석 방식, 교과에 대한 이해 정도, 학생에 대한 태도 등은 교육과정 재구성과 학습활동에 결정적인 영향을 미친다. 교사는 외부에서 주어지는 교육내용을 소비하고 수업과정 이전에 결정된 교육 목표를 이루어가는 관리자가 아니다. 개별 주체인 교사와 학생들의 특수한 경험세계가 교차하면서 다양한 신념과 담론들이 형성되는 공간을 창조하는 가운데 새로운 교육적 의미를 적극적으로 창출해 가는 생산자가 되어야 한다. 이를 위해서 교사는 학생들과 개방적인 대화적 관계를 맺으려고 노력해야 하며, 학생들을 주체적으로 의미를 형성하는 행위자로 인식해야 한다. 학생들은 자신들이 가지고 있는 기존의 상투적인 인식을 비판적으로 성찰하고 재검토하도록 교사로부터 도전과 격려를 받아야 한다. 이를 위해서 학생은 자신의 도전과 새로운 의미를 찾는 비판적 해석 활동이 진정으로 존중받고 있다는 느낌을 가질 수 있어야 하며, 교사는 이런 '차이'를 교육적으로 섬세하게 다룰 수 있는 전문적 역량을 갖추어야 한다.

포스트모더니즘이 득세하면서 학교는 더 이상 전통적으로 여겨지던 교육활동, 즉 '지식 전달'과 '인격의 형성'이라는 핵심적 활동에 전념하지 못한 채 이로부터 점차 멀어지고 있다. 학교는 점차 시장이 요구하는 성공적인 지식 인재를 길러내는 것을 일차적인 목적으로 하도록 압박받고, 개인은 학교를 지식을 사거나 자격증을 취득하는 곳으로 바라보는 등 학교 교육에 대한 도구적 사고가 일상 속으로 깊이 침투하고 있는 중이다. 뿐만 아니라 다원화된 사회 속에서 전례 없이 새롭게 분출되는 다양한 교육적 요구들을 현행의 학교가 다 수용하는 것은 불가능한 상태에 이르렀다. 학교교육에 대한 불만족과 불신으로 인해 대안학교와 홈스쿨링과 같은 기존의 학교를 대체하는 교육기관이나 프로그램들이 점차 증가함에 따라 학교는 지금까지 누려온 교육기관으로서의 독점적 지위와 정체성을 점차 상실해가고 있다. 현재 학교는 전통적인 관점에서 고유한 사회적 역할로 주어졌던 지식 전수와 사회화를 위한 기능을 넘어서 학생의 성장에 필요한 각종 다양한 필요들을 만족시킬 것을 요구받고 있다. 이것은 미래에 학교가 맡는 사회적 역할과 기능 혹은 학교 교육의 성격이 이전과 달라질 가능성이 있음을 의미한다. 이런 급변하는 상황에 맞춰 학교의 조직과 체계도 상당한 변화를 예고하고 있다. 기존의 학교는 고정된 교육내용을 전통적 방법을 답습하여 가르치던 교육기관으로서 체계적인 행정조직과 안정적인 교육 프로그램을 중심으로 운영되었다. 그러나 학생의 전인적 성장을 위한 다양한 교육적 활동이 시도되는 공간으로서 역할을 수행하려면 학교의 조직과 운영 원리는 수직적 위계 구조에 따른 전통적인 방식을 고집할 수 없게 된다. 이제 학교는 안정과 질서 보다는 변화와 모험적 도전을 시도할 수 있는 유동적이고 탄력적인 수평적 조직 구조로 운영될 필요가 있다. 학교가 수행하는 기능도 전통적인 교육활동을 포함하여 학생들의 다양한 욕구를 수용하고 지역사회와 소통하는 가운데 단위 학교 간 연대와 협력도 긍정적으로 모색되고 있다. 점차 많은 학생들이 기존에 학교가 독점적으로 제공해왔던 지식의 전수와 교과 교육과 관련된 학습활동을 학교에 의존하지 않고 인터넷이나 기타 온라인 매체와 학교와 유사한 사설 기관의 도움을 받아 수행한다.

9.4 포스트모더니즘 교육이론 평가

 서론에서도 밝혔듯이 포스트모더니즘은 학자들마다 서로 다른 강조점과 문제의식을 가지고 제각기 독특한 학설들을 주장하는 가운데 만들어진 세계관적 이념, 시대정신이다. 따라서 포스트모더니즘을 주창하는 각 사상가들의 학문적 주장들을 통해서 포스트모더니즘의 전모를 파악하는 것은 쉽지 않다. 포스트모더니즘을 제대로 알고 대처하려면 이것이 서양의 근대주의로부터 출발하여 논리적 추론의 과정에 따라 자연스럽게 도달한 결론임을 이해하는 것이 중요하다. 데카르트로부터 시작하여 근대주의 이론가들은 이전 학자의 학설이 가진 한계를 극복하기 위해서 이론적 보완을 시도하면서 자신의 학설을 발전시켜 왔다. 아이러니하게도 그렇게 해서 도달한 논리적 사유의 결론이 포스트모더니즘이라고 할 수 있다. 포스트모더니즘과 근대주의는 얼핏 보기에 전혀 상반된 주장을 하고 있지만 역사적으로 살펴보면 이 둘은 하나의 흐름 안에서 포착하여 이해할 수 있다. 주장하는 내용은 전혀 다르지만 이 두 사상은 본질적으로 '내재철학'(immanence philosophy)이라는 점에서는 동일한 성격을 가지고 있다. 즉 이 두 사상은 모두 인간의 경험과 이성적 사유의 한계 안에서 온 우주와 인생의 문제를 이해하려고 시도한다. 내재철학은 필연적으로 인식의 확실성을 보장하는 근거, 진리를 보장하는 최종적인 참조점을 피조 세계 내부에 둘 수밖에 없다. 근대주의의 철학적 출발점을 설정한 데카르트의 경우 모든 존재의 확실성을 담보하는 절대적으로 참인 공리는 "내가 존재한다"는 사실이었다. 사유하는 인간의 내면에 본유적으로 장착된 관념과 이성적 사유능력은 객관적 지식을 보장하는 최종적인 준거였다. 문제의식이나 학설은 다를지라도 로크와 칸트도 그들의 이론에서 존재의 본질, 인식의 확실성을 담보하는 최종적인 준거점은 인간 내면에 두었다. 근대주의에서 인간은 존재하는 모든 것의 근거가 되는 기반, 즉 '주체'를 인간 속에서 발견하게 되었다(강영안, 1996: 77). 그런데 확실성의 기반을 인간 내면에 두게 되면서 인간의 세계 인식은 점점 더 희미해진다. 급기야 칸트는 인간 외부에 세계가 존재하는 것은 확실하지만 그것이 원래 어떤지는 알 수 없다는 결론에 이른다. 우리가 알 수 있는 것은 우리의 경험과 의식에 포착된 세계이지 우리 밖에 객관적으로 존재하고 있는 실재 그 자체는 아니다. 세계를 분명하게 인식하기 위해 확실성의 근거를 인간 내면에 둔 근대의 기획은 결국 세계의 본질을 있는 그대로 알 수 없다는 결론에 이르고, 더 나아가 세계의 일부로 존재하는 인간의 본질마저도 부정하게 된다. 포스트모더니즘은 바로 이 근대의 기획이 실패한 지점에서 생긴 자연스러운 반응들이다.

우리 그리스도인들은 이에 대해서 어떻게 반응하여야 하는가? 그리스도인은 기록된 말씀인 성경의 계시에 의존하여 이론적 사유를 하고자 한다. 그리스도인은 기록된 말씀에 근거하여 이 세계가 창조주 하나님이 제정하신 창조의 법(the creational law)에 의거하여 존재함을 믿는다. 이 세상의 모든 실재들은 그 존재의 근거를 창조의 법에 두고 있으며 이 법은 창조세계 내부에 존재하지 않고 초월해 있다. 따라서 그리스도인은 이 세계의 존재나 인식의 확실성을 피조된 세계 안에서 찾으려고 하지 않는다. 이 세상의 모든 사물이 질서정연하게 각자 고유의 본성을 가지고 항상성을 가지고 존재하는 것은 이 세계 밖에서 이 세계를 규정하고 다스리는 법이 있기 때문이다. 그리스도인은 그 법에 의거하여 세계에 대한 인식하고 그 지식을 이론적으로 체계화하려한다. 이 지식은 창조의 법에 따른 질서와 창조 구조를 인식하고 체계화한 것이기에 비록 오류가 있을지라도 전적으로 잘못된 것이라 할 수 없다. 인간의 지식은 창조의 법 그 자체가 아니라 그것에 대한 인간이 만들어낸 이론적 구성물이기에 오류가 있을 수밖에 없다. 하지만 창조의 법을 반영한 것이기에 확실성과 보편성, 객관성을 가지고 있다. 그런 의미에서 그리스도인들은 인간의 지식은 오류가능성을 겸손하게 인정하지만 창조의 법에 대한 확실성을 근거로 객관성을 자신있게 주장한다. 창조의 법에 근거하여 그리스도인은 인간의 지식이 그저 세계에 대한 언어적 해석이거나 주관적인 메타포라고 하는 포스트모더니즘을 배격한다. 언제나 결함을 가지고 있지만 창조세계의 질서를 포착하고 있기에 인간의 지식은 "오류가능한 객관적 지식"(a fallible objective knowledge)이라고 할 수 있다. '창조의 법'에 근거하여 그리스도인은 근대주의자들이 가진 인간 이성에 대한 절대적 신뢰에 기인한 오만함에 빠지지 않는다. 또한 근대 기획의 실패로 인해 초래된 포스트모더니즘 이론가들의 극단적인 주관주의와 상대주의에도 빠지지도 않는다(Lee, 2007: 172-174).

  성경은 인간이 전인적 존재이며 마음을 가진 존재로 본다. 인간은 포스트모더니즘이 주장하는 것과 같이 본성이나 본질이 없는 중심 없는 신념의 그물망이 아니다. 인간은 하나님의 형상으로서 마음을 가지고 있고 이로부터 책임있는 행위를 할 수 있는 인격적 존재이다. 인간에 대한 포스트모던 관점은 인간의 이성적인 측면을 과도하게 강조한 근대주의 인간관에 대한 편파성을 비판하고 인간 존재의 다면적 양상을 인정한다는 점에서 그리스도인들은 일부 받아들일 점이 있다고 본다. 그러나 인간은 본질이 없는 존재이기에 교육의 목적으로서 새로운 어휘로 세계를 재해석하고 자아의 창조하는 것이라는 포스트모더니즘의 주장에 대해서는 반대한다. 인간은 마음을 가진 존재이며 창조의 법에 의거하여 본유적인 능력과 자질을 가지고 있다. 교육은 마음의 방향성을 하나님 지향의 방향으로 형성하는 활동이며 인간의 본유적인 능력과 자질을 발현하고 개현해내는 활동이다.

  포스트모더니즘은 실용적 가치를 가진 기술과 지식이라면 무엇이든 교육내용이 될 수 있으며 학생의 구체적 상황 속에서 의미있는 것을 가르쳐야 한다고 주장한다. 그리스도인은 성경적 관점에 따라 교육내용의 선정하는 최고의 기준은 실용적 가치가 아니다. 그보다는 이 세계의 청지기로서 책임있는 삶을 살아가는데 필요한 지식이 있으며 이것이 교육되어야 한다고 본다. 이를 위해서 가장 본질적인 교육내용은 세계의 다차원적 양상을 구분할 수 있고 각 양상 속에 두신 하나님의 창조의 법을 이해할 수 있도록 기획되어야 한다. 그리스도인은 학생의 구체적 생활세계와 연결된 교육내용을 가르쳐야 한다는 포스트모더니즘의 입장에 찬성한다. 그러나 그런 학습의 결과는 단지 경험이 고양되는 것을 넘어서 창조세계의 구조의 각 양상에 대한 독특한 법칙들에 대해서 이해하는 것임을 분명히 한다.

학생들은 하나님의 형상으로서 교육적 상황에서도 책임있는 존재로 존중받아야 한다. 이들은 수동적인 지식의 수용자가 아니라, 학습의 상황에서 창조의 법칙을 체계적으로 공식화(formulate)할 수 있는 능동적 행위자들이다. 그러므로 그리스도인들은 구성주의자를 비롯한 포스트모더니즘 교육자들이 주장하는 학습자가 주도적인 역할을 하는 학습 이론에 대해서 기본적으로 동의한다. 그러나 지식이 순전히 개인의 구성물이라는 관점에는 동의하지 않는다. 그리스도인은 인간의 선택과 상관없이 독립적으로 존재하는 보편적 표준이 있기에 때로 학생은 엄격한 기준에 의거하여 표준에 도달하기 위한 반복된 훈련과 숙달, 암기가 필요한 과정이 있을 수 있음을 인정한다. 이런 과정은 학생들의 즉각적인 흥미와 관련이 없으며 선택의 여지도 없다.

9.5 결론

많은 그리스도인들이 진지한 고찰이나 명확한 근거 없이 포스트모더니즘을 반기독교적 이념으로 간주하고 비난한다. 그러나 이런 태도는 바람직하지 않다. 포스트모더니즘은 반기독교적이라는 비난을 뒤집어 보면 포스트모더니즘과 반대되는 근대주의는 기독교적인 혹은 기독교 친화적인 이념이 되어 버린다. 그러나 위에서 언급했듯이 근대주의나 포스트모더니즘은 모두 인본주의라는 동일한 종교적 신념에 뿌리를 두고 있다. 근대주의는 이전의 서구 세계의 주도적 이념이라 할 수 있는 기독교 세계관에 대한 반발이자 그것을 내재적으로 만드는 것이었다. 비록 포스트모더니즘이 근대주의에 대한 반발이라고 하더라도 실재에 대한 기독교적 관점의 회복을 추구한다고 볼 수 있는 조짐은 없다. 포스트모더니즘은 단지 과거 서구의 시대적 지배 이념이었던 모더니즘의 퇴조와 함께 현재 서양인들이 사상적으로 혹은 세계관적으로 직면해 있는 위기를 보여주고 있다.

포스트모더니즘에 대한 기독교 사상가들의 태도는 다양하다. 데이비드 웰스, 토마스 오덴, 프란시스 쉐퍼 같은 이들은 포스트모더니즘을 단호히 거부하고 배격한다. 한편 스탠리 그랜츠, 리처드 미들턴과 브라이언 왈쉬, 케이트 퍼트와 같은 사람들은 포스트모더니즘이 기독교인에게 새로운 기회를 줄 것이라고 생각하여 긍정적으로 반응한다. 새로운 사상이나 이념에 대처하는 그리스도인의 바람직한 자세는 무조건적인 반대 혹은 무비판적 수용보다는 그 사상을 충분히 이해하고 그것을 바탕으로 기독교적 전유와 변증을 시도하는 것이다. 그 사상에서 기독교 신앙을 풍성하게 할 수 있는 요소들을 찾아내어 수용하고 진리의 말씀에 근거하여 대항하고 배격할 것은 문제를 제기하고 비판해야 한다. 포스트모더니즘은 보편적이고 객관적인 거대한 서사를 배격하고 개인적이고 주관적인 작은 서사를 선호한다. 이런 이념이 지배하는 사회에서 그리스도인은 사적인 영역으로 제한되었던 기독교 신앙을 공적으로 표현할 수 있는 여지를 찾을 수 있다. "다양한 이야기가 들리게 하라"는 포스트모더니즘의 교의에 따라 기독교인의 신념도 다양한 이야기의 일부로서 목소리를 낼 수 있는 권리를 주장할 수 있다.

포스트모더니즘은 본질적으로 파편적이고 잡다하고 다양한 이야기가 뒤섞인 혼란스러운 사상적 집합체이다. 이런 사상이 주도하는 사회는 공통의 기반이 없기에 불완전하고 공동체의 합의는 임시적이며 불안하다. 이런 상황에서 그리스도인들은 불변하는 진리의 말씀에 근거하여 흔들림 없는 태도로 삶을 영위하는 모습을 세상에 보여줄 필요가 있다. 그런 삶을 통해 하나님의 진리를 드러내 보여주고 복음을 변증할 수 있다. 포스트모더니즘에 따라 교육의 영역에서도 각종 다양한 주장과 방법론들이 등장하여 혼란이 가중되는 이 때 그리스도인들은 진리의 말씀에 근거하여 건실한 교육을 실천하고 그 결과를 이웃에게 보여줄 필요가 있다. 우리가 믿는 바 진리를 포스트모더니즘의 체계 안에서 이해할 수 있도록 번역하여 들려주고 보여주는 것은 이 특정한 시대를 살아가는 그리스도인의 과업이라 할 수 있다. 이것은 그 자체로서 하나님의 진리를 드러내는 복음의 변증이자 복음에 근거한 새로운 질서를 구축하는 마중물이 될 수 있다.

[보론2]
제4차 산업사회 세계관과 기독교교육의 과제

Christian Worldview
& Theory of Education

1. 제4차 산업 사회와 미래 세계

　미래란 하나님의 주권에 달린 시간영역이다. 그럼에도 불구하고 인간은 지적 능력과 의지를 가진 존재여서, 본능적으로 현재의 기준에서 미래 목표를 설정하고, 그 목표를 달성하기 위해 구체적인 계획을 세우고, 효과적인 방법을 활용하여 성취를 이루려 한다. 많은 사람들로 구성된 기관(기구)들은 미래의 성공과 발전을 확고하게 하려는 의도로, 미래계획 설정과 추진과정을 전문적인 연구평가기관에 의뢰하기도 한다. 21세기에는 정책적인 장단기 발전계획서를 작성하는 일이

규모가 큰 기관들의 당연한 과제가 되었고, 국가 단위의 주요한 정책들은 더 정교한 자료들을 기초로 미래 세계의 특성과 한국사회의 변화 특성을 추정하면서 작성되고, 그렇게 해야 시민들을 설득할 수 있게 되었다.

이러한 경향성에 힘입어 미래에 대한 예측작업을 연구과제로 삼는 독립학문인 미래학이 눈길을 끌고 있고, 미래의 양상들에 대한, 세계적인 전문 연구기관들로부터 출간되는 많은 보고서들을 어렵지 않게 접할 수 있게 되었다. 지난 세기동안 기술의 엄청난 발전으로 이동 및 소통 수단의 한계가 거의 없어져, 우리사회는 더 이상 고립된 영역이 아니라 범지구적 환경에 연동된 사회가 되었으므로, 지구의 미래는 우리의 미래가 되었고, 세계문화의 미래도 우리의 미래가 되었다.

2020년부터 2050년까지의 사회가 어떤 모습일지 유엔미래보고서는 이미 2050년의 사회모습을 구체적으로, 때로는 구체적인 연도까지 지명하면서 예측하고 있다(박영숙, Glenn, 2016). 매년 초에는 전문분야의 학자들이 가까운 미래를 대비한 전략으로, 예컨대『코리아 아젠다 2018』과 같은 보고서를 출간하거나(강태진 외 20인, 2018), 경영 전문가들은 사업 아이템을 제안하는 트랜드 리포트도 출간하고 있다. 학제적 연구 배경을 가진 저자들 중에는, 미래에 예상되는 큰 시대변화를 '제3의 물결' 혹은 '미래의 물결'로, 혹은 구체적으로 '제3차 산업혁명', 그리고 이어서 '제4차 산업혁명'으로 지칭하면서, 미래의 변화 양상과 그 진행을 예언하는 인기 저서들을 출간한 사람들도 있다. 최윤식은 『2020 2040 한국교회 미래지도』 1권을 2013년에, 그리고 2권을 2015년에 발간하여 사회과학적 방법으로 한국교회의 미래를 예상하여 신선한 충격을 주었다.

미래에 대한 예언들은 국제정치 및 경제적인 변화, 새로운 기술의 적용, 대중문화의 변화가 주를 이루면서, 인구학적 통계와 경제학적 통계들이 그 변화에 대한 확신을 더하는 양상이다. 잘 알려진 몇몇 보고서 및 저서들이 말하는 미래의 특성들을 정리해보면 다음과 같다.

첫째, 기술의 혁명적 변화가 사회변화의 근본 원인으로 간주된다. 제레미 리프킨은 에너지와 커뮤니케이션의 유기적 관계가 산업혁명의 기반이라 보았다. 그는 1차 산업혁명이 석탄과 증기력이 인쇄 커뮤니케이션과 유기적 연결 관계를 가졌다면, 2차 산업혁명은 석유와 전기 커뮤니케이션이 유기적 연결 관계를 가졌고, 현재의 3차 산업혁명은 재생 가능한 녹색 에너지와 인터넷 커뮤니케이션의 유기적 연결 관계를 통해 산업과 문화를 포함하여 정치와 경제까지 바꾸어가고 있다고 주장하였다. 리프킨은 3차 산업혁명에서의 다섯 가지 핵심 과제로, (1) 재생가능 에너지 전환, (2) 건물 미니 발전소, (3) 에너지 저장기술 보급, (4) 인터넷을 통한 에너지 공유 인터그리스 전환, (5) 스마트 동력 그리드 활용을 제안했다(Rifkin, 2012: 56-59).

클라우스 슈밥은 제3차 산업혁명의 전개가 얼마 되지 않았지만 기술의 혁명적 변화로 이미 제4차 산업혁명시대에 진입했다고 보았다. 그는 2016년 다보스포럼에서 4차 산업혁명은 물리학, 디지털, 생명공학의 기술적 융합의 혁신이 그 특성이고, 소셜 미디어, 사물인터넷, 빅데이터, 인공지능을 산업과 문화 전반에 적용함으로써 인간의 많은 난제들을 해결하고 일을 효율화할 것이며, 이는 경제활동과 국가, 그리고 개인의 생활에 큰 영향을 줄 것이라고 주장했다(Schuwab 외 26인, 2016: 17-28).

유엔미래보고서는 21세기 2사분기에 주목받게 될 기술을, 인공지능, 합성생물학, 나노기술, 양자컴퓨팅, 3D 및 4D 프린팅, 사물인터넷, 무인 자율주행자동차, 로봇공학으로 보았고, 그 결과 글로벌 인터넷을 통한 정보지식의 증가, 블록체인 기술을 통한 경제 및 행정의 변화, 디지털 의료와 수퍼 항생제 등의 신약 개발, 유전자 편집을 통한 건강하고 탁월한 인간, 태양광 에너지의 전반적 활용과 새로운 에너지 저장장치 개발, 드론을 활용한 운송과 로켓 재활용 등이 가능해질 것이라고 예상했다(박영숙, Glenn, 2016: 33, 44-58).

둘째, 기술의 혁신으로 국제 경제활동 영역에서 실제적인 세계화가 이루어져, 세계적 범위에서 경제 성장 있을 것이지만, 사회적 불안도 커질 것으로 예상한다. 무역과 경제에서 현재보다 상호의존성이 더 커지고, 첨단 교통수단의 발달과 디지털 기술은 세계화를 고도화하여, 사람들은 세계가 이전보다 작아졌다고 느낄 것이다. 경제성장의 결과로 절대 빈곤인구는 크게 줄어들겠지만, 산업기술의 변화와 혁신의 정도에 따라 국가 간, 경제 주체 간에 부의 불평등이 커질 것이다.

특히 기존 일자리들 중 상당수가 사라져 장기적이고 구조적인 실업이 예상된다. 선진국들의 심각한 현실인 저출생과 고령화는 복지정책의 유지를 위협할 것이며, 실업문제를 해결하기 위해 기본소득도 보장해주어야 하는 현실에 직면할 것이므로 선진국 경제는 낮은 성장률을 유지할 수밖에 없을 것이다. 반면, 인구와 자원의 힘을 가진 개발도상국들은 상당한 성장을 이룰 것이고, 특히 중국과 인도는 경제 및 기술 발전의 결과가 두드러져 세계는 다극체제로 바뀔 것으로 예상한다(박영숙, Glenn, J., Gorden, T. & Florescu, E., 2014: 45, 48).

셋째, 새로운 기술들을 기반으로 경제적 거래와 국가행정이 효율화되고, 동시에 세계적 표준에 부응하도록 요구받을 것이어서, 기존정부의 독점 역할은 약화되고, 단일 통화 거래나 인류가 직면한 주요한 문제 해결을 위해 구성된 세계 정부, 혹은 지구적 기구들의 역할에 대한 요구는 커질 것이다. 최상의 맞춤형 효율성 추구를 위해 개인들의 행동에 대한 전 방위적 정보 수집과 접근을 요구하는데서 초래되는 '하이퍼 감시' 시대가 될 것이고, 개인의 삶에 대한 투명한 감시와 통제로 기존의 범죄는 줄고 사이버 범죄는 늘어날 것이다(Attali, 2007: 238-251). 전반적으로 법에 의해 통제받는 영역은 더 많아질 것이다.

그럼에도 불구하고 소셜 미디어를 통한 직접 민주주의 방식을 요구하는 '똑똑한 개인들'의 권한이 크게 강화될 것이다(박영숙, Glenn, J., Gorden, T. & Florescu, E., 2014: 44, 63). 똑똑한 개인들은 소셜 미디어를 통해 정부에 불만을 제기하고 사회변혁을 요구하는 일에서 상당한 권력을 행사하게 된다. 동시에 개인화는 다양화에 대한 요구이기도 하여, 글로벌 사회에서 개인화는 필연적으로 문화적 다양성의 수용을 요구할 것이다.

넷째, 기후변화는 2사분기에 해결해야 할 지구적 과제가 될 것이다. 대기 중 이산화탄소의 증가로 초래된 지구온난화는 심각한 수준에 이르러, 다수의 동물 및 식물의 멸종만 아니라 확장되고 있는 재난 지역에 살고 있는 사람들의 생명도 위협할 수준에 이른다. 만성적 물 부족과 자연재해는 인간 삶의 가장 큰 위협이 될 것이어서, 지구의 지속가능한 유지와 사회적 발전을 위해서 기후변화문제는 해결하지 않으면 안 될 현실적 과제가 된다(박영숙, Glenn, J., Gorden, T. & Florescu, E., 2014: 49-51, 296-301).

제레미 리프킨은 자신의 책에서, 지구온난화를 악화시키는 화석연료를 통한 산업 발전은 절대 한계에 봉착했다고 보고, 그것을 대체할 수 있는 재생 가능 녹색 에너지 기반의 제3차 산업혁명을 더 발전시켜 나가야 한다고 강조했다. 그는, 한편으로는 녹색 에너지의 효율성과 발전을 가능하게 하는 기술의 보편화를 통하여, 또 다른 한편으로는 국가 및 지구적인 협력을 통하여 인류의 가장 절박한 이 문제를 해결할 때, 21세기 중반에는 자본의 분산과 권력의 평등이 실현되는, 협업방식의 풍요한 자본주의사회, 동시에 개인의 자유가 존중되는 민주적 사회가 실현될 것이라 예상했다(Rifkin, 2012).

2. 제4차 산업사회의 세계관

마르크스주의자들은 일찍이 생산관계의 특성, 곧 경제를 특정 세계관의 원인으로 간주하였고, 그 경제 토대의 변화는 역사의 변화를 만든다고 주장했다. 자크 아탈리도 그의 저서 『미래의 물결』에서 시장과 돈이 인류 역사 진행의 힘이라고 간주함으로써 동일한 유물론적 전제를 드러내었다(Attali, 2007: 6-7). 최근 많은 미래학자들은 여기에 더하여, 혁명적인 기술들이 세계관의 변화를 초래한다고 주장한다. 유엔의 밀레니엄 프로젝트 한국지부 유엔미래포럼의 대표 박영숙은 『유엔미래보고서 2050』의 머리말에서, "미래는 기술의 변화에서 온다. 인간은 변화에 저항할 뿐, 세상을 바꾸지 못한다. 기술이 세상을 바꾸면 그 뒤에는 사람들의 가치관과 사고방식이 바뀐다."고 단정했다(박영숙, Glenn, J., 2016: 머리말).

그러나 미래사회는 현재사회 구성원들의 세계관과 열망 추구로부터 방향이 결정되고, 기술은 그 비전의 구체적 실현을 위한 도구라는 점에서, 미래의 세계관은 미래 사회를 예상하는 현재 세계관과 크게 달라지지 않는다. 이러한 점에서 자크 아탈리가 "미래에 관한 모든 예언이란 것이 무엇보다도 현재에 관한 이야기를 다루고 있듯이 이 책 또한 오늘을 이야기하고 있다"고 부언한 것은 타당한 말이다(Attali, 2007: 20).

미래사회를 예측하는 저서들이 미래사회의 특성을 그려나가는 방법이, 먼저 현재를 과거로부터의 인과관계를 고려한 역사발전의 한 단계로 간주하고, 그 인과관계를 기초로 현재의 시점에서 미래 단계의 변화와 발전을 예상하고, 위기에 대한 특별한 처방들을 제안하면서 이상적인 사회를 향한 기대를 적극적으로 표현한다는 점에서, 미래세계관은 현재에 연속적이라고 말하는 것이 적절하다. 예상하지 못한 큰 재난이 없는 한, 미래 사회의 세계관은 현재 사회와 문화의 기반인 세계관을 더 선명하게 드러내는 모습일 것이다.

그러면 현재의 시점에서 미래세계를 묘사하고 있는 사람들의 사고에 반영된 미래 세계관의 주요 특성들을 기독교세계관의 관점으로 간단하게 정리해보면 다음과 같다.

첫째, 미래사회에서는 하나님의 존재를 부정하는 세계관, 구체적으로 자연주의, 곧 유물론적 무신론이 대세를 이룰 것으로 예상된다. 만물의 기원은 물질이고 세계의 변화와 역사적 발전은 진화의 결과라는 신념은, 근대이후 세계와 인간, 그리고 사회를 해석하는 학문 및 문화의 주된 관점이 되어왔다. 이러한 유물론적 신념은 세계와 사회로부터 하나님의 존재를 추방하려는 신념이다. 일찍이 19세기 초반에 포이에르바하와 마르크스, 후반에 프로이드의 신념이었고, 20세기에는 럿셀을 비롯한 현대철학자들, 그리고 20세기 후반 포스트모던 철학자들의 일관된 신념이었다. 이러한 신념에서 최근 리차드 도킨스(2007)는 『만들어진 신(The God Delusion)』이라는 책제목으로, 노골적으로 하나님의 존재부정을 선언하여 눈길을 끌었다.

진화론에 근거하여 오스트랄로피데쿠스, 호모 하빌리스, 호모 루돌펜시스, 호모 에르가스터, 호모 에렉투스, 호모 사피엔스, 호모 하이델베르겐시스, 호모 네안데르탈리스에서 마침내 호모 사피엔스 사피엔스(Homo sapiens sapiens)인 인간이 되었고(Attali, 2007: 29-32), 그 인간은 과학과 기술을 통해, 유발 하라리(2017)의 표현처럼 '호모 데우스(Homo Deus)로 간주하기에 이른다는 생각에서, 더 이상 하나님의 자리를 남겨둘 생각이 없음을 확인하게 된다. 진화론은 많은 자연과학자들만의 신념이 아니라, 미래학자로 자처하는 사회과학자들의 신념이 되었다. 미래사회의 기술들로 간주되는 인공지능과 로봇, 합성생물학 등의 발전에서 이러한 사고방식은 더욱 굳어질 것으로 예상된다.

둘째, 미래사회는 하나님의 주권을 박탈하는 세계관, 곧 인간주권을 절대화하는 세계관이 대세를 이룰 것으로 예상된다. 인간의 인권과 자유에 대한 존중의 요구는 근대 휴머니즘의 핵심이며, 오늘날 그 적용은 거의 모든 종류의 차별에 대한 철폐요구에 이르렀다. 성별차별에 있어 여성, 연령차별에 있어 아동, 성차별에 있어 성소수자, 종교와 인종과 문화 차별에 있어 이민자, 시민권 차별에 있어 난민이 인간으로서의 동등한 법적(복지적) 권리를 누릴 수 있게 해 달라는 집단 정치적 요구가 낯설지 않다. 인권에 대한 존중의 요구는 인간 외의 생물에게도 확장되어, 반려동물을 비롯한 동물에 대한 동물권 주장도 힘을 얻고 있다. 이러한 정치적 운동의 결과로 미래사회는 개인의 자유와 절대 주권 요구가 당연한 것으로 인정될 것이다.

많은 미래학자들은 인간이 역사의 주체이므로, 위기와 난제를 해결하여 새로운 세계를 만들어 갈 수 있다는 신념을 가지고 있다. 주권자인 인간은 미래를 예측할 수 있고, 잘 대응함으로써 충분히 좋은 세상을 만들 수 있다고 주장한다. 아탈리는 21세기 중반에는 세계적으로 민주주의가 더욱 활성화된 '하이퍼 민주주의' 시대, 곧 "자유와 책임, 존엄성, 극기, 타인존중 등의 새로운 무한성이 펼쳐지게 될 것"으로 낙관하였다(Attali, 2007: 8). 그리고 인류사회의 문제를 해결하고 평화와 행복이 유지되도록 하려는 목적에서, 관계적 주권에 기초한 똑똑한 개인, 예컨대 '트랜스휴먼'들이 공동 유대를 통한 정치 행동으로 국가 이해를 넘어 지구적으로 주요한 역할을 할 것으로 믿는다(Attali, 2007: 374-375).[24] 리프킨은, 21세기 중반 이전에, 인간은 '호모 엠파티쿠스(Homo empathicus)'가 되어, 곧 민주적인 '수평적 권력'

의 기반에서 상호 공감하는 유대감과 협업으로, 비극적인 기후변화를 극복하고, 협업의 민주시민사회를 실현할 수 있을 것으로 보았다 (Rifkin, 2012: 338). 아탈리와 리프킨은 개인과 역사의 주권자인 인간이 자발적으로 협력하면서 이 일을 이루어 낼 수 있을 것으로 낙관했다.

셋째, 미래사회는 하나님의 전지전능한 구원능력을 배제하는 세계관, 곧 자본과 기술을 통해 구원과 이상사회를 실현한다는 세계관이 대세를 이룰 것으로 예상된다. 인류의 역사를 자본주의와 민주주의의 발전역사로 해석하고, 미래사회도 이 둘 사이의 헤게모니 투쟁과 균형으로 설명하려는 미래학자들이 많다. 예컨대 아탈리의 경우, 자본주의 헤게모니가 지배하는 '하이퍼 제국주의' 시대의 극심한 분쟁, 곧 '하이퍼 분쟁' 시대를 지나, 2060년에는 민주주의 헤게모니가 지배하는 '하이퍼 민주주의시대'가 실현될 것이라는 구도로 미래사회를 예상했다(Attali, 2007: 7-8). 하이퍼 분쟁의 의미는, 시장과 자본이 기술을 통해 큰 발전을 이루지만, 자본주의는 빈부의 격차와 자연황폐라는 고통의 원인이 된다는 생각이다. 그래서 그는 하이퍼민주주의를 기대했다. 하이퍼 민주주의 사회는 자유와 평등에 기초한 풍요의 이상사회를 뜻했다.

24) 아탈리는 마지막 부분에서 여러 차례 "믿고 있다", "믿고 싶다"라는 표현을 반복하면서 인간이 주권에 기초한 주체적 행동으로 21세기 내에 이러한 이상사회를 실현할 것이라는 종교적 신념을 피력했다.

미래학자들에 따르면, 기술의 변화가 수차례의 산업혁명와 사회발전을 이루어낸 원인이었다. 새로운 기술들은 미래사회로의 변화와 발전의 힘과 능력이다. 자본은 기술의 발달을 촉진하고, 기술은 자본을 더욱 강화하면서 사회 변화를 만들어간다. 따라서 자본과 기술은 인간의 근원적 문제를 해결하고 이상사회를 만들어가는 힘이 된다.

4차 산업혁명이라는 범주에서 부각되는 주요 기술들은 하나님의 속성이면서 구원의 능력인 전지전능의 인간실현 방식이다. 빅 데이터, 사물인터넷, 인공지능, 양자컴퓨터, 소셜 미디어 등 집단지성을 위한 기술 등이 '전지(全知)'를 목표한다면, 합성생물학, 나노기술을 통한 의학 및 약학영역의 혁신, 로봇공학, 3D와 4D 프린팅을 통한 생산방법 혁신 등의 기술들은 '전능(全能)'을 목표하고 있다. 이러한 기술의 발전을 통해 건강 문제를 혁신적으로 해결하면서 인간의 수명이 크게 늘 것으로 기대되고, 기술이 고된 노동의 문제를 혁명적으로 해결할 것이므로 적게 일하고도 풍요한, 그래서 '자유'와 '놀이'가 의미 있는 활동이 되는 풍요한 사회가 될 것으로 기대한다(Rifkin, 2012: 384). 종교적으로 표현한다면, 미래사회에는 돈과 기술이 구원의 실제적인 수단으로 간주될 것이다.

이상의 세 가지 특성을 고려할 때 미래 사회의 세계관은, 현재와 다른 세계관이 아니라 근대 및 현대 세계관을 더욱 경화시킨 세계관, 곧 종교화된 세속적 세계관, 구체적으로는 유물론적이고 인본주의적인 세계관이 종교화 되어, 하나님의 존재와 주권과 구원의 능력을 밀어내고 인간의 신성을 주장하는데 이르는 반역적 형태일 것으로 예상된다.

3. 제4차 산업사회와 기독교교육의 과제

지금까지 정리하여 논의한 미래사회의 변화와 세계관의 특성을 고려할 때 기독교교육의 방향과 과제는 다음과 같은 것이어야 한다고 본다.

첫째, 장로교회(개혁교회) 교육의 기본내용인 삼위 하나님의 존재와 주권(통치)과 구원에 대한 성경의 가르침은 인간과 세계와 역사에 있어 영원한 진리이므로 시대 변화와 상관없이 모든 시대의 모든 개별적 인간이 배우고 응답해야 할 내용이다. 특히 미래사회 구성원에게는 그 기본 내용을 가르침에 있어 두 가지의 접근방식이 필요하고, 그 두 가지 접근방식은 선택이 아니라 필수여야 할 것이다.

그 한 가지는 교회가 지금까지 시도해 온 방식처럼, 성경 자체의 내면적 논리와 교리의 내면적 논리에 따른 접근방식의 교육이다. 성경과 교리의 주요 개념은 성경과 교리 자체의 관점에서라야 제대로 이해될 수 있다. 성경과 교리교육이 여기에 해당한다. 또 다른 한 가지는 하나님의 존재를 부정하고 주권을 박탈하며 구원을 외면하는 유물론적, 인본주의적, 자본주의 및 기술주의적 세계관에 따른 신념과의 차별성이 무엇인지 그 전제와 방향을 검토하는, 비판적이고 대응적인 세계관적 접근방식이다. 전자의 접근방법만으로는 상호 관점이 다른 미래 세속사회 동료들과 첫 대화부터 어려울 것이다. 미래 세속사회는 기독교 신앙에 대한 부정적 편견에 있어 과거보다 더 경직된 상태일 것이기 때문이다.

둘째, 기독교교육 담당자들은 기독교교육의 탁월성에 대한 신념을 가져야 한다. 참된 인간변화와 성숙과 소명실현은 과학과 기술의 발달이 가져다주는 것이 아니다. 새로운 기술이 정보 습득과 활용에 대한 효율성을 극대화하고, 교육방법에서 정서적 효과와 감정 체험, 그리고 행동변화에 나은 효과를 만들어낼 수 있을지 모르나, 인간의 참된 변화와 구원은 복음에 대한 신앙적 응답으로 가능하고, 삼위 하나님의 말씀만이 생각을 왜곡되지 않은 진리의 방향으로 이끌며, 인생을 의미 있게 만들 것이고, 참된 이상사회인 하나님 나라가 실현되는 일에 기여할 수 있게 할 것이다.

근대와 현대의 학교교육이 몰입해왔던 과학적 지식과 유용한 정보 및 그 활용과 관련된 역량 제고의 교육은 4차 산업혁명 기술의 발달로 미래사회에는 덜 중요하게 될 것이다. 그 대신 21세기 역량이라고 일컬어지는 '협력'과 '의사소통'과 '콘텐츠'와 '비판적 사고'와 '창의적 혁신'과 '자신감'을 키워줄 수 있는 교육(Golinkoff & Hirsh-Pasek, 2018: 6-9), 호모 엠파티쿠스로서 '공감'을 통해 생태환경을 보존하고 '협업'을 통해 민주시민사회를 만들어갈 수 있게 하는 인간교육(Rifkin, 2012: 338, 380), 하이퍼 민주주의 사회의 시민으로서 극도의 자본주의로 초래된 분쟁을 극복하고 정의와 평화와 협력과 형제애를 발휘하는 인간(Attali, 2007: 342-343)이 되게 하는 교육, 그리고 21세기 중기에는 '인성교육과 윤리교육과 인문학적 소양교육'이(강태진 외, 2018: 281) 중요하게 될 것이라는 주장하는 사람들이 많다.

 이러한 인간 특성들은 이미 기독교교육이 강조해 온 것들과 별로 다르지 않음을 알 수 있다. 기독교교육은 처음부터 참교육이며, 미래사회를 위한 교육이었다고 말할 수 있다. 기독교교육은 삼위 하나님과 그 분의 말씀 때문에, 언제나 탁월성을 가진 인간교육 및 사회교육이 될 수 있다. 그리고 교회공동체는 이러한 역량들을 키워가는 좋은 교육환경이 되어 왔고, 미래에도 그러할 것이다.

 셋째, 기독교교육은 교육방법에 있어 새로운 기술들을 적극적으로 활용함으로써 기독교교육 콘텐츠들을 더 효과 있게 소통할 수 있게 해야 한다. 인간 문화의 산물인 기술은 그 개발에서부터 종교 중립적인 것은 아니므로 새로 개발된 기술의 종교적 혹은 윤리적 특성을 깊이 검토해야 한다. 합성생물학, 인공지능의 수준, 로봇 기술의 고도화 특성과 한계에 대한 윤리적인 숙고와 결단은 미래사회가 직면해야 할 주요한 과제들이다(Schuwab 외, 2016: 198, 251). 이러한 의미에서 기독교교육은 성경적 윤리관에서 미래사회의 구체적인 문제들을 다룰 수 있어야 할 것이다.

　우리는 모든 기술을 거부하고 미래사회를 살아갈 수는 없다. 많은 경우는 기술 그자체가 문제가 아니라 기술의 활용을 통해 의도하는 방향과 그 방향에서 초래되는 결과가 문제이다. 새로운 기술을 적절하게 활용하여 기독교교육을 효과 있게 함으로써 기독교교육의 목표를 달성할 수도 있다. 미래사회는 새로운 기술을 활용하여 소통하며 일할 것이므로, 기독교교육은 교회의 자녀들이 기술의 성격을 이해하고 평가할 수 있을 뿐만 아니라 기술의 활용에 있어서도 탁월성을 가질 수 있는 환경을 제공해주어야 할 것이다.

　기독교교육의 개선과 효과를 위한 기술이라면, 기독교공동체는 좋은 도구를 구비하고 잘 활용하는 방식을 보여주면 좋을 것이다. 기독교교육이 기술을 거부함으로써 시대에 뒤진 것으로 간주되는 것은 적절하지 않다. 이러한 맥락에서 기독교교육학자 오인탁은, 4차 산업혁명의 기술이 교육에서 개인의 부활, 긍정의 교육, 상호작용적인 새로운 학습지도, 전체적 학습(holistic learning), 교육기회 개방과 평생교육을 가능하게 하는 교육혁명을 가져와 참된 인간교육을 가능하게 할 것으로 보고 긍정적으로 평가하였다(오인탁, 2017: 428-445).

　넷째, 기독교교육은 그리스도인들이 미래사회 안에서 교회공동체의 보존과 성장, 하나님 나라의 청지기 사역 실천을 위해, 민주적인 방식으로 정치적 입장을 표현하고, 사회적 리더십을 발휘할 수 있도록 교육해 가는 일에 특별한 관심을 두어야 한다. 제4차 산업혁명으로 실현가능하게 될 기술들이 많은 긍정적인 변화를 가져오게 할 것이지만, 인간은 기술의 혜택만으로 전인적 구원을 누리거나 이상사회를 실현할 수 없고, 행복감을 유지하지도 못할 것이다.

실제적으로는 기술의 발전으로 고용의 불안정과 실업, 극단적인 빈부 격차와 사회적 계급고착, 자본과 기술과 미디어에의 종속, 인간 우상화, 개인 정체성 혼란과 무능감과 무의미감, 대규모 사이버범죄와 폭력, 기후변화와 국제분쟁 등 심각한 새로운 문제들이 등장할 것이며, 이러한 문제들은 해결하기 어려운 윤리적, 정치적 난제가 될 것이다. 기독교공동체를 향하여는 교회가 가르치는 기독교신앙의 내용, 곧 하나님의 존재와 주권과 구원을 모욕하고, 인간의 의미와 도덕적 계명에 대한 기독교적 가르침을 꺾어버리기 위해 미디어를 활용하여 선동하는, 반기독교적 세계관 추종자들의 폭력적 정치행동에 직면해야만 할 것이다.

그리스도인의 정치적 침묵은, 반기독교적 세계관의 폭력적 사회지배를 허용하는 결과가 될 것이며, 기독교공동체를 위기에 빠지게 하고, 신앙생활의 자유와 선교의 자유를 크게 제한하는 결과에 이르게 할 것이다. 민주시민 사회에서 정치적 주권을 행사하는 구성원으로서, 그리고 하나님 나라의 시민으로 그리스도의 왕적 통치에 참여하는 하나님의 자녀로서, 그리스도인은 정치적인 존재이다. 기독교세계관에 기초한 인권의 실현, 하나님 나라의 특성인 정의와 평화, 복음의 특성인 생명과 자유와 사랑의 가치가 미래사회에 실현될 수 있도록, 국가와 사회에 정치적 주권을 행사하고, 사회적 리더십으로 실현시켜 갈 수 있는, 주체적이고 자신감 있는 그리스도인을 양성할 수 있어야 하겠다.

참고문헌

Christian Worldview
& Theory of Education

강만길 (2005).	20세기 우리 역사: 강만길 교수의 현대사 강의. 서울: 창작과 비평사.
강만길 (2006).	우리 통일, 어떻게 할까요. 서울: 당대.
강만길 (2007a).	고쳐 쓴 한국근대사. 서울: (주)창비.
강만길 (2007b).	고쳐 쓴 한국현대사. 서울: (주)창비.
강만길 (2008).	우리민족운동사론. 서울: 서해문집.
강영안 (1996).	주체는 죽었는가. 서울: 문예출판사.
강영안 (2002).	강교수의 철학 이야기. 서울: IVP.
강원택 외. (2005.8.14).	"광복 60주년, 신세대들의 민족주의 조사". 조선닷컴. https://www.chosun.com/site/data/html_dir/2005/08/14/2005081470310.html
강태진 외 20인 (2018).	코리아 아젠다 2018. 서울: 나녹
권재현 (2004.10.25).	"종교가 된 정치, 이성을 마취시켜". 동아일보. https://www.donga.com/news/article/all/20041024/8120249/1
김도일 편 (2016).	미래시대 미래세대 미래교육. 서울: 기독한교.
김동성 (1996).	한국민족주의 연구. 서울: 오름.
김민전 (2005.10.13).	"지역감정 정치적으로 부풀려져". 중앙일보, 제12676, 40.
김승현, 박성우 (2005.10.13).	"보수단체의 6.25 남침 전쟁 표현은 북한 주권 인정한 것…보안법 위반". 중앙일보, 제12676, 43.
김영명 (2002).	우리 눈으로 본 세계화와 민족주의. 서울: 오름.
김영천, 주재홍 (2011).	포스트모던 패러다임과 교육학/교육과정연구. 서울: 아카데미프레스.
김정준 (2018).	"제4차 산업혁명과 교육목회의 새 전망", 한국기독교교육학회, 4차 산업혁명시대, 왜! 기독교교육인가? (2018년 춘계학술대회 자료집)
김종혁 (2009.3.23.).	"시대를 논하다: 백낙청 서울대 명예교수". 중앙일보, 파워인터뷰, 8.

김진홍 (2005.5.24.).	"지배세력 교체는 계급투쟁". 인터넷 한겨레. https://www.hani.co.kr/arti/society/society_general/36323.html
김태현 (2005.10.13.).	"진보-보수보다 빈부갈등이 더 심각. EAI '국민정체성'조사. 중앙일보, 제12676, 40.
류근일 (2006.10.2.).	"'사이비 민족주의' 내전". 인터넷 조선닷컴. https://www.chosun.com/site/data/html_dir/2006/10/02/2006100260470.html
박민선 (2005.8.14).	"신세대의 민족주의". 인터넷 조선닷컴 https://www.chosun.com/site/data/html_dir/2005/08/14/2005081470303.html
박성조 (2006.8.10).	"동족 히스테리를 버려라". 조선일보, A31.
박영숙, Glenn, J. & Gorden, T. (2010).	미리 가본 2018년 유엔미래보고서. 서울: 교보문고.
박영숙, Glenn, J, Gorden, T. & Florescu, E. (2014).	유엔미래보고서 2040. 서울: 교보문고.
박영숙, Glenn, J. (2016).	유엔미래보고서 2050. 서울: 교보문고.
박지향 (2006.5.20).	민족주의의 재인식. 조선일보, 제26564, 오피니언.
박호성 (1997).	남북한 민족주의 비교연구: '한반도 민족주의'를 위하여. 서울: 당대.
배영대 (2004.11.25).	"임지현 교수, '포스트 민족주의로 전환' 주장". 중앙일보, 제12405, 20.
배영대 (2004.12.8).	"대중독재". 중앙일보, 제12416, 40.
배영대 (2005.4.27).	"민족주의 연구 대가 베네딕트 앤더슨". 중앙일보, 제12533, 43.
배영대 (2005.5.24).	"시대를 논하다: 클라우스 오페 박사와 한상진 교수". 중앙일보, 제12556, 40.
배영대 외 (2005.8.14).	"신세대의 민족주의: 경제관련의식". 인터넷뉴스 조선닷컴. https://www.chosun.com/site/data/html_dir/2005/08/14/2005081470299.html
백낙청 (2007).	한반도식 통일, 현재진행형. 서울: (주)창비.

백낙청 외 (2005).	21세기 한반도 구상. 서울: (주)창비.
서중석 (2004).	배반당한 한국민족주의. 서울: 성균관대학교출판부.
소진희 (2006).	니콜라스 월터스톨프와 파울로 프레이리의 정의 교육 사상 비교 연구. 미간행박사학위논문, 고신대학교.
손호철 (2004).	현대한국정치: 이론과 역사 1945-2003. 서울: 사회평론.
신기욱 (2009).	한국 민족주의의 계보와 정치. (이진준 역). 서울: ㈜창비.
신영순 (2004).	니콜라스 월터스톨프의 기독교교육사상에 관한 연구, 미간행박사학위논문, 고신대학교.
엄태동 (1999).	로티의 네오 프래그마티즘과 교육. 서울: 원미사.
오인탁 (2017).	"4차 산업혁명과 교육의 과제". 기독교교육논총,52.
원태희 (2005.1.19).	"한.중.일 민족주의 접점 찾는다". 경향신문. https://m.khan.co.kr/view.html?art_id=200501181726311
윤민재 (2003).	세계화시대 남북한 통합의 방향과 과제: 민족주의의 관점에서. 서울: 집문당.
이내영 (2005.10.13).	"바뀌는 통일의식, '국민정체성'조사". 중앙일보. 제12676. 43.
이덕일 (2006.3.9).	"민족과 탈민족". 조선일보. 30.
이영훈 (2006.2.13).	'해방사', 그 난폭한 도그마". 인터넷뉴스 조선닷컴. https://www.chosun.com/site/data/html_dir/2006/02/13/2006021370421.html
이현민, 강기수 (2008).	"포스트모던 인간관과 그 교육적 함의". 교육사상학회, 교육사상연구 22(3).
임대식 (2006.3.18).	"아직은 민족의 깃발 내릴 때 아니다". 인터넷 중앙일보. https://news.joins.com/article/2234508

임지현 (2000).	민족주의는 반역이다: 신화와 허무의 민족주의 담론을 넘어. 서울: 조합공동체 소나무.
임지현 (2001).	이념의 속살. 서울: 삼인.
김동성 (1996).	한국민족주의 연구. 서울: 오름.
임지현 (2005.5.1).	"일본인과 개 출입금지?". 중앙일보. 제12537. 43.
임지현 (2006.3.18).	"민족주의, 탈민족주의는 결국 '공범'관계?". 인터넷 중앙일보. https://news.joins.com/article/2234508
조기원 (2006.2.17).	"2006 요즘 대학생들: 취향은 세계주의 이념은 애국주의". 한겨레. http://www.hani.co.kr/popups/print.hani?ksn=102914
조우석 (2005.10.24).	"강정구 교수 파문 어떻게 볼 것인가". 중앙일보. 제12685. 43.
조선일보 한국갤럽 공동. (2006.3.4).	"2006 국민의식조사". 조선일보. 제26498. A4.
조성국 (1988).	"민중과 민중의 한에 대한 기독교윤리학적 평가", 고려신학보.
조성국 (1999).	"홍익인간" 교육이념과 단군상 참배. 단군상 건립, 무엇이 문제인가? (김성수 신득일 편). 부산: 고신대학교.
조성국 (2002).	한국현대신학과 한국교회의 구원관. 서울: 클릭.
조성국 (2004).	"한국 기독교교육의 교육적 인간상의 이상과 현실". 기독교교육논총. 10.
조성국 (2007).	"한국교회초기 기독교학교의 건학이념 연구". 평양대부흥운동과 기독교학교. (기독교학교연구소 편). 서울: 예영커뮤니케이션.
조성국, 이현철, 조철현, 박신웅, 이기룡, 박용성 (2017).	오늘의 주일학교, 어떻게 할 것인가: 다음 세대의 출석 감소 원인 분석과 성장 대안 마련에 대한 연구보고서. 천안: 총회교육원.

조성국 (2019). 기독교세계관형성을 위한 기독교학교교육의 역사와 철학. 서울: 생명의 양식.

최강식 (2017). "4차 산업혁명과 교육혁신 방향". 고신대학교교수학습지원센터 강의자료 (2017.12.15.).

최윤식, 최현식 (2015). 2020 2040 한국교회미래지도 2. 서울: 생명의말씀사.

최영창 (2005.2.15). "21세기 한국학, 민족주의 틀 깨야". 문화일보. http://www.munhwa.com/news/view.html?no=2005021501012830074006

최영창 (2006.6.27). 혈통민족 강조가 사상 빈곤 불렀다. 문화일보. http://www.munhwa.com/news/view.html?no=2006062701032330074004

최장집 (2001). 한국민주주의의 조건과 전망. 서울: 나남출판.

함재봉 (2004.8.28). "타협의 역사와 순수의 역사". 중앙일보. 제12332. 27.

허동현 (2006.3.18). "현실적 대안은 '열린 민족주의' 뿐". 인터넷 중앙일보. https://news.joins.com/article/2234508

Anderson, B. (2002). 상상의 공동체: 민족주의의 기원과 전파에 대한 성찰. 서울: 나남출판.

Attali, J. (2007). 미래의 물결. 서울: 위즈덤하우스.

가케이 유스케 (2016). 인구감소 X 디자인. 서울: KMAC.

Bavinck, H. (1904). Paedagogische Beginselen. Kampen: J. H. Kok.

Berding, J. W. A. & Miedema, S. (2005). "De opvoedingsfilosofische denkbeelden van John Dewey", Filosofie, 15(1): 38-45.

Biesta, G. & Miedema, S. (2001). "Pragmatisme", in P. Smeyers & B. Levering ed., Grondslagen van de Wetenschappelije Pedagogiek, Amsterdam: Boom.

Botha, E. (1984). "Christian-national: authentic, ideological or secularized nationalism?", in Our Reformational Tradition: a rich heritage and lasting vocation. Van der Walt, B. J. (ed.). Potchefstroom: Potchefstroom University Press.

Brown, G. 1. (1971).	Human Teaching for Human Learning: an introduction to confluent education. New York: The Viking Press.
Coetzee, J. C. (1965).	Inleiding Tot Die Algemene Teoretiese Opvoedkunde. Pretoria: Van Schaik.
Combs, A. W. (1979).	*Myths in Education: beliefs that hinder progress and their alternatives*. Boston: Allyn and Bacon.
Combs, A. W. (1982).	"Affective education or none at all" *Educational Leadership*, 39(7): 495-497. April.
Dewey, J. (1910).	My Pedagogic Creed, Chicago: A. Flanagan.
Dooyeweerd. H. (1980).	*In the Twilight of Western Thought*. Nutly: The Craig Press.
Dooyeweerd, H. (1984).	*A New Critique of Theoretical Thought 1-4*. Ontario: Paideia Press.
Dowkins, R. (2007).	만들어진 신. 서울: 김영사.
Golverdingen, M. (1995).	*Mens in beeld: antropologische schets ten dienste van de bezinning op onderwijs, opvoeding en pedagogische theorievorming in reformatorische kring*. Leiden: Uitgeverij J. J. Groen en Zoon.
Freire, P. (1972).	*Pedagogy of the Oppressed*. Middlesex: Penguin Books Ltd.
Golinkoff, R. M. & Hirsh-Pasek, K. (2018).	4차 산업혁명시대 미래형 인재를 만드는 최고의 교육. 서울: 예문아카이브.
Goodman, P. (1961).	*Growing up Absurd. London:* Victor Gollancz.
Harari, Y. (2017).	*Homo Deus: a brief history of tomorrow.* London: Vintage.
Holt, J. (1972).	*Freedom and Beyond*. New York: E. P. Dutton & Company.
Huntington, S. (1997).	*The clash of civilization: remaking of world order.* New York: Touchstone.

Jochemsen, T. W. (2005).	"Circle or Cross?: a confrontation between the democratic and the Reformational view on education", *Christian Studies and Society*, November, Faculty of Philosophy, Vrije Universiteit.
Joh, S. G. (1997).	*Human Integration as a Fundamental Anthropological Problem in Neo-humanistic Education*. Potchefstroom Univ. (Doctoral Thesis).
Kim, S. S. (1984).	*Modern School: its crisis and its future*. Potchefstroom Univ. (Doctoral Thesis).
Kim, Y. S. (1980).	*Contours of a Scriptural Approach to Education in the Republic of Korea*. Potchefstroom Univ. (Doctoral Thesis).
Kohn, H. et.al.	민족주의, 독일의 비극, 역사주의의 빈곤. 서울: 삼성출판사.
Lee H. (2007).	*Postmodern Epistemology and Schooling*. North-West Univ. Potchefstroom. (Doctoral Thesis)
Maslow, A. H. (1987).	*Motivation and Personality. New York*: Harper & Row.
Miedema, S. (2000).	"De Comeback van God in de Pedagogiek", *Waterinklezing,* Amsterdam: Vrije Universiteit.
Miedema, S. (2004).	"Beyond fundamentalism. A plea for a New Normativity in the Philosophy of Religious Education", in R. Larsson & C. Gustavsson ed., *Towards a European Perspective on Religious Education,* Stockholm: Artos & Norma.
Miedema, S. (2006).	"Public, Social, and Individual Perspectives on Religious Education: Voices from the past and the present", *Studies in Philosophy and Education, 25*.
Meijer, W. A.	*Stromingen in de Pedagogiek*. Baarn: HB Uitgeverij.

Muynck, B & Van der Walt, J. L. (2006).	*The Call to Know the World: a view on Constructivism and Education.* Amsterdam: Buijten & Schipperheijn Motief.
Patterson, C. H. (1973).	*Humanistic Education.* Englewood: Prentice-Hall.
Rifkin. J. (2012).	3차 산업혁명. 서울: 민음사.
Rogers, C. R. (1969).	*Freedom to Learn.* Columbus: Charles E. Merrill..
Rogers, C. R. (1983).	*Freedom to Learn for the 80's.* Columbus: Charles E. Merrill.
Rorty, R. (1996a).	실용주의의 결과. 서울: 민음사.
Rorty, R. (1996b).	우연성, 아이러니, 연대성. 서울: 민음사.
Schuwab, K. 외 26인 (2016).	4차 산업혁명의 충격. 서울: 흐름출판.
Spier, J. M. (1979).	*An introduction to Christian philosophy.* Nutley, N.J.: The Craig Press.
Stoker, H. G. (1970).	*Oorsprong en rigting II.* Kaapstad: Tafelberguitgewers.
Steyn, J. (1993).	"Transpersonale onderwys van die New Age beweging: 'n evaluering en perspektiefstelling. *Koers*, 58(2): 183-194.
Sturm, J. C. (1988).	*Een Goede Gereformeerde Opvoeding. Over Neo-calvinistische Moraalpedagogiek (1880-1950), Met Speciale Aandacht Voor de Nieuw-gereformeerde Jeugdorganisaties* (Dissertatie Vrije Universiteit). Kampen: J. H. Kok.
Valett, R. E. (1977).	*Humanistic Education: Developing the Total Person.* Saint Louis: The C. V. Mosby Company.
Van Prinsterer, G. (1922).	*Ongeloof en Revolutie: een reeks van historische voorlezingen.* Kampen: J. H. Kok.
Van Wyk, J. H. (1979).	*Strominge in die Opvoedingsteorie.* Durban: Butterworth.

Van der Walt, J. L. (1980).	*Opvoedkunde as Lewende Wetenschap.* Durban-Pretoria: Butterworth.
Van der Walt, J. L. (1985).	*Enkele Irrationalistiese Strominge in die Fundamentele Opvoedkunde.* 2nd ed. Potchefstroom: PU for CHE (J203).
Van der Walt, J. L. & Postma, W. (1987).	*Strominge in die Opvoedingsteorie II.* Hillcrest: Owen Burgess-uitgewers.
Van der Walt, J. L. (1997).	"Postmodern Anthropology: Does it improve our knowledge of man and education?" in Higgs, P., Miedema, A., Van der Walt, J. L. & Zecha, E. ed. *Postmodernism and Education.* Potchestroom: PU vir CHO.
Waterink, J. (1958).	*Theorie der Opvoeding.* Kampen: J. H. Kok.
Weinstein, G. (1971).	"Trumpet: a guide to humanistic psychological curriculum". *Theory into Practice,* 10, June.
Wolterstorff, N. (2004).	*Educating for Shalom: essays on Christian higher education.* Grand Rapids: Wm. B. Eerdmans.
Won, S. A. (2007).	*Korean Christian Religious Education and the Hermeneutics of Action: Nurturing intergenerational relationships.* Vrije Universiteit. (Doctoral thesis).